KB274292

노동판례 연구 Ⅰ

내일을여는지식 법 18

노동판례 연구 Ⅰ

전형배 지음

KSI 한국학술정보㈜

"이 책을 사랑하는 부모님께 바칩니다"

머리말

이 책은 2002년부터 2009년 봄까지 발표한 노동판례평석을 정리한 것이다. 전에 쓴 판례평석을 다시 읽어보니 역시 부족한 부분이 많다. 지금 써 나가는 평석도 나중에 읽어보면 마찬가지겠지만 그래도 조금씩 나아지는 모양새가 있으면 학문하는 기쁨, 연구하는 기쁨이 있는 것이 아닐까? 그래서 평석의 내용은 변경하지 않고 그대로 실었다. 법원의 판결이란 현실 분쟁을 적어도 사법적인 측면에선 최종적으로 정리해 주는 역할을 하고, 유사한 사건의 해결 기준을 제시한다. 따라서 판례를 만들어가는 변호사, 검사, 판사가 어떤 생각을 하는가는 매우 중요하고 판결서를 통해 표현되는 이들의 생각을 각 법의 영역에 기본원리를 비추어 평가하고 적절한 의견을 개진하는 것은 의미 있는 작업이다.

이 책엔 하급심 판례에 대한 평석이 많이 실려 있는데, 하급심 판례를 읽으면서 이것을 검토해서 의견을 개진할 필요가 있다고 느낀 사례가 많았기 때문이다. 노력을 더하여 이후 사건의 결말이 어떻게 났는지 알아보면 좋으련만 거기까지는 힘이 닿지 못했다.

혹, 독자 중에 궁금한 분은 직접 대법원 홈페이지에 들어가 사건의 추이를 검색해 보는 것도 흥미 있는 일이겠다.

이 책이 노동법과 노동현실에 관심을 갖고 정진하는 모든 이들에게 조금이라도 도움이 되길 바란다.

2009년 봄
강원대학교 법학전문대학원
전 형 배

목차

1

유니언숍 협정과 복수노조

대상판결: 대법원 2002. 10. 25. 선고 2000다23815 판결

I. 대상판결의 개요

피고 회사는 택시회사(B교통주식회사)이고 원고들은 피고 회사에 근무하는 택시운전기사들로서 부산지역택시노동조합(이하 부산지역택시노조) B교통주식회사 분회(이하 B분회)에 가입한 조합원이었다. 피고 회사는 단체협약을 체결함에 있어 부산광역시 택시운송사업조합에게 단체교섭권을 위임하였고 위 택시운송사업조합은 전국택시노동조합연맹 부산지역택시노조와 1998년도 단체협약을 체결하였다. 이 단체협약에는 "회사는 종업원이 노동조합 가입을 거부하거나 탈퇴할 때는 즉시 해고하여야 한다."라는 유니언숍(Union

Shop) 협정을 체결하였다. 원고들은 1998. 6. 25.부터 같은 해 7. 6. 사이에 부산지역택시노조를 탈퇴하고 부산민주택시노동조합(이하 부산민주택시노조)에 가입하였고, 그러자 피고 회사는 부산지역택시노조의 요구를 받고 원고들을 해고하였다. 원고들은 단결선택권에 의하여 기존에 가입해 있던 부산지역택시노조를 탈퇴하고 새로이 부산민주택시노조에 가입한 경우에는 유니언숍 협정의 효력이 미치지 않는다면서 해고무효확인소송을 제기하였다.

대법원은 두 가지 논거를 제시하며 원고들의 상고를 기각하였다. 첫째, 원고들이 유니언숍 협정이 체결된 뒤 노동조합을 탈퇴하여 조직대상을 같이하면서 독립된 단체교섭권을 가지는 다른 노동조합에 가입하는 것을 허용한다면 사실상 피고의 회사 내에는 단체교섭권을 가지는 노동조합이 복수로 존재하게 되어 위 유니언숍 협정의 근본이 와해하여 유니언숍 협정은 유명무실한 것이 되어 버리는 결과가 된다. 또 노동조합 및 노동관계조정법(이하 노조법) 제81조 제2호 단서에서 이 사건과 같은 경우에는 유니언숍 협정을 적용하지 아니한다는 예외조항을 두고 있지 아니함에도 그 적용을 배제하는 것으로 해석하는 것은 유니언숍 협정의 근저를 뒤흔드는 것으로서 쉽사리 허용되지 아니한다. 다만 독립된 단체교섭권을 가지는 복수노조가 전면적으로 허용되는 2002. 1. 1.[1]부터는 달리 해석할 여지가 있다.

둘째, 노조법 제5조 및 부칙 제5조 제3항[2]의 취지는 과거에 금

---

[1] 현행 노조법 부칙(제5310호, 1997. 3. 13.) 제5조 제1항은 2001. 3. 28. 개정을 통해 하나의 사업 또는 사업장에 노동조합이 조직되어 있는 경우에는 노조법 제5조의 규정에 불구하고 2006년 12월 31일까지는 그 노동조합과 조직대상을 같이하는 새로운 노동조합을 설립할 수 없도록 하였다.

[2] 현재 부칙 제3항은 "노동부장관은 2006년 12월 31일까지 제1항의 기한이 경과된 후에 적용될 교섭창구 단일화를 위한 단체교섭의 방법·절차 기타 필요한 사항을 강구하여야 한다."

지되어 왔던 복수노조의 설립을 허용하는 한편 교섭창구의 단일화를 위한 단체교섭의 방법 등 필요한 사항이 마련되는 2001. 12. 31.까지는 하나의 사업 또는 사업장에 별도의 단체교섭권을 가지는 복수노조를 허용하지 아니함으로써 하나의 사업체에 교섭창구의 이중화로 인한 노사관계의 혼란을 방지하자는 데 있다. 그런데 기존의 부산지역택시노조가 단체교섭권의 단일화를 위하여 유니언숍 협정까지 맺고 있는 이 사건에 있어서 원고들이 위 노동조합을 탈퇴하여 부산민주택시노조에 가입하는 것을 허용하는 것은 하나의 사업체인 피고 회사 내에 사실상 복수노조를 허용하여 단체교섭권을 가지는 노동조합이 복수가 되는 결과가 된다. 이러한 결과는 위에 본 바와 같이 위 부칙 조항의 취지에도 명백히 반한다.

그러므로 부산지역택시노조에 가입되어 있는 피고 회사 내의 3분의 2 이상의 다수 근로자의 이익을 보호하기 위하여 유니언숍 협정은 원고들에 대하여도 그 효력이 미쳐 원고들에 대한 해고는 정당하다.

Ⅱ. 문제의 소재

위 판결을 간단하게 요약하면 부산지역택시노조의 유니언숍 협정이 유효하게 체결된 이상 원칙적으로 그 효력을 제한 없이 보장해야 하고, 노조법 부칙의 교섭창구단일화노력 규정에 비추어 보아도 단체교섭권을 가지는 복수의 노조를 한 사업장에 현재로서는

라고 규정되어 있다.

절대 허용할 수 없다는 것이다.

그러나 판례처럼 유니언숍 협정의 효력을 제한 없이 인정하는 것이 과연 온당한 태도인지 의문이 있는데다가 이는 학계의 지배적인 견해와도 배치되는 면이 있어 판례 논거의 정당성을 검토할 필요가 있다. 게다가 판례는 마치 교섭창구단일화가 복수노조 허용의 대전제로서 교섭창구단일화가 없는 복수노조인정은 불가능한 것처럼 판시하고 있는데, 이런 태도에도 의문이 있다. 이 판결 이전에 대법원은 노조법 부칙 제5조 제1항에 대한 나름대로의 해석론을 전개하였는데 이것이 대상 판결에 의하여 변경된 것인지도 다룰 필요가 있다. 먼저 위 부칙에 대한 해석론을 검토하고 판례의 정당성 여부를 살펴보고자 한다.

Ⅲ. 노조법 부칙(제5310호, 1997. 3. 13.) 제5조 제1항의 취지는 무엇인가

노조법 부칙 제5조 제1항은 1987년에 신설된 이른바 복수노조금지조항[3]이 근로자의 단결권을 지나치게 침해하고 있다는 비판에 따라 삭제되면서 그 경과규정으로 마련된 것이다. 즉 복수노조금지조항을 삭제함으로써 복수노조의 설립을 원칙적으로 허용하되(노

---

[3] 『구 노동조합법』(일부개정 1987. 11. 28. 법률 제3966호) 제3조 단서 제5호: 이 법에서 "노동조합"이라 함은 근로자가 주체가 되어 자주적으로 단결하여 근로조건의 유지개선과 근로자의 복지증진 기타 경제적·사회적 지위의 향상을 도모함을 목적으로 조직하는 단체 또는 그 연합단체를 말한다. 그러나 다음 각 호의 1에 해당하는 경우에는 그러하지 아니하다.
5. 조직이 기존 노동조합과 조직대상을 같이하거나 그 노동조합의 정상적 운영을 방해하는 것을 목적으로 하는 경우.

조법 제5조 참조), 다만 기업별노조가 주축인 우리나라의 현실에 비추어 산업현장에 대한 충격을 최소화하기 위하여 기업단위의 복수노조 '설립'만을 한시적으로 금지한 것이다.[4]

김유성 교수는 부칙 경과규정에 대하여 해석하기를, 하나의 사업장 또는 사업장에 조직되어 있는 노동조합의 의미를 기업 또는 사업장을 대상으로 조직되어 있는 단위노동조합을 가리키는 것으로 보며 이렇게 보는 것이 법 개정의 취지라고 설명한다.[5] 다음으로 조직대상을 같이 한다는 의미로 실질적으로 조직되어 있는 근로자를 기준으로 하였을 때 기존노조가 해당하는 조직형태와 조직대상, 그리고 직무의 성질을 고려하여 제2노조의 복수노조성 여부를 결정하여야 한다고 보면서 결론적으로 제2노조 또한 동일한 기업 또는 사업장 단위로 조직되는 단위노동조합이어야 한다고 해석한다.[6] 임종률 교수는 초기업적 단위노조는 '하나의 사업 또는 사업장'에 조직되어 있는 노동조합으로 볼 수 없고 설혹 하나의 사업 또는 사업장에 지부·분회 등을 조직하고 있더라도 지부·분회 등은 노동조합으로 볼 수 없는 점, 복수노조금지가 헌법상 단결권을 제약하는 요소가 있기 때문에 엄격하게 해석할 필요가 있다는 점을 들어 기존노조와 신설노조는 조직형태상 기업별단위노조로 한정된다고 해석한다.[7] 한편 김형배 교수는 구 노조법 제3조 단서 5호를 해석하면서 조직대상을 같이 한다는 의미를 동일한 사업장 내에서 그 직무의 성질상 같은 직종으로 이해할 수 있는 근로자들

---

4) 김유성, 『노동법Ⅱ』(전정판증보)』, 법문사, 2001, 66쪽.

5) 김유성, 『노동법Ⅱ』(전정판증보), 법문사, 2001, 67쪽.

6) 김유성, 『노동법Ⅱ』(전정판증보), 법문사, 2001, 67쪽～68쪽.

7) 임종률, 『노동법』(제3판), 박영사, 2002, 45쪽.

을 조직대상으로 한다는 뜻으로 해석하여 김유성 교수나 임종률 교수보다 복수노조설립의 금지범위를 넓게 보고 있는 듯하다.[8]

대법원은 2002. 7. 26. 선고 2001두5361 판결[9]을 통해 부칙 경과규정의 의미를 사업 또는 사업장 단위의 기업별단위노동조합이 주축이 된 우리나라 산업현장에서 복수노조의 설립을 즉시 허용할 경우 야기될 수 있는 단체교섭상의 혼란, 노·노 간의 갈등 등의 문제를 예상하여 교섭창구의 단일화를 위한 방법과 절차 등 필요한 사항이 강구될 때까지 한시적으로 이를 금하려는 것으로 본다. 그리하여 하나의 사업 또는 사업장에 노동조합이 조직되어 있는 경우는 기업별단위노동조합이 설립되어 있는 경우를 가리키는 것으로 본다. 다만 위와 같은 입법취지에 비추어 독립한 근로조건의 결정권이 있는 하나의 사업 또는 사업장 소속근로자를 조직대상으로 한 초기업적인 산업별·직종별·지역별단위노동조합의 지부 또는 분회로서 독자적인 규약 및 집행기관을 가지고 독립한 단체로서 활동을 하면서 당해 조직이나 그 조합원에 고유한 사항에 대해서는 독자적으로 단체교섭 및 단체협약체결 능력을 갖추고 있어 기업별단위노동조합에 준하여 볼 수 있는 경우도 하나의 사업장 또는 사업장에 노동조합이 조직되어 있는 경우로 확대해석 하고 있다.

판례는 단체교섭상의 혼란, 노·노 간의 갈등을 이유로 들면서 사업장 단위의 복수노조를 엄격하게 제한하고 있는데 이에 대한

---

8) 김형배, 『노동법』(제12판), 박영사, 2001, 545~546쪽.

9) 사실관계를 살펴보면, 대한적십자사 노동조합이 동부적십자혈액원에 지부를 설치하기로 한 노동조합 결의 당시 동부적십자혈액원에 근무하던 근로자 9명이 전국보건의료노조에 가입하고 있었는바, 서울지방노동청장은 지부의 설치는 부칙 제5조의 복수노조금지에 반하는 것으로 보아 노동조합결의처분시정명령을 하였다. 대법원은 부칙에 위반되지 않는다고 판단해서 상고기각을 통해 노동청장의 시정명령을 취소하였다.

실증적인 연구는 사실 전무하다. 판례는 단지 가상적인 전제를 마치 현실적인 논거인 냥 제시하며 근로자들의 단결권을 실질적으로 제한하고 있다. 게다가 동시에 존재하는 복수의 노조가 한 사용자에게 동시에 단체교섭을 할 경우를 상정하고 있는데 복수노조의 설립과 복수의 단체교섭은 별개의 문제이다. 프랑스의 예처럼 한 노조의 단체협약에 다른 노조가 가입하여 단체협약의 효력을 공유할 수 있는 제도를 통해 얼마든지 복수노조의 '설립'을 인정할 수 있다. 설혹 동시에 교섭을 요구한다고 하더라도 일주일에 1회를 하던 교섭을 2회 하는 것이 대법원의 걱정처럼 그렇게 혼란을 가져오는 것인지도 매우 의문스럽다.

노·노 간의 갈등이라는 문제는 사실상 노동조합 간의 노동자 대표성을 경쟁하는 과정에 불과하다. 근로자의 이익을 보다 잘 대변할 수 있는 노조가 결국은 살아남을 수밖에 없다. 더 중요한 것은 그 경쟁을 제도적으로 인정하고 규칙을 정해 주는 일이다. 부칙의 경과규정은 기업단위노조의 중복만을 한시적으로 금지하는 규정일 뿐이다.

Ⅳ. 부산지역택시노조 B교통주식회사 분회의 실체는 무엇인가

대상 판례에서 B분회가 기업별단위노조가 아닌 것은 명백한데 위 대법원 판례의 기준을 적용할 때 기업별단위노조에 준하여 볼 수 있는 경우인가. 위 대법원 판례는 판단기준으로 ① 독자적인 규약 및 집행기관을 가지고 있을 것, ② 독립한 단체로서 활동할 것, ③ 당해 조직이나 그 조합원에 고유한 사항에 대해서는 독자적으로 단체교섭 및 단체협약체결 능력을 갖추고 있을 것을 제시한다.

① 요건에 관해서는 통상 초기업별노조의 경우 당해 노조가 제공하는 모범 지부 혹은 분회 운영규정에 따라 하부조직의 운영규정이 제정되고 이에 따라 지부장 혹은 분회장 등 노조 임원이 조합원들의 직접·비밀·무기명 투표에 의하여 선출되기 때문에 큰 문제없이 충족된다. 부산지역택시노조의 규약[10]에도 마찬가지로 규정되어 있다.[11] ② 요건을 인정하는 데는 구체적인 검토가 필요하다. 무엇보다 독립된 단체로 활동한다는 것이 어떤 의미인지가 문제이다. 지부장 혹은 분회장 등이 단위 사업장의 사용자를 상대로 조합원의 이익을 위한 각종 활동을 할 수 있는데 이를 지부 또는 분회의 독자적인 활동으로 본다면 일단 이 요건은 충족한다고 본다.

그런데 B분회가 ③ 요건을 충족하고 있는가. 이것은 단체교섭 당사자에 관한 문제인데 김유성 교수는 단위노조의 지부나 분회도 독자적인 규약 및 집행기관을 가지고 독립된 단체로서 활동을 하는 경우에는 당해 조직에 특유한 사항에 대하여 단체교섭의 당사자가 될 수 있다고 하면서 다만 지부나 분회는 상부조직인 노동조합의 통제에 따라야 한다고 해석한다.[12] 임종률 교수는 단위노조의 규약이나 관행상 당해 조직에 한정된 사항에 관하여 교섭할 권한을 수

---

10) http://www.btaxi.or.kr/.

11) 부산지역택시노조 규약 제37조 내지 제48조.

12) 김유성,『노동법 Ⅱ』(전정판증보), 법문사, 2001, 131쪽.

권 받았다고 보아야 할 경우가 있으므로 이러한 경우에는 단위노조의 지부·분회 등 산하조직도 해당 사항에 한하여 교섭당사자가 된다고 본다.[13] 한편 김형배 교수는 지부 또는 분회는 단위노동조합의 하부조직으로서 단위노동조합으로부터 단체교섭권한을 할양받은 경우에는 단체교섭당사자의 지위를 갖는 것으로 본다.[14]

원칙적으로 초기업별노조에서 단체교섭의 당사자는 원칙적으로 초기업별노조뿐이다. 다만 초기업별노조 및 하부지부 혹은 분회의 각 규약에서 지부 혹은 분회의 독자적인 단체교섭권한을 인정하고 있는 경우에만 단체교섭의 당사자가 될 수 있을 뿐이다.[15] 만일 규약에 그러한 규정이 없다면 지부 혹은 분회는 교섭의 담당자로 나설 수 있을지는 몰라도 단체교섭의 당사자가 될 수는 없다. 기존의 기업별노조가 조직변경을 통하여 초기업별노조에 가입하는 것은 다수의 세력을 바탕으로 사용자와 대등한 교섭을 하기 위함이다. 한편 초기업별노조의 입장에서는 산하 조직으로 들어온 기존의 기업별노조는 통제권의 대상이 되어 조직의 강령, 규약을 이행하는지 살피게 되고 현실적으로는 산하조직의 어용화를 막는 데 많은 노력을 하게 된다. 김유성 교수나 임종률 교수가 언급하고 있는 산하 조직의 고유한 사항이라는 것은 업종에 따라서는 각 사업장의 근로조건이 각기 다르다는 점을 고려하면 결국 교섭대상의 대부분을 의미하게 된다. 이렇게 되면 산하 조직은 마음만 먹으면 언제든지 초기업별노조의 지침 등을 무시하면서 독자적인 교섭을

---

13) 임종률, 『노동법』(제3판), 박영사, 2002, 101쪽.

14) 김형배, 『노동법』(제12판), 박영사, 2001, 593쪽.

15) 김기덕, "산별노조의 단체교섭 및 체결, 쟁의행위에 따른 법적 검토", 『노동과 법』(제2권), 금속법률원, 231쪽.

체결할 수 있게 된다. 통상 사용자들이 초기업별노조와의 교섭을 꺼리고 많은 경우 초기업별노조를 배제한 채 기존의 기업별노조였던 지부 혹은 분회와의 교섭만을 주장하는 현실을 고려하여 보면 규약 등 명문의 허용규정 없이 지부 혹은 분회에 독자적인 단체교섭권한을 인정하는 것은 결국 초기업별노조 제도의 취지를 몰각시키는 결과를 가져온다. 이러한 점을 고려하여 민주노총 금속노조의 규약 제58조 제1항에는 단체교섭권은 금속노조에 있음을 명백히 밝히고 있고,[16] 금속노조의 최하위 구성단위인 지회에 대해서는 규약 등에 위반한 지회 운영규칙은 무효로 하고 있다(금속노조 규약 제44조 제5항).[17]

B분회의 단체교섭권한은 초기업별노조인 부산지역택시노조가 행사하고 있는데 부산지역택시노조의 규약을 살펴보면 제51조 제1항에서 "위원장은 단체교섭 및 체결권을 갖는다. 단, 운영위원회의 의결을 거쳐 체결한다."라고 규정하여 분회장의 단체교섭권을 부정하고 있다. 제50조 제4항은 "분회의 노·사 간 분쟁으로 부득이 쟁의행위를 하고자 할 때는 위원장의 승인을 득한 후 분회에서 행할 수 있다."라고 규정하여 교섭 후 분회의 쟁의행위 부분도 상급단체 노동조합의 통제 아래 두고 있다. 한편 부산지역택시노조에서 제공하는 표준 분회 운영규정에는 분회의 독자적인 단체교섭권한을 인정하는 내용은 없다. 그렇다면 B분회는 부산지역택시노조가

---

16) 제58조[단체교섭의 권한]
　　① 단체교섭권은 조합에 있으며, 조합 내 모든 단체 교섭의 대표자는 위원장이 된다.
17) 제44조[지회 운영]
　　⑤ 지회의 운영규칙 중에서 규약과 지부규정, 지부운영규칙의 취지에 반하는 부분은 무효로 하고, 규약과 지부운영규정, 지부운영규칙, 지회운영규칙의 순서에 따라 적용한다.

체결하는 단체협약의 효력에 종속되는 하부조직에 불과하며 부칙 제5조의 적용 대상이 아니다. 즉 한 사업장 내 복수의 노조를 언급할 전제가 성립되어 있지 않다.

V. 대상 판례는 2001두5361 판결을 변경한 것인가

한편 이 사건에서 대법원은 구체적인 논거를 제시하지 않고 "단체교섭권을 가지는 노동조합이 복수로 존재하게 되어" 혹은 "사실상 복수노조를 허용하여 단체교섭권을 가지는 노동조합이 복수로 되는 결과"라는 표현을 사용하여 마치 B분회가 독자적인 단체교섭권을 가지고 있고 다만 그 권한을 부산지역택시노조에 위임한 것처럼 해석할 여지를 남겨놓고 있다. 즉 B지부를 기업별단위노조에 준하여 보고 있는 것처럼 느껴진다. 만일 대상 판례가 그런 해석을 전제하고 있다면 이는 2001두5361 판결을 사실상 변경한 것이 된다. 과연 이 1사건 재판부는 그런 의도를 가지고 있었나.

결론부터 말하자면 대상 판례는 2001두5361판결의 취지를 사실상 변경한 것이 아니라고 본다. 먼저 대상판례는 이유를 설시함에 있어 2001두5361판결에 대하여 구체적으로 언급하지 않고 있고, 부칙 제5조 제3항의 교섭창구단일화노력규정의 취지만을 강조하고 부칙 제5조 제1항의 구체적인 요건의 해석·적용을 피하고 있다. 만일 대법원이 기존 판례의 태도를 변경하고자 한다면 마땅히 위 판결을 언급하면서 한 사업장에 초기업별노조가 복수로 존재하여서는 아니 된다는 취지를 분명히 밝혀야 한다. 또 대상판례는 유니언숍 협정이 체결된 사업장에서 기존노조의 우월적 지위를 옹호하는 논리를 전개하면서 부차적으로 부칙 제5조 제3항의 의미를 확대해석 한 것에 불과하다. 게다가 문제 해결의 접근 방식도 한 사업장에 조직대상을 같이하는 복수노조의 '설립'에 대해서는 침묵하고 오로지 복수노조의 '단체교섭권'의 중첩에만 치중하고 있다.

Ⅵ. 한 노동조합의 유니언숍 협정의 효력이 다른 노동조합에도 미치는가

이 문제에 대해서 김유성 교수는 유니언숍 조항이 관련근로자에게 미치는 강력한 효력에 비추어 볼 때 숍 협정체결 당시에 근로자가 이미 다른 노조에 가입하고 있거나 새로 입사한 종업원이 다른 조합에 가입한 경우, 그리고 유니언숍 조항을 체결한 후 당해 노조에서 탈퇴하거나 제명된 조합원이 다른 조합에 가입하거나 새로운 조합을 결성한 경우에는 효력이 미치지 않는 것으로 해석하고 있다.[18] 임종률 교수는 조직강제조항이 유효가 되기 위해서는 당해 노동조합을 싫어하는 근로자의 단결권 내지 조합선택권을 침해하지 않아야 한다는 전제에서 조직강제조항은 그 체결 당시 당해 노동조합의 미가입자나 체결 이후 탈퇴자 또는 입사자에게 효력이 미치지만 이들이 노동조합에서 사용자 측에 해고 등 이 조항에 따른 의무의 이행을 요구하는 시점에 다른 경쟁조합에 가입한

---

18) 김유성, 『노동법 Ⅱ』(전정판증보), 법문사, 2001, 339쪽.

경우에는 그 조합선택권을 침해할 수는 없으므로 그 범위 안에서 조직강제조항의 효력이 미치지 않게 된다고 해석한다.

반면 대상 판례는 부산지역택시노조의 유니언숍 협정의 효력에 제한을 가하는 것은 유니언숍 협정의 근저를 뒤흔드는 것으로 허용할 수 없고, 노조법 제81조 제2호 단서에도 예외 규정이 없다는 점을 논거를 들면서 이 사건 해고의 정당성을 인정하고 있다.

먼저, 대상 판례와 같이 유니언숍 협정의 효력을 과도하게 인정하는 것은 기존노조의 우월한 지위만을 더욱 확고히 하는 결과만을 가저와 조합원의 집행부 견제를 통한 조합민주주의 실현을 어렵게 한다. 노동조합은 대의원회 혹은 총회를 통하여 의사를 결정하는 회의체 조직으로 가장 민주주의적인 정치구조를 가지고 있다. 노동조합, 정확히 말하면 노조의 집행부와 평조합원 간의 비판과 상호통제를 바탕으로 조합의 어용화를 막게 된다. 그런데 판례의 논지대로라면 유니언 협정이 맺은 조합이 조합원의 이익을 무시하고 어용화된 경우에도 조합원은 노동조합을 탈퇴할 수가 없다. 오직 가능한 방법은 반조합적 행위를 지속적으로 하여 제명당하는 길밖에 없다. 그러나 제명을 당하더라도 따로 단결체를 구성할 수 없다. 정상적인 방법이라면 노동조합을 탈퇴하여 새로운 민주 노조를 건설하여 기존노조와의 경쟁을 통해 근로자 대표성을 인정받는 것이다. 헌법에 규정된 복수정당제가 바로 그런 것이 아닌가. 대상 판례는 조합민주주의의 기본 구도를 왜곡하고 있다.

다음으로 대상 판례는 유니언숍 조항이 가지고 있는 내재적 문제점 즉, 근로자의 소극적 단결권이나 조합선택권 그리고 타 노동조합의 단결권을 침해하는 점에 대하여 일체의 법익형량을 하지 않고 있다.[19] 그러나 노동법학에서는 유니언숍 협정의 이러한 난점 때문에 유니언숍 협정의 효력이라는 제목으로 이 문제를 다루고 있고 앞서 언급한 균형 있는 해석을 도모하고 있다. 판례가 제시하는 문제인 단체교섭권의 복수화는 사용자들이 복수노조 문제가 나올 때마다 제기한 것으로 사용자의 주장을 대변하는 측면이 없지 않다. 반면 학자들이 언급하고 있는 내용은 개별 근로자와 타 노동조합의 이익을 고려한 것이다. 유니언 협정에 대한 균형 있는 해석론이 요구된다.

이렇게 유니언숍 협정의 효력을 강력하게 인정하면서도 대법원 판례 중에는 노동조합이 노조를 탈퇴한 근로자 11명이 노조탈퇴의사를 철회하고 노조에 다시 가입하기 위한 노력을 하였음에도 불구하고 그중 일부에 대하여는 노조탈퇴의사 철회를 받아들여 노조원의 자격을 유지하게 하고도 나머지 3명에 대하여서만 이를 받아들이지 않고 회사에 대하여 해고를 요구하여 회사가 이들을 해고한 것은 무효라고 본 사례[20]가 있다. 그러나 위 판례가 언급하고 있는 단결권의 정신에 비추어 보면 오히려 유니언숍 협정이 체결되어 있는 것을 알면서도[21] 스스로 노동조합을 탈퇴한 자들에 대하여 조합의 재가입 승인의무를 인정하는 것이야말로 유니언숍 협정의 근저를 뒤흔드는 일이 아닐까. 또 그렇게 억지로 재가입한 조합원이 노동조합에 얼마나 도움이 될지도 의문이다. 오히려 노동조합의 단결력을 해치는 결과만 가져오지 않을까.[22] 판례는 노동

---

19) 판례는 이 문제를 단순히 예외규정이 없다는 이유로 간과하고 있다. 이 문제는 예외 규정의 존부로 해결되는 것이 아니다. 유니언숍 협정이라면 근본적으로 안고 있는 이해충돌문제이다.

20) 대법원 1995. 2. 28. 선고 94다15363 판결.

21) 위 대법원 판례 사안에서는 이 점이 불분명하기는 하다.

조합의 단결권 보장을 위한 유니언숍 협정을 해석함에 있어 노동
현장의 상황을 제대로 반영하지 못하고 있다.

VII. 결론

　대상 판례는 B분회의 실체를 구체적으로 판단하여 부칙 제5조
제1항을 해석·적용할 사안이었다. 그럼에도, 대법원은 단순히 단
체교섭권의 경합이라는 문제로 사안을 접근하여 핵심적인 부분은
회피하면서 부당한 결론을 내고 있다. 또 유니언숍 협정의 효력범
위를 지나치게 확장하여 개별 근로자의 소극적 단결권, 단결선택
권, 경쟁 노동조합의 단결권을 침해하는 해석론을 전개하고 있으며
조합의 민주성 유지에도 도움이 되지 않는 판결을 하고 있다. 기
존노조의 지배적 지위만 더욱 강화하는 대법원의 견해는 재고가
요망된다.

---

22) 게다가 제명과 탈퇴는 그 요건이 확연히 구분되는 조합원지위의 상실사유로서 동일시 할
　　수 없고 노조법 제81조 제2호 단서 후문이 보호대상으로 삼는 자도 제명된 조합원뿐이다.

2

산별노조 지부의 조직형태 변경절차

대상판결: 부산지방법원 2008. 4. 2. 선고
2007가합19375 판결[1)

Ⅰ. 대상판결의 요지

1. 대상판결의 개요

전국공무원노동조합(이하 '노조'라고도 표현한다)은 2007. 10. 17. 노동조합 설립신고를 한 산업별단위노동조합이고 조합의 원활한 업무집행과 효율적인 활동을 위하여 그 산하기구로 본부, 지부 등을 설치하였으며 조합규약과 산하기구 운영규정을 두어 산하조직의 운영에 관하여 규율하였다. 부산사하지부는 부산사하구청에서

---

1) 이 사건은 현재 부산고등법원 제5민사부(2008나6588)에 배당되어 심리 중에 있다.

근무하는 공무원 589명이 소속되어 있는 노조의 하부조직이며 별도의 노동조합설립신고는 되어 있지 아니하며 그 운영은 노조의 규약과 지부의 운영규정에 따라 이루어진다. 지부의 지부장은 2007. 8. 30. 지부 운영위원회를 개최하여 아래와 같은 내용의 '지부 조직 진로 선택을 위한 (소속)조합원 총투표'를 실시하기로 결정하였다.

○ 투표일시: 2007. 9. 10.
○ 선택대상: 전국공무원노동조합, 민주공무원노동조합, 사하구공무원노동조합(독자설립) 중 택일
○ 결정방법: 조합원 과반수 이상 투표 및 투표참여자 과반수 이상 득표한 조직으로 결정하되 과반수 이상 득표 조직이 없을 경우 다수표를 한 1, 2 순위 조직을 놓고 결선투표 실시

그러나 위와 같은 내용의 투표 결과 투표 참여 조합원 과반수의 지지를 받은 조직이 없자 2007. 9. 17. 전국공무원노동조합과 전국민주공무원노동조합 2개의 조직을 놓고 결선투표를 하였는데 그 결과 총 조합원 589명 중 491명이 투표에 참가하여 전국공무원노동조합 230명, 민주공무원노동조합 242명, 무효 19명, 기권 98명의 결과가 나왔다. 이에 따라 지부장은 지부가 민주공무원노동조합으로 조직 진로가 결정되었음을 공고하였다. 그러자 지부의 조합원 3명은 2007. 9. 17.자 조직진로변경결정이 무효라고 주장하며 2007. 10. 11. 부산지방법원에 소를 제기하였다.

【노조의 규약】

제3조(기구) 조합에는 다음의 기구를 둔다.

5. 산하기구: 본부, 지부, 지회, 분회

제5조(성격과 권한) ② 다음의 사항은 전국대의원대회의 의결을 거쳐야 한다.

8. 조직형태의 변경에 관한 사항

제8조(회의) ① 전국대의원대회의 회의는 대의원 과반수의 출석으로 개의하고, 출석대의원 과반수의 찬성으로 의결한다. 단, 규약의 개정과 임원의 징계·불신임에 관한 사항, 조합의 합병·분할 및 조직형태의 변경에 관한 사항은 대의원 과반수의 출석과 출석대의원 2/3 이상의 찬성으로 의결한다.

제30조(본부와 지부 지회, 분회의 운영) ① 본부와 지부의 사무를 관장하기 위하여 각 본부장과 지부장을 둔다.

② 본부와 지부 및 지회·분회의 운영에 관하여 필요한 사항은 규정으로 정한다.

제59조(단체교섭 및 단체협약의 체결) ① 위원장은 모든 교섭의 대표자가 된다.

② 위원장은 교섭권과 협약체결권을 본부장 또는 지부장에게 위임할 수 있다.

【지부 운영규정】

제3조(기능) 지부는 다음 각 호의 기능을 가진다.

1. 조합기구의 결의사항과 부산본부대의원대회·부산본부운영위의 결의사항을 성실히 이행할 의무를 가진다.

2. 조합 및 부산본부와 유기적인 연락체계를 통하여 지부활동의 활성화 및 조직 강화에 힘쓴다.

3. 지부단위의 특수성을 살려야 할 사안에 대한 사업을 수행한다.

제22조(임원의 업무와 권한) ① 지부장은 지부를 대표하여 제반업무를 통괄하며 각종 회의의 의장 및 구 단체교섭의 대표자가 된다.

제30조(단체교섭) 지부의 단체교섭은 전국대의원대회의 결의를 거친 사항에 합치하는 범위 내에서 할 수 있으며 지부장은 위원장의 위임을 받아 지부단위의 교섭의 교섭권과 협약체결권을 갖는다.

2. 판결의 요지

판결이유에서 판단한 쟁점은 크게 두 가지이다. 하나는 지부에 대하여 노동조합 및 노동관계 조정법 제16조 제1항 및 제2항[2]을 적용할 수 있는 가이고, 다른 하나는 적용을 긍정할 경우 2007. 9. 17.자 조직진로변경결정이 유효한가이다. 이에 대해 법원은 공무원의 노동조합설립 및 운영 등에 관한 법률에 따라 합법적으로 설립되지 아니한 지부라도 독자적인 규약 및 집행기관을 가지고 독립적인 조직체로서 활동을 하는 경우와 같이 노동조합의 실질적인 요건을 갖춘 이상 설립신고라는 형식적 요건을 갖추지 아니하였더라도 노동조합 자체의 규약상 요건과 절차에 합치하는 위임이 있

---

2) 제16조 (총회의 의결사항) ① 다음 각 호의 사항은 총회의 의결을 거쳐야 한다.
　8. 조직형태의 변경에 관한 사항
　② 총회는 재적조합원 과반수의 출석과 출석조합원 과반수의 찬성으로 의결한다. 다만 규약의 제정·변경, 임원의 해임, 합병·분할·해산 및 조직형태의 변경에 관한 사항은 재적조합원 과반수의 출석과 출석조합원 3분의 2 이상의 찬성이 있어야 한다.

거나 규약에 따라 권한 부여가 있는 범위 내에서는 법외 노조로서 노조법의 규정이 그대로 적용된다고 보았다. 나아가 2007. 9. 17. 자 조직진로변경결정을 살펴보면, 491명의 조합원이 투표에 참가하여 그중 242명만이 민주공무원노동조합을 선택하였는데 이는 출석 조합원의 3분의 2이상이 찬성하여야 한다는 강행규정인 노동조합 및 노동관계 조정법 제16조 제1항 및 제2항의 규정을 충족시키지 못하였음으로 위 조직진로변경결정은 무효라고 판단하였다.

II. 산별노조의 법리와 부산사하지부의 법적 지위

노동조합의 조직형태는 구분기준에 따라 여러 가지로 분류할 수 있겠으나, 조직범위를 특정 직업 또는 직종에 한정하는 직업별노조, 특정 산업 또는 업종으로 제한하는 산업별노조, 특정 기업으로 제한하는 기업별노조, 및 잡다한 산업이나 직종에 걸치는 일반노조로 구분할 수 있다.[3] 대상판결에서 언급하고 있는 전국공무원노동조합은 전국공무원을 조직대상으로 하는 직업별, 산업별노동조합으로 분류할 수 있다. 그리고 부산사하지부는 위 노동조합에 가입한 근로자 중 부산사하구청에 근무하는 공무원들로 구성된 노조의 하부조직이다.

한편 현행 노동조합 및 노동관계 조정법은 기업별단위노조를 전제로 하여 구성된 것으로 이 사건과 같이 산별노조의 하부조직에

---

3) 임종률, 『노동법』(제4판), 박영사, 2004, 37쪽.

대해서는 명문의 구체적인 규정을 두고 있지 않다. 게다가 우리나라의 산업별노동조합 조직은 서구의 산별노조 체계와 기업별단위노조의 형태가 혼합된 독특한 형태의 것이어서 개별 기업에 설치되어 있는 지부, 지회 혹은 분회 등 노조의 하부조직의 법적 지위에 관하여 여러 가지 문제가 제기된다. 여러 가지 법적 쟁점은 노조의 하부조직을 노동조합이 갖는 관련법상의 각종 권리를 행사할 수 있는 주체로 인정할 수 있느냐 여부로 요약된다. 대상판결은 그러한 법률적 쟁점 중 노조의 하부조직이 스스로 조직형태를 변경하는 결의를 할 수 있는 독자적인 조직인지에 관하여 판단한 것으로 아래에서는 이에 관한 학설을 살펴보고 소견을 밝혀 보고자 한다.

1. 산별노조 하부조직의 법적 지위를 판단하는 기준: 노조의 규약

가. 산별노조의 출현과 법 이론적 문제

1987년 노동조합법의 개정이 이루어지기 전까지 정부는 노조의 조직을 기업별로 강제하여 노동조합의 성장을 억압하였는데 1987년 6월 민주화운동의 결과로 이러한 제한은 사라졌다. 그러나 여전히 복수노조금지 조항을 넓게 규정하여 한 사업장 내 복수노조의 설립의 가능성을 억압하다가 1997년 노동조합 및 노동관계 조정법을 제정하면서 복수노조금지조항을 폐지하고 다만 부칙에서 한시적으로 기업별단위노조의 설립을 제한하였다.[4] 법률이 이렇게

---

4) 이를 규정한 부칙(1997. 3. 13.) 제5조 제1항에 대해서는 해석의 갈림이 있다.

변경되는 사이에 현장 근로자들은 노동조합 설립운동을 강력하게 전개하여 기업별단위노조의 설립을 추진하였고, 이후에는 보다 강력한 교섭력을 확보하기 위해 산별노조를 중심으로 한 초기업별노조의 설립에 박차를 가했다. 산별노조를 설립하는 과정을 살펴보면, 먼저 산별노조를 설립하고, 여기에 기존의 기업별단위노조가 해산하면서 그 조합원들이 산별노조에 가입하였고, 특별한 사정이 없는 한 종전 기업별단위노조의 구성범위를 존중하여 기업별단위노조의 조합원들은 산별노조의 하부조직으로 재편되었다. 이렇게 노조 하부조직의 뿌리가 종전 기업별단위노조이다 보니 지배관리 하부조직의 운영에 있어서 기업별단위노조의 방식이 그대로 원용되는 경우가 많았고 조합원들도 종전의 기업별단위노조의 의식을 많이 가지고 있었다. 산별노조 자체도 하부조직의 적법한 운영에 있어서 많은 법 이론적 고민을 하여야 했다. 이러한 태생적인 특성 때문에 산별노조에는 하부조직의 독립성과 종속성이라는 두 가지 특성이 충돌하는 문제가 발생하였다. 즉 기업별로 조직되어 있는 조합원들은 종전의 독립적인 단체활동권에 대한 욕구가 있었고 산별노조는 보다 중앙집권적인 단일노조의 건설이라는 욕구가 있었다. 한편 사용자의 입장에서는 강력한 단결력을 바탕으로 외부세력의 지원을 받은 산별노조보다는 기업별단위노조가 대응하기 쉬운 상대였으므로 가급적 산별노조로의 이행을 막고 싶었다. 위와 같은 산별노조 설립의 한국적 특수성으로 인하여 하부조직의 독립성과 종속성 사이의 긴장관계가 생기는 경우가 많았다.

나. 산별노조 하부조직의 단체교섭 당사자지위에 관한 학설

대상판결은 산별노조의 하부조직의 조직변경결의의 효력에 관한 것이나, 이 문제는 결국 하부조직에 대하여 노동조합 및 노동관계조정법의 적용을 긍정할 수 있는 실체를 인정할 것인가의 문제와 연결되어 있다. 노동법 교과서에서는 이 문제를 단체교섭의 당사자 지위라는 측면에서 검토하고 있다. 단체교섭의 당사자란 단체교섭을 자신의 이름으로 행하고 그 법적 효과가 귀속되는 주체라고 설명하는데[5], 단체교섭의 당사자가 된다면 단체교섭이 타결되지 않았을 때 쟁의행위를 주도할 수 있는 당사자가 될 수 있다.[6] 그래서 해석론의 대립은 결국 단체교섭의 당사자 지위에 관한 것이다. 김유성 교수는 단위노조의 지부나 분회도 독자적인 규약 및 집행기관을 가지고 독립된 단체로서 활동을 하는 경우에는 당해 조직에 특유한 사항에 대하여 단체교섭의 당사자가 될 수 있다고 하면서 다만 지부나 분회는 상부조직인 노동조합의 통제에 따라야 한다고 해석한다.[7] 임종률 교수는 단위노조의 지부·분회 등 산하조직은 그 자체 독립된 노동조합이 아니므로 단체교섭의 당사자가 될 수 없고 다만 산하조직이 단위노조로부터 교섭권한을 위임받은 경우 또는 단위노조의 규약상 일정한 사항에 관하여 교섭할 권한을 가진다는 취지의 규정이 있는 경우에는 예외적으로 단위노조의

---

5) 김유성, 『노동법 Ⅱ』(전정판증보), 법문사, 2001, 129쪽.

6) 단체교섭과 쟁의행위의 실제에 있어서는 노조의 하부조직이 직접 자신의 이름만으로 행하는 경우는 교섭현실을 고려하면 상정하기 어렵다. 대부분의 경우 하부조직이 속해 있는 산별노조의 위원장이 단체협약에 서명날인을 하며, 쟁의행위 발생 신고도 산별노조의 위원장 명의로 이루어지기 때문이다. 만일 독자적인 단체교섭을 하고 싶다면 노조의 형태를 변경하면 되기 때문에 산별노조의 하부조직으로 있으면서 무리하게 교섭을 시도할 이유가 없을 것이다.

7) 김유성, 『노동법 Ⅱ』(전정판증보), 법문사, 2001, 131쪽.

지부·분회 등 산하조직도 해당 사항에 한하여 교섭당사자가 된다고 해석한다. 한편 김형배 교수는 지부 또는 분회는 단위노동조합의 하부조직으로서 단위노동조합으로부터 단체교섭권한을 할양받은 경우에는 단체교섭당사자의 지위를 갖는 것으로 본다.[8]

다. 하부조직의 법적 지위를 판단하는 근거로서 노조의 규약

원칙적으로 산별노조에서 단체교섭의 당사자는 산별노조뿐이다. 다만 산별노조의 규약 및 하부조직의 운영규정에서 하부조직인 지부 혹은 분회의 독자적인 단체교섭권한을 인정하고 있는 경우에만 단체교섭의 당사자가 될 수 있을 뿐이다.[9] 만일 규약에 그러한 규정이 없다면 지부 혹은 분회는 교섭의 담당자로 나설 수 있을지는 몰라도 단체교섭의 당사자가 될 수는 없다. 기존의 기업별단위노조의 조합원들이 산별노조에 가입하는 것은 다수의 세력을 바탕으로 사용자와 대등한 교섭을 하기 위함이다. 한편 산별노조의 입장에서 보면 산하조직으로 들어온 기존의 기업별노조의 조합원들은 통제권의 대상이 되어 조직의 강령, 규약을 이행하는지 살피게 되고 현실적으로는 산하조직의 어용화를 막는 데 많은 노력을 하게 된다. 김유성 교수가 언급하고 있는 산하 조직의 고유한 사항이라는 것은 업종에 따라서는 각 사업장의 근로조건이 각기 다르다는 점을 고려하면 결국 교섭대상의 대부분을 의미하게 된다. 이렇게 되면 산하조직은 마음만 먹으면 언제든지 산별노조의 지침 등을 무

---

8) 김형배, 『노동법』(신판 제4판), 박영사, 2008, 736쪽.
9) 同旨 김기덕, "산별노조의 단체교섭 및 체결, 쟁의행위에 따른 법적 검토", 『노동과 법』(제2호), 금속법률원, 231쪽.

시하면서 독자적인 단체교섭을 수행하고 단체협약을 체결할 수 있게 된다. 통상 사용자가 산별노조와의 교섭을 꺼리고 많은 경우 산별노조를 배제한 채 기존의 기업별노조였던 지부 혹은 분회와의 교섭만을 주장하는 현실을 고려하여 보면 규약 등 명문의 허용규정이 없이 하부조직의 독자적인 단체교섭권한을 인정하는 것은 결국 산별노조 제도의 취지를 몰각시키는 결과를 가져온다. 이러한 점을 고려하여 한국 제조업 산별노조의 대표라고 할 수 있는 전국금속노동조합의 규약 제66조 제1항에는 단체교섭권은 금속노조에게 있음을 명백하게 하고 있고, 제2항에서 일정한 경우 하부조직에 교섭권한을 위임할 수 있도록 하고 있으며,[10] 더 나아가 규약 제50조 제5항에서는 금속노조의 최하위 구성단위인 지회에 대해서 규약 등에 위반한 지회 운영규칙을 무효로 규정하고 있는 것이다.[11]

2. 전국공무원노동조합의 규약과 부산사하지부의 법적 지위

위와 같이 산별노조와 노조의 하부조직의 관계를 결정하는 기준은 노조의 규약이다. 따라서 노조의 규약에 위반하는 운영규정이 제정되어 있다면 규범의 단계에 따라 하위 운영규정 중 규약에 위반되는 조항은 무효가 된다. 노조의 규약 제30조를 보면 지부의

---

10) 제60조(단체교섭의 권한) ① 단체교섭권은 조합에 있으며, 조합 내 모든 단체 교섭의 대표자는 위원장이 된다.
　　② 위원장은 산하 조직의 교섭단위에 교섭위원회를 구성하여 교섭권을 위임할 수 있다.

11) 제44조(지회 운영) ⑤ 지회의 운영규칙 중에서 규약과 지부규정, 지부운영규칙의 취지에 반하는 부분은 무효로 하고, 규약과 지부운영규정, 지부운영규칙, 지회운영규칙의 순서에 따라 적용한다.

운영에 필요한 사항은 규정으로 정하도록 하고 있으며 이에 따라 지부 운영규정이 제정되어 있다. 지부 운영규정 제3조 제3항을 보면 지부는 지부단위의 특수성을 살려야 할 사안에 대한 사업을 수행할 수 있게 되어 있다. 노조의 중요한 역할인 단체교섭권한 및 단체협약체결권한은 규약 제59조 제1항에 따라 산별노조에게 있으며 다만 제2항에 의하여 지부장에게 위임될 수 있을 뿐이다. 판결문에는 나타나 있지 아니하나 규약 제33조 제1항은 지부에게 산별노조의 결의 및 결정을 준수할 것을 요구하고 있고 산별노조의 위원장은 이를 위해 지부에 대하여 필요한 조치를 취할 수 있게 되어 있다(제2항). 나아가 제3항 및 제4항에 따르면 지부는 상급조직인 지역본부 대의원대회의 결정도 준수하도록 하고 있다.

이상의 규정을 종합하여 보면 지부는 산별노조의 하부조직으로서 비록 지부 내부의 일상적인 활동을 위하여 지부장 등 임원을 두고 지부 총회 등을 개최할 수는 있으나 노조의 본질적인 권리라고 할 수 있는 단체교섭 및 단체협약체결권한을 갖고 있지 아니하다. 그런데 대상판결은 부산사하지부의 운영규정에 지부의 기능, 의결기관, 집행기관 및 위임에 의한 단체교섭권 등에 관하여 구체적으로 규정하고 있으므로 이를 지부의 독자적인 규약으로 파악하여 지부를 법적인 실체가 있는 독자적인 노조로 파악하고 있다. 이런 태도에 따르면 노조 산하에 설치된 전국의 모든 지부는 모두 독자적인 노조가 되고 결국 전국공무원노동조합은 무늬만 산별노조일 뿐 실질은 단위노조의 연합단체에 불과해진다. 그러나 이런 결론은 노조의 규약에 명백히 반하는 해석이다. 부산사하지부는 권리의무의 귀속주체가 될 수 있는 독자적인 노조라고 볼 수 없고 다만 산별노조의 하부조직에 불과하다.

Ⅲ. 조직진로선택을 위한 결선투표의 효력

1. 조직형태변경결의에 준하는가?

대상판결은 노동조합 및 노동관계 조정법 제16조가 규정하고 있는 조직형태변경을 노동조합이 그 실질적 동일성을 유지하면서 그 조직형태를 변경하는 것을 말하는 것으로 구체적으로는 기업별노동조합에서 산업별단위노동조합 또는 산업별단위노동조합 기업별지부로 변경하거나 그 반대의 경우, 또는 산업별단위노동조합에서 산업별연합단체노동조합으로 변경하거나 그 반대의 경우 등을 뜻한다고 설명하고 있다. 그러면서 지부의 조직진로변경결정은 엄격한 의미에서는 조직형태의 변경은 아니지만 소속 공무원들의 지위 내지 신분에 중대한 영향을 미치는 점을 고려하여 이 결정을 조직형태의 변경에 준하여 판단할 수 있다고 보았다.

노조의 조직형태변경의 의미에 관해서는 노동법 학자 간에 의견이 일치하고 있지는 않지만 공통된 취지는 변경 전후에 노조의 동일성이 인정된다는 것이다.[12] 그런데 판례는 노조의 동일성이 인정된다는 전제를 달고 있으면서도 기업별단위노조가 산별노조의 기업별지부로 변경되는 경우를 예로 들고 있다. 그러나 이는 산별

---

12) 김유성, 『노동법Ⅱ』(전정판증보), 법문사, 2001, 131쪽: 김형배, 『노동법』(신판 제4판), 박영사, 2008, 719쪽.

노조의 조직 구성 방식을 고려하면 부적절한 설명이라고 생각된다. 기업별단위노조가 산별노조의 하부조직으로 편제되는 절차를 살펴보면 기업별단위노조가 해산되고 종전 조합원들이 개별적으로 산별노조에 가입을 한다. 산별노조는 종전 기업별조직단위를 고려하여 새로 가입한 조합원을 편제한다. 결론만 놓고 보면 기업별단위노조의 조합원이 산별노조의 하부조직의 조합원을 구성하지만 이것은 편제의 효율성을 위한 산별노조의 결정인 것이지 기업별단위노조를 '통째'로 받아들여 그것을 하부조직으로 신설한 것이 아니다. 이러한 변경과정을 살펴보면 종전 기업별단위노조의 조합원들은 산별노조의 조합원이 되는 것이기 때문에 노조의 동일성을 비교할 대상이 존재하지 않게 된다. 하부조직을 비교의 대상으로 삼아 동일성을 인정할 수 있다는 주장이 있을 수는 있겠지만 하부조직이 앞서 언급한 대로 법적 실체를 갖지 못하기 때문에 규범적인 비교의 대상이 될 수 없다. 물론 산별노조의 규약 등에 기업별단위노조를 통째로 받아들여 노조의 하부조직으로 삼는다는 내용을 규정할 수는 있지만 이럴 경우 해당 규정은 산별노조의 본래의 취지에 부합하는 규정이라고는 할 수 없고 기업별단위노조의 연맹체의 흔적이 남아 있는 것이라고 파악할 수밖에 없다.

결국, 부산사하지부의 결의는 노조법이 예정하고 있는 조직형태변경결의가 아니며 설혹 그것이 소속조합원의 신분관계에 중요한 영향을 미친다고 하더라도 조직형태변경결의에 준하여 볼 필요도 없다. 왜냐하면, 굳이 조직형태변경결의라고 하는 논리가 아니더라도 뒤에서 보는 바와 같이 그와 같은 결의는 규약에 위반되어 무효이기 때문이다.

2. 규약에 위반한 무효인 결의와 조합원들의 조직선택 방법

해당 산업별노조의 규약상 조직형태의 변경을 결의할 수 있는 주체는 노조밖에 없다(규약 제6조 제1항). 이것은 규약이 그렇게 정했기 때문이 아니라 논리적으로도 노조법의 실체를 가진 노조는 전국공무원노동조합밖에 없고 그 하부조직은 노조법상의 노조가 아니기 때문이다. 따라서 아무런 법적 근거 없이 이루어진 부산사하지부의 결의는 규약에 위반한 것으로 효력이 없다. 다르게 표현하면 부산사하지부는 지부의 권한을 넘이 스스로 할 수 없는 행위를 한 것이다.

그렇다면 부산사하지부로 편제된 조합원들은 어떤 방식으로 전국민주공무원노동조합에 가입할 수 있을까? 방법은 간단하다. 조합원이 개별적으로 노조에 대하여 조합탈퇴의 의사표시를 하고 전국민주공무원노동조합에 개별적으로 가입하면 된다. 전국민주공무원노동조합은 이후 가입한 조합원들을 대상으로 하는 부산사하지부를 편제하면 된다. 이렇게 되면 부산사하구청 내에 산별노조의 지부가 2개가 되지만 복수노조의 문제는 일어나지 않는다.[13]

부산사하지부의 조합원 470명은 조직진로선택을 위한 투표를 한 후 전국민주공무원노동조합에 조합원가입 동의서를 제출하였고 지부장은 2007. 10. 25. 노조위원장에게 위 가입동의서를 첨부하여 '전공노 탈퇴(민공노 가입) 알림'이라는 제목의 내용증명을 발송하였는데 위 내용증명에는 470명의 조합원의 자필서명으로 2007. 9.

---

13) 만일 대상판결과 같이 하부조직에 불과한 지부에 독자적인 노조로서의 법적지위를 인정하게 되면 복수노조금지의 문제가 발생하게 되어 문제를 더욱 복잡하게 만들고 조합원인 공무원들의 단결권을 침해하는 결과를 낳는다. 대상판결의 논리가 안고 있는 잠재적인 문제점이다.

17.자 조직진로변경결정을 재확인하며 전국공무원노동조합을 탈퇴하고 민주공무원노동조합에 가입한다는 내용이 포함되어 있었다. 만일 지부장을 통한 조합원 470명의 집단적 탈퇴 방식에 대하여 조합원 개개인의 개별적 위임사실을 인정할 수 있다면 결국 470명의 조합원들은 2007. 9. 17.자 조직진로변경결정의 효력 유무와 관계없이 전국공무원노동조합을 적법하게 탈퇴한 것이 되고 따라서 적법하게 전국민주공무원노동조합에 가입한 것이 된다.

Ⅳ. 결론

판례의 결론에는 찬동한다. 부산사하지부는 산별노조인 전국공무원노동조합의 하부조직에 불과하고 노조의 조직형태변경은 산별노조인 전국공무원노동조합만 가능하기 때문이다. 부산사하지부가 한 결의는 권한을 넘는 것으로 효력이 없다. 판례는 부산사하지부의 노조의 독자성을 지나치게 인위적으로 인정하려고 하고 있다. 구체적 타당성을 기하기 위한 고심의 결과라고 생각되지만 산별노조의 조직 법리를 고려한다면 굳이 어렵게 논리를 풀어나가지 않아도 될 사안이었다.

한편 결의 이후 조합원들이 지부장을 통해 노조에게 탈퇴의사를 전달하였고 이후 전국민주공무원노동조합에 가입하였는데 만일 지부장을 통한 탈퇴의사 전달에 대하여 개별조합원의 위임행위를 인정할 수 있다면 탈퇴행위 및 가입행위 자체에 대해서는 효력을 부인하기는 어렵다고 생각한다.

단체협약과 불공정한 법률행위

대상판결: 대법원 2007. 12. 14. 선고 2007다18584 판결[1]

I. 대상판결의 개요

1. 사건의 개요

피고 주식회사 대덕사(이하 '피고 회사')는 현대자동차 주식회사(이하 '현대자동차')에게 차체 부품 등을 공급하는 협력업체인데, 피고 회사의 근로자인 원고가 가입한 노동조합인 전국금속노동조합(이하 '노동조합')은 2004년 임금 단체교섭 과정에서 노동조합에서 정한 기준금액인 월 125,445원의 임금인상을 요구하였다. 이에

---

1) 관여 대법관 김용담(재판장), 박시환, 박일환(주심), 김능환.

따라 노동조합과 피고 회사는 2004. 9. 10. 고용보장을 위해 노사 공동으로 물량수주를 위해 노력하기로 합의하면서 임금에 관하여 ① 기본급을 월 65,000원(시급: 271원) 인상하고, ② 피고 회사가 차기 아이템 수주를 위해 최선의 노력을 하되 만약 아이템을 수주 하지 못할 시 전국금속노동조합의 요구안인 월 125,445원(시급: 523 원)으로 인상하며, 그 판단은 피고 회사가 신규 아이템을 수주 못 하였다고 노동조합 또는 현장에 이야기할 때 또는 피고 회사가 전 직원의 고용을 계속적으로 이어나가지 못하고 고용불안을 느낄 때 로 한다는 단체협약을 체결하고 2004. 4. 1.부터 소급하여 적용하 기로 하였다(이하 위 ② 부분 '이 사건 합의'). 이후 피고 회사는 현대자동차의 공개입찰에 참가하였으나 납품단가가 높다는 이유로 입찰에서 탈락하여 신규 아이템 수주에 실패하였음을 노동조합에 게 알리지 아니한 상태에서, 노동조합은 2004년 11월경부터 현대 자동차의 이중개발 소문에 대한 진상규명, 계속되는 고용불안 및 그에 대한 회사의 대책 등을 주제로 피고 회사에 대하여 새로운 단체교섭을 요구하며 근무시간 전에 구호를 외치는 이른바 출근투 쟁을 하고, 2005. 1. 20.경에는 쟁의행위 찬반투표를 통하여 파업 을 결의한 후 파업을 강행하였다. 한편 피고 회사는 입찰탈락과 함께 현대자동차가 그동안 피고 회사로부터 납품받던 부품마저 다 른 업체에게 개발을 의뢰하여 기존의 계약관계도 유지될 수 없는 상황에 이르자 2005. 2. 25. 폐업하였다. 이에 원고는 2005. 7. 29. 피고 회사를 상대로 단체협약에 근거한 임금을 청구하는 소를 제기 하였으나 1심2)과 2심3)에서 모두 패소한 후 대법원에 상고하자 대법

---

2) 울산지방법원 2006. 8. 10. 선고 2005가합7692 판결.

원은 원심판결을 취소하고 사건을 부산고등법원으로 환송[4]하였다.

2. 원심판결의 요지

원심법원은 두 가지 논거를 제시하면서 피고 회사와 노동조합 간의 단체협약 중 임금부분에 관한 부분이 무효라고 판단하여 원고의 항소를 기각하였다. 즉, 노사 간에 자율적으로 합의한 단체협약이라도 그 내용이 현저히 합리성을 결하였다고 볼 수 있는 특별한 사정이 있는 경우 그러한 합의는 무효인데 여기서 단체협약이 현저히 합리성을 결하였는지 여부는 단체협약의 내용과 그 체결경위, 당시 사용자 측의 경영 상태 등 여러 사정에 비추어 판단해야 한다고 전제한 후, 앞서 언급한 사실관계에 비추어 볼 때 이 사건 합의는 피고 회사가 신규 아이템을 수주하지 못할 시 폐업의 위기에 처하게 될 것임을 예상한 근로자들이 회사 폐업 시 오로지 더 많은 임금을 소급해서 챙기고자 하는 것으로서, 피고 회사로서는 그러한 요구를 들어주지 않으면 회사의 존립 자체가 위태로워지는 궁박한 상태에서 이 사건 합의에 이르게 된 것이어서 그 내용이 현저히 합리성을 결하여 무효라고 보았다.

나아가 이 사건 합의가 실현될 경우 피고 회사는 합의의 상대방인 근로자들에게 그 인상분을 월 125,445원씩으로 임금을 소급하여 지급해야 하는 한편 피고 회사에게는 아무런 반대급부도 없고

---

3) 부산고등법원 2007. 2. 7. 선고 2006나15465판결.
4) 이 사건은 현재 부산고등법원 제4민사부에 배당(2008나863)되어 심리 중에 있다.

오히려 존폐의 위기에 놓이게 될 뿐이어서 이 사건 합의는 급부와 반대급부 사이에 현저한 불균형이 있어 민법 제104조에서 정한 불공정한 법률행위에도 해당하여 무효라고 판단하였다.

3. 대법원 판결의 요지

대법원은 협약자치의 원칙상 노동조합은 사용자와 사이에 근로조건을 유리하게 변경하는 내용의 단체협약뿐만 아니라 근로조건을 불리하게 변경하는 내용의 단체협약을 체결할 수 있으므로, 근로조건을 불리하게 변경하는 내용의 단체협약이 현저히 합리성을 결하여 노동조합의 목적을 벗어난 것으로 볼 수 있는 경우와 같은 특별한 사정이 없는 한 그러한 노사 간의 합의를 무효라고 볼 수는 없고, 노동조합으로서는 그러한 합의를 위하여 사전에 근로자들로부터 개별적인 동의나 수권을 받을 필요가 없으며, 단체협약이 현저히 합리성을 결하였는지 여부는 단체협약의 내용과 그 체결경위, 당시 사용자 측의 경영 상태 등 여러 사정에 비추어 판단해야 할 것이지만[5] 위와 같은 법리는 근로조건의 유지·개선 기타 근로자의 경제적·사회적 지위의 향상을 도모한다는 노동조합의 목적에 비추어 근로조건을 불리하게 변경하는 내용의 단체협약이 무효인지 여부를 판단하는 데에 적용될 것이지 이 사건과 같이 근로자에게 유리하게 체결한 단체협약의 경우에는 적용이 없으므로 결국 원심판결의 주위적 판단에는 단체협약의 효력에 관한 법리를 오해

---

[5] 대법원 2000. 9. 29. 선고 99다67536 판결 등 참조.

하여 판결 결과에 영향을 미친 위법이 있다고 보았다.

한편 노동조합 및 노동관계조정법 제3조, 제4조에 의하여 노동조합의 쟁의행위는 헌법상 보장된 근로자들의 단체행동권의 행사로서 그 정당성이 인정되는 범위 내에서 보호받고 있는 점에 비추어 단체협약이 노동조합의 정당한 쟁의행위 끝에 체결되었고 사용자 측의 경영 상태에 비추어 그 내용이 다소 합리성을 결하였다고 하더라도 그러한 사정만으로 이를 민법 제104조의 궁박한 상태에서 이루어진 불공정한 법률행위에 해당한다고 할 수 없다고 판단했다.

Ⅱ. 단체협약의 불이익 변경 법리의 확대적용 문제

원심판결은 피고 회사의 경영 상태를 중시하여 근로자들에게 일방적으로 유리한 단체협약을 체결한 행위를 현저히 합리성이 없는 특별한 사정에 해당한다고 보았다. 원심판결이 언급하고 있는 논리는 대상 판결이 지적하고 있듯이 소위 단체협약의 불이익 변경에 관한 기존 대법원 판례를 역으로 응용한 것이다. 즉, 대법원은 단체협약을 통하여 근로시간, 임금[6] 등의 근로조건을 근로자들에 대하여 불이익하게 변경한 경우에 그것이 현저히 합리성을 결하여 노동조합의 목적을 벗어난 것이라면 그러한 노사 간의 합의는 무효라는 취지의 판결을 하여왔었다. 원심판결은 이것을 확대하여 근로조건이 근로자에게 유리하게, 즉 사용자에게 불이익하게 변경된 경우에

---

6) 상여금과 관련한 판례로는 대법원 2000. 9. 29. 선고 99다67536 판결, 퇴직금과 관련한 판례로는 대법원 2005. 3. 11. 선고 2003다27429 판결 참조.

도 그 내용이 현저히 합리성이 결여되었다면 사용자가 그 무효를 주장할 수 있다는 논리를 세웠다. 그러나 기존 대법원 판결에서 언급하고 있는 법리는 소위 협약자치의 한계에 관한 논의로서 근로조건의 유지·향상을 위해 조직된 노동조합이 단체협약상의 근로조건을 근로자에게 불리하게 변경할 수 있는가라는 논의였다. 따라서 이 사건과 같이 근로조건을 유리하게 변경하는 경우에는 직접 적용될 수 없는 논리였고 대법원도 이를 정확하게 지적하고 있다.

III. 민법 제104조의 불공정한 법률행위의 성립 여부

1. 불공정한 법률행위에 관한 법리

원심판결은 이 사건 합의에 관하여 민법 제104조의 불공정한 법률행위의 법 이론을 적용하고 있다. 민법학에서는 법률행위의 내용이 그 효과를 발생하기 위해서는 확정, 가능, 적법, 사회적 타당이라는 네 가지 요건을 검토한다.[7] 그중 법률행위 내용의 사회적 타당성을 심사할 때 특히 문제가 되는 것이 민법 제103조의 반사적 법률행위와 민법 제104조 불공정한 법률행위이다. 양자의 관계에 대해서는 제104조가 제103조의 예시에 지나지 않기 때문에 불공정한 법률행위에 관해서는 우선 제104조의 적용을 검토하고 이에 해당하지 않는 경우 제103조의 적용을 검토한다고 설명한다.[8]

---

7) 곽윤직, 『민법총칙』(신정판), 박영사, 1996, 341쪽~343쪽 참조.
8) 대법원 1964. 5. 19. 선고 63다821 판결.

민법 제104조가 적용되는 요건으로는 객관적 요건과 주관적 요건이 필요하다. 객관적 요건으로는 급부와 반대급부의 현저한 불균형이 있어야 한다. 여기서 말하는 현저하게 공정을 잃은 법률행위란, 자기의 급부에 비해 현저하게 균형을 잃은 반대급부를 하게하여 부당한 재산적 이익을 얻는 행위를 의미하는 것이다.[9] 한편 주관적 요건으로는 피해자의 궁박·경솔 또는 무경험을 이용하여야 한다. 여기서 궁박이란 벗어날 길이 없는 어려운 상태를 말하며, 반드시 경제적인 것에 한정하지는 않는다. 원심법원은 '회사의 존립 자체가 위태로워지는 궁박 상태'라는 표현을 사용하고 있어 제104조의 주관적 요건 중 궁박의 요건을 충족한 것으로 판단하고 있는 듯하다.

궁박을 인정한 판례의 사례를 검토하여 보면, 매도인의 부동산 매도 당시 가친의 병이 깊어 그 치료비 등 비용관계로 할 수 없이 처분하게 된 경우,[10] 농촌에서 농사만을 짓고 사고를 처음 당하는 무경험한 유족이 가장을 잃어 경제적으로 정신적으로 경황이 없는 경우,[11] 주거침입죄를 범한 자식에게 어떤 변이 일어날지 모른다고 걱정하는 부모의 심리를 이용하는 경우,[12] 수사기관에 의하여 영장 없이 30시간 이상 불법, 구금되어 있는 상태를 이용하는 경우[13] 등이 있다.

급부와 반대급부의 현저한 불균형을 인정한 사례를 살펴보면, 부동산 매매를 시가의 2분의 1 수준으로 하는 경우[14], 교통사고가

---

9) 대법원 1993. 3. 23. 선고 92다52238 판결.

10) 대법원 1968. 7. 30. 68다88 판결.

11) 대법원 1979. 4. 10. 선고 78다2457 판결.

12) 대법원 1980. 6. 24. 선고 80다558 판결.

13) 대법원 1996. 6. 14. 선고 94다46374 판결.

난지 1주밖에 지나지 않은 상황에서 실제 받을 수 있는 배상금액
의 8분의 1 정도만을 주고 합의서를 작성한 경우[15], 부동산 매매
계약서에 경솔하게 시가보다 10배의 가격으로 매매대금을 기재한
경우[16] 등이 있다.[17]

2. 단체교섭의 실제와 민법 제104조의 적용 문제

이처럼 판례가 인정한 궁박의 상태는 개인적으로 궁지에 몰린
상태에서 다른 해결 가능성을 검토할 여유조차 없이 이루어진 경
우가 대부분으로 이 사안과 같이 노사가 실질적으로 대등한 입장
에서 교섭을 하는 경우에는 궁박의 논리를 적용하기 어렵다. 교섭
은 협상의 일종으로 오랜 시간적 여유를 두고 서로 밀고 당기는
과정을 통해서 합의점을 찾는 과정이다. 따라서 원심법원의 판결이
풍기는 뉘앙스 즉, 교섭의 일방 당사자가 다른 도리가 없는 궁박
상태에서 현저하게 공정을 잃을 정도로 합의를 한다는 설정은 교
섭의 현실과는 거리가 있는 가정이라고 하겠다.

한편 원심법원은 피고 회사가 이 사건 합의로 말미암아 아무런
반대급부도 없이 오히려 존폐의 위기에 놓이게 되는 현저한 불균
형을 감수하여야 한다고 판단하고 있다. 그런데 사실관계를 살펴보
면, 노동조합은 피고 회사가 현대자동차로부터 차기 아이템을 수주

---

14) 대법원 1964. 12. 29. 선고 64다1188 판결.
15) 대법원 1979. 4. 10. 선고 78다2457 판결.
16) 대법원 1977. 5. 10. 선고 76다2953 판결.
17) 이런 객관적인 요건은 구체적인 사안의 성격 특히, 주관적 요건이 어떻게 충족하고 있는가
　　에 따라 유연하게 파악될 수 있다.

하여 정상 가동될 경우에는 낮은 수준의 임금인상을 요구하여 임금의 인상보다는 근로관계의 존속을 선택했고, 만일 차기 아이템을 수주하지 못하여 어차피 회사가 폐업을 할 수 있는 상황이 벌어지면 회사 존속의 경우보다는 많은 임금을 받고 근로관계를 종료하는 쪽을 선택한 것이다. 이에 대해 피고 회사도 어차피 회사의 장래는 차기 아이템의 수주에 달려 있기 때문에 새 아이템을 수주하지 못할 경우 위로금의 성격도 갖는 임금인상을 받아들이고 대신 회사를 청산하려고 했던 것으로 보인다. 이처럼 더 많은 임금 지급을 약속했기 때문에 회사가 폐업되는 것이 아니라 회사가 폐업을 하기 때문에 근로자들에게 조금 더 임금을 주고 근로관계를 정리하려고 했던 것이다. 따라서 이 사건 합의 자체로 현저한 불균형이 있다는 것은 판단의 순서가 뒤바뀐 것으로 경영사정이 안 좋아진 상태에서 임금을 더 지급하여야 한다는 결과 자체만 놓고 현저한 불균형을 저울질하기는 어렵지 않은가 한다.

IV. 결론

이 사건은 단체협약 내용에 대해 민법 제105조의 불공정한 법률행위 이론을 적용하려는 시도를 배척한 사례이다. 단체교섭의 현실을 고려하여 볼 때 일방 당사자가 궁박한 상태에서 현저히 불공정한 합의를 한다는 것은 상정하기 어렵다. 그런 점에서 원심법원의 판단은 교섭의 현실을 고려하지 않은 피상적인 판단이 아니었는가 하는 의심이 있다. 대법원의 판단을 적극 지지한다.

4

단체협약에 예정된 근속기간을 초과한 기간에 대한 퇴직금 누진율의 판단

－노동관행을 인정하기 위한 시험적 기준－

대상판결: 대법원 2001. 10. 30. 선고 2001다24051 판결

I. 대상판결의 개요
II. 문제의 소재
III. 노동관행의 성격확정의 중요성

IV. 관습법과 사실인 관습 그리고 노동관행의 성격
V. 노동관행의 인정 기준
VI. 노동관행으로서의 1972년 퇴직금 규정

I. 대상판결의 개요

1. 원심 법원의 판단

청량음료 제조업체인 D는 1967년경 미국 P와 기술을 제휴하여 PP를 주력으로 생산할 별도의 회사인 H를 설립하였다. 한편 D는 1968. 11. 27. 기존의 주력 제품을 계속 생산할 C를 따로 설립하였다. 그후 D는 소속근로자 대부분을 위 H 또는 C로 전직시키고 사실상 해

체된 채 공부상으로만 존재하다가 1970. 1. 5. H에 흡수합병이 되었다. 나아가 H는 1973. 2. 28. C를 흡수합병을 하여 그 명칭을 CH로 변경하였고, 1974. 12. 20. 다시 피고로 명칭을 변경하였다.

C는 1972. 1.경 직원퇴직금지급규정(이하 1972년 퇴직금규정)을 제정하여 시행하였다. 위 규정에 의하면 C는 퇴직하는 직원에 대하여 퇴직시의 월평균임금에 근속기간에 따른 누진율을 곱하여 퇴직금을 지급하여야 했다. 위와 같이 C를 합병하여 CH가 된 이후 CH는 1974. 6. 1. 노동조합과 퇴직금지급규정을 포함한 단체협약(이하 1974년 단체협약)을 체결하였다. 위 단체협약 제47조 제1항은 "회사는 종업원이 퇴직 또는 해고되었을 때에는 퇴직하는 근로자에게 근속년수 1년에 대하여 1개월분의 평균임금을 퇴직금으로 한다. 단 퇴직금은 근속년수에 따라 누진제를 실시한다."라고 규정하고, 그 누진 지급률에 관하여 근속년수 1년 이상 20년 이하인 경우에는 1972년 퇴직금규정과 같은 지급률을 정하고 있으나 20년을 초과하는 근속년수에 대해서는 따로 지급률을 규정하여 두지 않았다.[1]

이에 원심은 C가 H로 흡수합병이 되면서 그 명칭을 CH로 변경한 후에도 위 1972년 퇴직금규정이 계속하여 통용되어 왔다고 판단한 후, 위 CH에서는 퇴직금지급 방식에 관하여 위 1972년 퇴직금규정과 같은 내용의 노사관행이 성립되었다고 볼 수 있으므로 피고는 위 관행이 적법하게 변경되지 않는 한 이에 따른 퇴직금을

---

1) 원심 법원은 이러한 사실관계 이외에도 1975년부터 체결된 일련의 단체협약을 열거한 후 위 단체협약은 적법한 절차를 거치지 않은 것이어서 원고에 대하여 효력이 없고, 그렇다면 원고들에게 적용할 준거는 1974년 단체협약 및 1972년 퇴직금규정으로 판단하고 있다. 그런데 본 판례평석의 주된 쟁점은 1974년 단체협약 제47조의 퇴직금 부분의 해석이므로 1975년 이후 단체협약 등에 대한 판단을 생략하였다.

지급할 의무가 있다고 판단하였다.

2. 대법원의 판단

대법원은 판결문(갑 제6, 7호증), 의견메모지(갑 제5호증의 1), 퇴직금청구소송 결과보고서(갑 제5호증의 2) 등을 원심 사실인정의 주된 증거로 삼은 것으로 판단한 후 그와 같은 증거에 의하더라도 원심과 같이 1972년 퇴직금규정이 CH에서 퇴직금지급 방식에 관한 노사관행으로 성립하였다고 판단할 수 없다고 보았다. 그 논거로 대법원이 제시한 것을 살펴보면, 위 판결문은 소외 S가 1992년경 피고를 상대로 제기한 퇴직금청구소송 사건의 항소심 및 상고심판결로서 이들 판결에서 "그 후 위 칠성음료가 합병된 후에도 위 퇴직금규정이 통용되었다."고 인정하고는 있지만, 판결의 전체적인 내용에 비추어 보면, 이는 위 S가 C에서 승계된 근로자였던 관계로 그 사건에서는 1972년 퇴직금규정이 원래부터 H에 근무하였거나 합병 후 새로 입사한 근로자들에 대해서도 적용되고 있었는지 여부가 쟁점이 아니었기 때문에, 합병으로 소멸된 회사인 C에서 승계된 근로자들에 대하여 1972년 퇴직금규정이 적용된다는 취지일 뿐, 원래부터 H에 근무하였거나 합병 후 새로 입사한 근로자들에 대해서도 C의 1972년 퇴직금규정이 적용되었다는 의미는 아닌 것으로 이해된다고 보았다.

또한, 의견메모지와 퇴직금청구소송 결과보고서는 위 소송이 종결된 후 피고 회사의 노무후생과에서 장래의 대책에 관하여 작성

한 기안문서에 지나지 않아 그 기재로써 C가 합병된 후 피고 회사
에서 원래부터 H에서 근무하였거나 합병 후 새로 입사한 근로자
들에 대해서두 C의 1972년 퇴직금규정이 적용되었다고 단정하기
어렵다고 판단하면서 원심이 들고 있는 나머지 증거들 역시 원심
과 같은 사실을 인정하기에는 부족하다는 판단을 하면서 원심을
파기하고 사건을 서울고등법원으로 환송하였다.

II. 문제의 소재

위에서 요약한 대상판결은 여러 가지 민사적 논점을 포함하고
있으나 이 평석은 과연 1972년 퇴직금규정이 CH 회사에서 노동관
행으로서 성립하지 못하였다고 볼 수 있는지를 중점적으로 다루려
고 한다. 통상 근로자와 사용자의 노동관계를 다루는 법원(法源)으
로는 헌법, 법률, 관습법[2]뿐만 아니라, 단체협약, 취업규칙, 근로계
약, 사용자의 지시 등이 열거되고[3], 더 나아가 ILO의 각종 조약
등 국제노동법규도 포함된다.[4] 그런데 우리나라 실정법이 규정하
고 있는 서구적 의미의 노동관계가 성립된 것이 얼마 되지 않다
보니 아직도 적지 않은 노동 법률관계를 각 단위사업장의 노동관
행에 의존하는 경우가 적지 않다. 그러나 노동관행이란 개념적으로
도 그 실체를 파악하기 어렵다는 의미를 내포하고 있는데다가, 종

---

2) 김형배 교수는 관습법이라는 용어를 사용하고 노동관행은 열거하지 않고 있는데 보통 노동관
   행을 법원으로 인정하는데 별다른 이의가 없다.
3) 김형배, 『노동법』(제12판), 박영사, 2001, 118쪽.
4) 김지형, 『근로기준법해설』, 청림출판, 2000, 42쪽.

종 사용자는 근로자들이 노동관행이라고 주장하는 사실을 부인하고 싶어 하기 때문에 재판에서 이를 입증하여 확정하는 데 어려움이 많다. 이 평석은 노동관행의 의미를 짚어보고 노동관행의 성립을 인정하는 데 필요한 기준을 제시해 보고자 한다.

Ⅲ. 노동관행의 성격확정의 중요성

노동관행의 개념에 관하여 일반적으로 받아들여지는 정의는 아직 성립되어 있지 않은 듯하다. 김형배 교수는 우리나라의 경우 전국적인 범위의 노동관습법이나 노동관행은 아직 확인할 수가 없는 단계이나 특정한 기업체 내지 경영체에 있어서의 이른바 경영관행은 사실인 관습으로서 그 경영 내의 노사관계 내지 근로관계를 규율 또는 형성하고 있다고 보고 있다. 그리하여 노동관행이라는 용어보다는 경영관행이라는 용어를 사용하면서 경영관행이란 보통 경영 내에서 동일한 형태 내지 급부가 사실적으로 반복됨으로써 그것이 청구권의 성립근거가 되는 경우에 인정된다고 한다.[5] 한편 임종률 교수는 직접적으로 노동관행이라는 표현을 사용하면서 이는 취업규칙, 단체협약, 조합규약, 근로계약 등으로 성문화되지 않은 채 노사관계의 현장에서 근로조건, 직장규율, 시설관리, 조합활동 등에 관하여 장기간 반복, 계속 행하여진 처리방법을 말한다고 본다. 그 외에 관습노동법이라는 용어를 사용하면서 관습법의

---

5) 김형배, 『노동법』(제12판), 박영사, 2001, 127, 128쪽. 이러한 견해는 노동관행을 전국적인 즉 초기업적인 경우에만 사용될 수 있는 용어로 보고 있는 듯하다.

형식으로 존재하는 노동에 관한 법규범이라든가[6], 노동관습법은 관습의 형식으로 존재하는 종속노동관계에 관한 법규를 말한다는 견해가 있다.[7] 이상의 견해의 공통점은 노동관행이란 노사관계를 처리하는 반복, 계속되는 기준이라는 점이다. 반면, 위 견해들은 노동관행을 사실인 관습으로 이해할 것인지 아니면 관습법으로 이해할 것인지에 관해서는 태도를 달리하고 있다. 노동관행이 사실인 관습인가 혹은 관습법인가 하는 문제는 사실인 관습과 관습법에 관한 기존의 다수설이라는 견해와 대법원의 판례가 맞물려 대부분의 노동관계소송에서 이를 주장·입증하여야 하는 근로자에게 대단히 중요한 의미를 갖는다. 게다가 노동관행이 문제되는 지점은 상여금, 퇴직금, 혹은 징계절차 등으로 근로자의 이익·불이익과 직결된다. 때때로 노동관행의 인정여부를 결정하는 기준을 어떻게 결정할 것인가는 소송의 승패를 결정짓는 중요한 요인이 되기도 한다.

IV. 관습법과 사실인 관습 그리고 노동관행의 성격

1. 관습법과 사실인 관습의 구별

민법 제106조의 "법령 중의 선량한 풍속 기타 사회질서에 관계없는 규정과 다른 관습"을 보통 사실인 관습이라고 부른다. 이러한 사실인 관습의 법적 성격은 민법 제1조의 관습법과 비교하여 설명

---

6) 이상윤, 『노동법』(제3판), 법문사, 1999, 41쪽.
7) 이병태, 『최신 노동법』(2002년 전정판), (주)중앙경제, 2002, 49쪽.

하고 있다. 양자를 구별하는 다수설은 민법 제1조의 관습법은 사회의 법적 확신 내지 법적 인식에 의하여 지지되고 법으로서의 가치를 가지게 된 관습을 말하여 이에 대하여 사실인 관습은 아직 사회의 법적 확신에 의하여 지지될 정도에 이르지 않은 것이라고 설명한다. 그리하여 사실인 관습은 당사자의 의사를 해석하는 표준이 됨으로써, 의사표시의 내용이 되고 이때에 비로소 효력을 가지게 되나 관습법은 당사자의 의사와는 관계없이 당연히 법규로서의 효력을 가지게 된다고 설명한다. 더 나아가 관습법은 보충적 효력을 가질 뿐이므로 법률에 규정이 있는 사항에 관하여는 존재할 수 없으나 사실인 관습은 법률행위의 해석을 통하여 임의법규를 개폐하는 효력이 있다고 설명한다.[8] 한편 양자를 구별하지 아니하는 소수설은 사실인 관습과 관습법은 성질상 같은 것이며, 양자 사이에는 효력상 차이가 없다고 보거나[9], 양자는 성질상 같은 것이나 법의 존재형식에서 보는 경우와 법의 적용의 기준이라는 면에서 본 경우에 차이가 생길 뿐이라고 보기도 한다.[10]

판례는 학설 중 다수설의 태도를 취하고 있는 것으로 보인다. 대법원은 "관습법이란 사회의 거듭된 관행으로 생성한 사회생활규범이 사회의 법적 확신과 인식에 의하여 법적 규범으로 승인·강행되기에 이르는 것을 말한다. 관습법은 바로 법원으로서 법령과 같은 효력을 갖는 관습으로서 법령에 저촉되지 않는 한도에서 법칙으로서의 효력이 있는 것이다. 관습법은 당사자 간의 주장·입

---

8) 박영식, 『민법주해Ⅱ』, 박영사, 1999, 284쪽 이하.
9) 박영식, 『민법주해 Ⅱ』, 박영사, 1999, 284쪽 이하.
10) 곽윤직, 『민법총칙』(신정판), 박영사, 1996, 392쪽.

증을 기다림이 없이 법원이 직권으로 이를 확정해야 한다. 반면에 사실인 관습은 법령으로서의 효력이 없는 단순한 관행으로서 법률행위의 당사자의 의사를 보충함에 그치는 것이며, 당사자가 그 사실인 관습의 존재를 주장·입증하여야 한다.”라고 판시하였다.[11] 위 판결의 요지는 관습법과 사실인 관습을 구별하면서 관습법은 직권으로 인정할 수 있고 사실인 관습의 경우 당사자의 주장·입증이 필요하다는 것이다.

위 판례의 태도에 의하면 노동관행이 사실인 관습이라면 당사자의 주장·입증이 필요하고 관습법이라면 이는 법원의 직권조사사항이므로 당사자의 주장·입증이 필요하지 않다는 논리전개가 가능하다.

2. 노동관행의 성격

노동관행의 성격은 노동관행의 청구권부여적 효력에 대한 법리구성과 관련하여 설명되고 있다[12]. 즉 노동관행이 특히 사용자를 구속하는 것은 근로자들에게 관행에 의한 계속적인 급부가 행하여질 것이라는 신뢰를 발생시킨 데 대한 신뢰책임을 기초로 한다고 한다. 다만 노동관행이 신뢰책임을 기초로 하여 당사자 간의 합의 없이 효력을 가진다고 하더라도 그 효력상의 층위는 근로계약의 상위에 위치할 수 없는데 이는 노동관행은 당사자 간의 계약에 의하여 그 효력을 배제할 수 있기 때문이라고 한다. 그리하여 노동

---

11) 대법원 1983. 6. 14. 선고 80다3231 판결.
12) 김형배, 『노동법』(제12판), 박영사, 2001, 128쪽 이하 참조.

관행은 일종의 사실인 관습으로 당사자가 그 관행에 의한다거나 의하지 아니한다는 의사가 명백하지 않은 경우에 근로관계의 내용을 형성하는 효력을 가지며 또한 재판규범으로서의 법원성을 가지는 것으로 설명된다.

노동관행의 성격을 규정함에 있어 위와 같은 법 이론적인 접근뿐 만 아니라 사실인 관습으로 이해하여야 할 정책적 필요성도 있다. 노동조합의 결성을 통해 근로조건의 유지 및 향상을 꾀하고 더 나아가 사회·경제적인 영향력을 미친다는 근대적 의미의 노동운동의 역사는 우리의 경우 그다지 길지 않다. 그렇기에 아직도 소규모 사업장의 사용자의 경우 근로기준법의 내용을 제대로 인식하지 못하는 경우가 허다하고 실제 소송을 진행하다보면 사용자 측은 종종 해당 노동관계법령을 잘 몰랐다고 주장하기 일쑤이다. 이런 문제는 비단 사용자뿐 아니라 근로자에게도 동일하게 나타나 법령이 정한 각종 임금을 제대로 주장하지 못하는 경우도 허다하다. 이런 노동현장의 현실을 고려하여 보면, 성문법도 아닌 불문법으로서의 노동관행을 한 사회 내에 법적 확신이 일반화되었을 때 이를 법원이 사후적으로 확인하는 관습법으로 이해하는 것은 타당하지 못하다. 게다가 노동관행이란 대부분 기업별노조가 속한 개별 사업장에서 그 존부가 문제된다. 아직까지 전국적 단위의 노동관행이 소송에서 문제가 된 예를 찾아보기 어렵다는 점도 이를 반증한다. 이렇게 기업별노조가 설립되어 있는 상황에서 노동관행이 문제가 되다 보니 노동관행이 유지되어 온 기간도 대부분 얼마 되지 않는다. 이런 조건하에서 노동관행을 관습법으로서 구성하게 되면 결국 노동관행이 근로자와 사용자의 법적확신에 의해 지지되고 있음이 인정되어야 하는데 이는 노동관행을 인정할 여지를 지나치게 좁히는 것이고 결국 노동관계소송에서 형평에 반하는 결과를 가져올 가능성이 높다. 결국, 노동관행은 사실인 관습으로서 이해하고 성립여부를 판단하여야 하므로 노동법 영역에서 관습법과 사실인 관습의 구별은 별 실익이 없다는 일부 견해는 재고되어야 한다. 판례의 경우 아래에서 보는 바와 같이 "규범적 사실" 혹은 "사실상의 제도" 등으로 용어를 사용하고 있는바 이는 노동관행을 사실인 관습에 준해서 파악하고 있는 것으로 보인다.

V. 노동관행의 인정 기준

1. 노동관행의 인정 기준에 관한 기존의 논의

학설 중에는 노동법의 경우 관습법과 사실인 관습을 엄격히 구별할 실익이 없다는 전제하에서 일정한 노사관행이 관습노동법으로 인정받기 위해서는 ① 관행이 기업사회에서 일반적으로 근로관계를 규율하는 규범적 사실로서 명확히 승인되거나, ② 기업의 구성원이 일반적으로 아무런 이의도 제기하지 아니한 채 기업 내에서 사실상의 제도로서 확립되어 있어야 한다는 견해가 있는데[13] 이는 대법원의 기존 태도를 그대로 받아들인 것이다.[14] 그런데 대법원은 최근 퇴직금청구소송에서 사용자가 이미 퇴직한 근로자들

---

13) 이상윤, 『노동법』(제3판), 법문사, 1999, 42쪽.
14) 대법원 1993. 1. 26. 선고 92다11695 판결.

에게 퇴직 이후 체결된 단체협약에 의한 임금인상분 및 퇴직금인
상분 차액을 추가 지급한 관행이 있어 근로자인 원고들이 그와 같
은 기대를 가지고 있다고 볼 수 있다고 인정하면서도 그것은 노동
조합 또는 근로자 집단과 사용자 사이의 "규범의식이 있는 노사관
행"으로는 볼 수 없다는 판단을 한 바 있다.[15] 그러나 관습법과 사
실인 관습을 구별하면서 관습법에 대해서는 법적 확신을 요구하고
사실인 관습에 대해서는 법령으로서의 효력이 없는 단순한 관행이
라고 하는 기존의 태도에 비추어 볼 때, 노동관행을 관습법이라고
인정하지 않으면서도 임금의 추가 지급 관행을 인정하고 게다가
이에 대한 근로자들의 기대가능성 또한 인정할 수 있다고 하면서
도 이를 두고 규범의식이 있는 노사관행이 성립되지 않았다고 보
는 것은 모순이다. 오히려 그 정도의 관행과 기대가 가능한 사업장
이었다면 임금의 추가 지급 관행은 근로자와 사용자의 규범의식에
의해 지지되어 있었다고 보아야 한다. 이러한 대법원의 노동관행에
관한 태도는 노동관행을 관습법으로 보지 않으면서도 관습법에 요
구되는 법적 확신을 사실상의 인정 요건으로 삼는 것이다. 규범의
식이라는 전략적 용어가 이러한 불합리함을 가려 줄 수는 없다.

2. 노동관행 인정을 위한 시험적 기준

위와 같은 일부학설과 대법원의 태도는 노동관행을 인정할 여지
를 지나치게 축소하는 결과를 가져온다. 노동관행의 인정기준은 완

---

15) 대법원 2002. 4. 23. 선고 2000다50701 판결.

화되어야 한다. 노동관행을 사실인 관습으로 이해하는 법 정책적인 논거는 노동관행의 인정기준을 완화하여야 할 논거로도 사용된다. 그리하여 노동관행은 "법적 확신"까지는 이르지 못하더라도 당해 근로자가 속한 사업장 내에서는 그것이 "상당한 보편화"16)가 이루어져 있음을 주장·입증하면 인정할 수 있다고 보아야 한다. 물론 상당한 보편화라는 것도 모호한 개념으로 법적 확신과 이를 구별하는 것이 불가능하다는 비판이 가능하지만, 추상적 법률용어의 의미내용은 결국 개별 사건을 해결하여 가면서 충족시켜야 할 것이기 때문에 위와 같이 규범적 구분을 하여 두는 것은 노동관행을 인정하기 위한 입증 정도를 정함에 있어 적어도 정책적 실익은 있다고 생각한다.

상당한 보편화를 인정하는 기준으로는 ① 노동관행의 전제가 되는 선례의 발생, ② 그러한 선례를 수인하는 사용자의 태도, ③ 선례를 바탕으로 한 근로자들의 신뢰 등이 제시될 수 있다. 위와 같은 요건이 충족되었는가는 당해 사업장의 구체적인 현실을 고려하여 판단하여야 한다. 여기서 주의할 것은 ①의 요건은 단순히 선례의 지속적 발생이라는 형식적 기준으로 판단할 것이 아니라는 점이다. 선례의 발생은 문제가 되는 노동관행의 성격에 따라 발생 가능성이 현저히 낮아질 수 있다. 즉, 근로자의 징계해고나 퇴직에 관련된 노동관행은 사업장의 존속기간에 따라 적용된 예가 드물게 나타날 수 있기 때문에 비록 어떠한 선례가 단지 1, 2회에 불과하더라도 그것이 당해 사업장에서 이례적인 사실로 받아들여지지 않는 한 선례의 발생으로 평가하여야 한다.

---

16) 이은영, 『민법학강의』(신판), 박영사, 1996, 17쪽.

위 시험적 기준을 예를 들어 설명하여 본다. 명문으로 상여금지급 규정이 없는 사업장이라고 할지라도 3년간 계속하여 매년 기본급 기준 연 300%의 상여금을 지급하여 오다가 IMF사태를 겪으면서 일방적으로 상여금지급을 중단하였다고 하자. 이와 같은 경우에 만일 사용자가 IMF 이후 신입사원을 채용하면서 연 300%의 상여금지급을 조건으로 제시한 바 있고 기존의 근로자들도 상여금의 부활을 지속적으로 요구하여 왔다면 위 사업장에는 상여금지급의 노동관행이 성립되었다고 판단할 수 있을 것이다. 또 근로자의 징계해고에 관한 뚜렷한 규정이 없는 신설 사업장에서 근로자를 징계해고를 함에 있어 징계위원을 같은 수의 노사 대표로 구성한 1회의 선례가 있고 그것에 대하여 사측이 지속적으로 이의제기를 하지 않았다면 비록 1회의 선례라고 하더라도 이는 노사 같은 수의 징계위원회 구성이라는 노동관행이 성립되었다고 봄이 타당하다.

VI. 노동관행으로서의 1972년 퇴직금규정

시험적 기준을 대상 판결의 사안에 적용하여 본다. 증거로 제출된 판결문에 의하면 소외 S는 1992년 피고 회사를 상대로 퇴직금청구소송을 제기하여 1972년 퇴직금규정에 의한 퇴직금을 지급받았다. 사안에서 추론할 수 있는 것은 원고들은 대부분 근속연수가 20년이 넘는 것으로 보이고 이는 해당 사업장에서 흔한 예가 아닌 것으로 판단되므로 선례의 발생으로 볼 수 있다. 그럼에도 피고 회사는 관련 규정을 정비하는 등 별다른 이의를 제기하지 않았고 오히려 내부적으로는 1972년 퇴직금규정의 적용에 따른 퇴직금지급을 준비한 것으로 보인다. 이에 따라 피고 회사에서 근무하는 근로자들은 자신들도 S와 같이 1972년 퇴직금규정에 의한 퇴직금을 받을 수 있을 것이라고 신뢰하였다고 볼 수 있다. 그렇다면 위 사업장에는 근로연수 20년을 초과하는 부분에 대해서는 노동관행으로서 1972년 퇴직금규정이 적용된다고 보아야 한다.

원심 법원은 1974년 단체협약 제1항 단서에 '퇴직금은 근속년수에 따라 누진제를 시행한다.'라고 규정하고, 근속년수 1년부터 20년까지에 대하여 1972년 퇴직금규정의 누진율을 그대로 적용하고 있었던 점과 당시로서는 회사가 출범한 지 얼마 되지 아니하여 20년 이상의 근속년수에 대한 퇴직금에 관한 규정을 둘 필요가 없었던 점도 이유를 들어 20년을 초과한 근속년수에 대해서 1972년 퇴직금규정이 적용된다고 판시하였다. 이러한 사정을 노동관행을 인정하기 위한 시험적 기준의 세 가지 요건에 보태어 살펴보면 1972년 퇴직금규정은 노동관행으로 원고에게 적용된다고 봄이 더욱 타당하다고 생각한다.

5

노동조합 전임자의 국회의원 출마

대상판결: 서울고등법원 2006. 12. 1.

선고 2006누3096 판결[1)]

I. 대상판결의 개요

1. 사건의 개요

원고는 생명보험업 등을 영위하는 흥국생명보험주식회사이고 피고는 중앙노동위원회위원장이다. 원고 회사의 근로자인 피고보조참가인(이하 '참가인')은 1993. 11. 11. 흥국생명노동조합 전임자로 발령받아 근무하였고 1998. 12.경 이후부터는 사무금융연맹 사무처장, 사무금융연맹 위원장으로서, 2001. 8. 23.부터는 민주노총부

---

1) 이 사건은 현재 대법원 특별 제3부(2007두979)에 배당되어 심리 중에 있다.

위원장으로 각각 파견전임자로 활동하였는데 민주노총부위원장으로서의 임기는 2004. 1. 31.까지였다. 한편 참가인이 조합원으로서 소속되어 있는 흥국생명노동조합은 전국사무금융노동조합연맹을 상급단체로 하는 기업별단위노조였는데 2001. 5. 16. 원고 회사와 다음과 같은 단체협약을 체결하였다.

【단체협약】

제22조 (조합의 상근간부) 회사는 조합대표가 추천하는 5명을 조합업무를 전담하는 상근간부로 인정한다. 단, 상급단체 및 우호단체 임·역원 취임시 1명에 한해 별도 인정키로 한다.

제23조 (조합 간부에 대한 대우) 조합 간부(임원 및 운영위원)에 대한 대우는 다음 각 호와 같다.

3. 상근에서 해임되었을 시는 즉시 원직에 복귀함을 원칙으로 하되 그러하지 못할 경우에는 당해자의 의견을 존중하여 직책을 부여한다.

5. 상급단체 및 우호단체에 파견된 자의 대우는 상근간부에 준한다.

제24조 (전임 간부의 대우)

① 전임임원 운영위원의 이동에 관한 사항은 임기만료 후 1년까지 당해자의 의견을 존중, 조합과 합의하여 결정한다.

이후 흥국생명노동조합은 2001. 6. 11. 전국생명보험산업노동조합(이하 '생보노조') 흥국생명지부로 조직을 개편하였는데 생보노조는 전국민주노동조합총연맹(이하 '민주노총')을 상급단체로 하는 전국사무금융노동조합연맹의 가맹단체가 되었다. 흥국생명노동조합의 조직이 변경된 이후에도 노조전임자에 관한 단체협약의 규정은 그대로 유지되었다. 민주노총은 참가인이 부위원장으로 선출된 후 참가인을 민주노동당 부대표로 활동하도록 하였고 2003년 하반기부터는 2004. 4. 15.로 예정된 제17대 국회의원 선거에 입후보할 준비를 하도록 하였는데 생보노조 또한 2003. 11. 28. 제7년차 정기 대의원대회를 개최하여 참가인을 민주노동당의 공천을 받을 수 있도록 추천하였다.

원고 회사는 2004. 1. 28. 흥국생명지부에 대하여 참가인의 전임자 인정요건이 해소되었으므로 회사업무에 복귀하여야 한다는 통보를 하였는데 생보노조는 2004. 2. 2. 개최된 제5차 중앙집행위원회에서 참가인을 상임고문으로 선임 결의하였고 흥국생명지부는 같은 날 원고 회사에게 참가인이 생보노조 상임고문(지도위원)으로서 2004. 2. 3.자로 생보노조로 파견될 예정이고, 생보노조 및 사무금융연맹에서 참가인을 민주노총 국회의원 후보로 선출·파견하여 참가인이 민주노동당 후보로서 국회의원에 출마하게 되니 적극적으로 후원하여 달라는 내용의 협의통보를 하였다. 생보노조도 2004. 2. 9. 원고 회사에게 2004. 2. 3.자로 참가인을 생보노조 상임고문으로 인사발령을 하였다고 통보하였다. 그러자 원고 회사는 전임기간 만료 후 복귀를 거부한 참가인의 행위를 인사규정 제33조 제4호의 무단결근으로 판단하고 인사위원회의 의결을 거쳐 2004. 3. 10. 참가인을 직권면직 하였다.

이에 참가인은 서울지방노동위원회에 부당해고구제신청[2]을 하여 구제명령을 받았고 중앙노동위원회의 재심절차에서도 동일한 판단을 받았다. 그러자 원고 회사는 서울행정법원에 부당해고구제재심

---

[2] 부당노동행위구제신청도 같이하였으나 이 평석의 대상에서는 제외하였다.

판정취소 소송을 제기하여 승소판결[3])을 받았고 중앙노동위원회위원장은 서울고등법원에 항소하였다.

【인사규정】 제33조 (직원면직) 직원이 다음 각 호의 1에 해당되면 사장은 직권에 의하여 면직시킬 수 있다.
4. 무계 결근이 연속 7일 또는 월간 7일 이상인 때

2. 대상판결의 요지

대상판결은 참가인이 원직복귀를 거부한 것은 징계사유에 해당하나 그 경위에 비추어 볼 때 직권면직은 재량권을 일탈·남용한 것으로 보아 서울행정법원의 판결을 취소하였다.

가. 징계사유의 존재

대상판결은 징계사유의 존부를 크게 두 가지 점으로 나누어 판단하였다. 하나는 생보노조를 단체협약 제22조의 상급단체로 볼 수 있는지 여부이고, 다른 하나는 참가인이 선임되었다는 생보노조의 상임고문이 생보노조의 임·역원으로 볼 수 있는지 여부이다.

첫 번째 쟁점에 대해서 대상판결은 비록 흥국생명노동조합이 조직을 변경하여 흥국생명지부가 되어 형식적으로는 단일한 노조인 생보노조의 내부조직에 불과하게 되었지만 흥국생명지부는 생보노조의 내부조직이 된 이후에도 여전히 독자적인 규약과 의사결정기

---

3) 서울행정법원 2005. 12. 27. 선고 2005구합18327 판결.

구와 집행기구를 가지고 있는 등 종전 기업별단위노동조합일 때와 그 실질은 거의 같다고 볼 수 있으며 또한 원고 회사도 참가인의 복귀에 관하여 흥국생명지부를 실질적 파견주체로 인정하는 태도를 보였고 생보노조를 상급단체라고 표현하고 있는 점을 비추어 보면 생보노조가 실질적으로 단체협약 제22조에 정한 상급단체에 해당한다고 판단했다.

따라서 생보노조가 상급단체가 아니므로 파견전임이 될 수 없다는 원고 회사의 주장을 배척했다. 두 번째 쟁점에 대해서는 실질적 상급단체라고 할 수 있는 생보노조의 규약[4]을 보면 상임고문은 생보노조의 임원으로 규정되어 있지 않고 임원의 자문기구로 지도위원 및 자문위원을 둘 수 있도록 규정[5]되어 있으나 상임고문은 그 자문기구의 하나로 규정되어 있지 않은 점, 흥국생명지부가 보낸 통보에 참가인을 상임고문(지도위원)이라고 표기하고는 있지만 참가인은 규약 제47조에 따른 선출절차를 거친 사실이 없는 점 등을 고려하면 결국 참가인은 단체협약 제22조 단서에서 정한 임·역원이 될 수 없고 따라서 2004. 1. 31.자로 전임자의 지위가 상실되는 참가인이 원고 회사의 복귀명령에 따르지 아니 한 것은 징계사유에 해당한다고 보았다.

---

4) 【생보노조 규약】 제20조 (임원) 조합은 다음의 임원을 둔다. 1. 위원장 1명, 2. 수석부위원장 1명, 3. 부위원장 약간 명, 4. 사무처장 1명, 5. 회계감사 3명 이내.

5) 【생보노조 규약】 제47조 (지도위원 및 자문위원) 1. 임원의 자문기구로 지도위원 및 자문위원을 둘 수 있다. 2. 지도위원 및 자문위원은 중앙집행위원회에서 추천하여 대의원대회에서 참석대의원 과반수 이상의 찬성으로 선출한다. 3. 지도위원 및 자문위원의 대우는 별도의 규정을 따른다.

나. 징계권의 남용

대상판결은 단체협약에 규정된 임·역원의 의미가 다소 불명확한 섬이 있어 법률전문가가 아닌 흥국생명지부로서는 상임고문을 실질적인 상급단체인 생보노조의 임원, 특히 역원으로 이해할 여지가 있는 점, 상급단체 혹은 우호단체 파견 전임자에 대해서는 반드시 출·퇴근의 사규가 적용된다고 단정하기 어려운 점, 비록 전임기간이 만료되었다고 보더라도 전임기간 만료 후 1년까지는 당사자의 의견을 존중하여 전임 임원의 이동에 관한 사항을 조합과 합의하도록 되어 있는 점, 참가인에게 구체적인 근무부서를 명한 인사발령도 행하여지지 아니한 채 무단결근을 이유로 해고에 이른 점 등을 고려하면 직원의 신분을 박탈하는 면직을 선택한 것은 사회통념상 현저하게 타당성을 잃어 재량권을 일탈·남용한 것이라고 판단하였다.

II. 징계사유의 존부 문제 – 산별노조 전환과 규정의 미흡한 정비

징계사유에 관한 첫 번째 쟁점은 기존의 기업별단위노조가 산별노조의 지부로 조직을 변경하면서 종전에 단위노조가 가지고 있던 규약이나 관련 규정을 적절히 개정하지 못하면서 발생한 문제라고 생각한다. 지난 수년간 민주노총을 중심으로 하여 소속 연맹체들이 산별노조로 전환하기 위한 준비를 진행하여 오고 있는데 그 과정에서 산별노조의 취지나 장점은 인정하지만 노동현장의 조합원 혹은 단위노조의 집행부의 이해관계 등으로 인하여 산별전환에 소극적인 경우도 없지 않았다.

이것은 우리나라 산별노조가 기업별단위노조를 기반으로 하여 성립되는 독특한 구조를 가졌기 때문에 발생하는 과도기적 현상으로 보인다. 단위노조가 산별노조로 전환하기로 결의를 하게 되면 종전의 기업별노조를 전제로 하여 규정된 단위노조의 각종 규정이 개정되어야 하고 기업단위로 체결된 단체협약 또한 산별체제에 맞추어 개정할 필요가 생긴다.

이러한 개정작업은 규정 간의 체계정합성을 유지하면서 노동조합 및 노동관계조정법 등 실정법과의 관계도 고려하여야 하는 쉽지 않은 작업이기 때문에 관련 법률서비스가 충분히 제공되지 않는 현실에서는 이 사건과 같이 조직은 산별노조로 전환하였으면서도 관련 규정은 여전히 기업별단위노조를 전제하고 있는 경우가 나타날 수밖에 없다. 이런 경우에는 근로자의 단결권을 침해하지 아니하도록 마땅히 관련 규정을 선해할 필요가 생긴다.

대상판결은 이러한 문제점을 감지하고 흥국생명지부가 비록 형식적으로는 생보노조의 하부조직에 불과하지만 실질적으로는 단위노조와 같은 실체를 가지고 있어 기업단위노조 시절에 체결한 단체협약의 효력을 인정하는 구체적 타당성을 추구하고 있다.

그런데 두 번째 쟁점에 대한 대상판결의 취지는 다소 의문이 있다. 이에 관한 대상판결의 취지를 간략히 표현하자면 참가인을 상임고문으로 선출하였다고는 하나 관련 규정을 살펴보면 그 선출은 적법한 절차를 거치지 않은 것이기 때문에 참가인을 노조전임자로 인정할 수 없다는 것이다.

물론, 대상판결의 판단대로 생보노조의 규정을 엄격히 검토하면 명칭이 상임고문이라고 하는 직책이 생보노조에 없는 것은 사실이지만 생보노조가 2004. 2. 2. 제5차 중앙집행위원회까지 개최하여 참가인을 상임고문으로 선임 결의하였다는 것은 그러한 직책을 노조의 조직운영상 필요한 경우에는 새롭게 만들 수 있다는 노조 구성원들의 합치된 인식이 있었던 것이 아닌가라고 추측된다. 그렇다면 비록 명칭이 상임고문이라고 하더라도 노조로서는 이 직책을 규약 제47조가 규정하고 있는 지도위원 혹은 자문위원에 준하는 것으로 이해하였을 가능성이 크다.

따라서 법원으로서는 규약에만 치중하여 상임고문이라는 직책이 명문으로 규정되어 있지 아니하다는 점만을 강조할 것이 아니라 노조에서 상황에 따라서는 규약에 없는 직책을 만들어서 운영을 하는지, 그렇다면 그 직책은 어떤 역할을 수행하는지 적극적으로 검토했어야 했다. 검토를 통해서 그것이 노동조합의 활동을 돕는 역할을 수행한다면 노조의 자율성을 존중하는 견지에서 넓게 전임자의 지위를 인정하여도 무방하리라 본다.

이렇게 되면 문제는 참가인을 노조의 전임자, 이 사건에서는 파견전임자로 인정할 경우 국회의원 선거에 출마하는 행위가 노조의 전임자의 업무에 포함되는 것인지가 쟁점으로 부각된다. 아래에선 이 점을 검토하고자 한다.

III. 노조전임자의 법적 지위

1. 기존의 논의와 판례의 태도

노조전임자의 법적 지위에 관한 논의는 노동조합 및 노동관계 조정법 제24조에 해당 내용이 규정되기 이전부터 있었다. 입법 전 논의의 핵심은 법률 수준의 실정법에 규정이 되어 있지 아니한 노조전임자의 법적 근거를 어디에서 구할 것인가라는 점이었다.

소위 단결권설과 협정설로 크게 구분되는 학설상의 논의가 있었는데 거칠게 요약을 하자면 단결권설은 노조전임자의 법적 근거를 단결권의 역사성, 이념성에서 구하는 견해로 사용자의 전임자 승인의무를 인정하는 견해이고 협정설은 노사의 협정에 근거할 때만 노조전임자를 인정할 수 있으므로 전임자의 승인의무란 있을 수 없다는 견해이다.

그런데 현행 노동조합 및 노동관계 조정법 제24조 제1항은 "근로자는 단체협약으로 정하거나 사용자의 동의가 있는 경우에는 근로계약 소정의 근로를 제공하지 아니하고 노동조합의 업무에만 종사할 수 있다."라고 규정하여 협정설을 명문화하였다.[6] 그런데 이렇게 협정설을 명문화하였다고 하더라도 사용자와 노조전임자의 관계가 구체적으로 어떤 것이지는 규정되어 있지 않기 때문에 이 문제는 해석론에 맡겨질 수밖에 없다. 입법 후 해석론을 보면 전임자의 지위는 휴직상태에 있는 근로자의 지위와 유사한 것으로

---

6) 단결권설을 반드시 부인한 것은 아니라는 견해로, 김유성, 『노동법Ⅱ』, 법문사, 2001, 108쪽 각주 110) 참조.

보고 있다.[7)]

판례는 입법 전이나 후나 사용자에 대한 노조전임자의 지위를 휴직상태에 있는 근로자로 보고 있다. 즉, 대법원 1995. 11. 10. 선고 94다54566 판결이나 대법원 1996. 12. 6. 선고 96다26671 판결 및 대법원 1998. 4. 24. 선고 97다54727 판결에서 "노동조합 전임자는 사용자와의 사이에 기본적 노사관계는 유지되고 기업의 근로자로서의 신분도 그대로 가지는 것이지만, 휴직상태에 있는 근로자와 유사하여 근로계약상의 근로를 하지 않을 수 있는 지위에 있다."라고 판단하고 있다.

2. 유력한 새로운 견해들

이와 같은 종전의 견해 및 판례의 태도에 대해 입법취지를 고려한 새로운 견해들이 등장하고 있다. 박종희 교수는 전임자제도설정계약론를 주장한다.[8)] 내용은 노사합의로 전임자를 둔다는 것은 노조 자신의 업무와 관련하여 하나의 제도를 설정하는 것으로 노조는 자신의 기관에 해당하는 자에 대해 노조업무수행을 조건부로 전임자에 대한 사용자의 노무지휘권의 배제 혹은 철회를 내용으로 하는 제도설정계약을 체결한다는 것이다.

이렇게 되면 전임자의 법률관계는 3개의 계약관계 즉, 노조와 사용자 간에 체결하는 전임자제도설정계약, 노조와 전임자 사이에

---

7) 김형배, 『노동법』(신판 제4판), 박영사, 2008, 272쪽.

8) 자세한 내용은 박종희, "개정법 하의 노동조합 전임자제도에 관한 법적 고찰", 『한림법학 FORUM』(제6권), 1997, 236족부터 244쪽 참조.

체결하는 임용계약, 전임자와 사용자 간의 근로계약이 존재하게 된다. 이러한 전임자제도설정계약은 노조의 기관에 대한 특별한 제도의 설정을 목적으로 하는 것이기 때문에 어떠한 상태에서 어떤 조건으로 전임업무를 수행할 것인지에 대해서 사용자는 전혀 개입할 지위에 있지 않게 되어 사용자의 노무지휘권을 전제로 한 취업규칙 등은 그 한도에서 적용이 배제된다. 또한, 전임자에 대한 보수의 지급 또한 전임자제도설정계약의 내용이 아니므로 보수의 지급 여부를 전임자제도의 설정과 견련적으로 파악할 것도 아니다.

강성태 교수는 파견유사 삼면구조론을 주장하는데 이는 기존의 논의가 전임자의 법적 지위를 전임자와 사용자의 2면관계로만 파악하고 있다는 기본적인 인식에 바탕을 두고 있다.[9] 강성태 교수는 우선 노조전임자의 집단법적인 구조를 비사업적 파견관계와 유사한 관계로 파악하고 노조와 사용자의 관계를 전임협정관계, 노조와 전임자의 관계를 전임계약관계, 사용자와 전임자의 관계를 전임발령관계로 부르고 있다.[10]

전임협정관계의 핵심은 사용자의 노무지휘권을 노동조합에 이양하는 것이고 전임계약은 전임자가 될 근로자의 동의를 요구하는 계약이고 마지막으로 전임발령관계란 전임협정에 따라 사용자가 해당 근로자를 전임으로 발령할 의무를 지칭하는 관계이다. 이 견해도 물론 사용자의 전임자에 대한 노무지휘권을 부정하기 때문에 판례가 인정하는 노조전임자의 출퇴근의 의무라는 개념은 상정하기 어렵다.

---

9) 강성태교수 주장의 자세한 내용은 강성태, "노조 전임자의 법적 지위", 『노동과 법 – 노조전임자』(제7호), 2006, 금속법률원, 118쪽부터 313쪽 참조.

10) 이런 점에서 강성태 교수의 견해는 박종희 교수의 분석에 접근하는 면이 있다.

3. 노조전임자와 사용자의 관계

　종전의 학설이나 새롭게 제기되는 유력한 견해들은 일치하여 노조전임자의 근로제공의무를 부정하고 이에 따라 사용자의 노무지휘권에 터 잡은 근로자의 출·퇴근의무 또한 부정하면서 판례의 태도를 비판하고 있다. 나아가 새로운 견해들은 전임자제도의 근본적인 요소가 사용자의 노무지휘권을 부정하는데 있다는 점을 명확히 하여 기존의 견해가 간과한 전임자의 본질적 요소를 적확하게 부각시키고 있나. 새로운 견해를 견지하게 되면 노조는 노조전임자의 업무에 관하여 사용자의 간섭을 받지 아니하고 폭넓은 재량을 행사할 수 있게 된다. 전임자에게 어떤 업무를 부여할 것인지 여부는 기본적으로 노조가 결정할 일이고 해당 업무가 노동조합의 업무인가는 그 업무가 노동조합의 단결활동권을 제고하는 역할을 한다면 충분히 노동조합 및 노동관계 조정법 제24조 제1항이 정한 노동조합의 업무에 해당하게 된다.

　그러나 노조의 자율을 넓게 인정한다고 하여도 형식적으로 노조의 이름으로 행하는 업무가 모두 노동조합의 업무가 될 수는 없다. 이 문제는 노동조합의 업무의 범위가 어디까지인지와 연결되어 있다. 노동조합의 활동을 넓게 파악하면 할수록 노조전임자의 업무의 범위 혹은 사용자에 대한 자율성은 넓게 인정될 수 있다.

Ⅳ. 노동조합의 업무의 범위

1. 노동조합의 지위와 노조의 업무

노동조합 및 노동관계 조정법 제2조 제4호는 "노동조합"이라 함
은 근로자가 주체가 되어 자주적으로 단결하여 근로조건의 유지·
개선 기타 근로자의 경제적·사회적 지위의 향상을 도모함을 목적
으로 조직하는 단체 또는 그 연합단체를 말한다고 규정하여 노동
조합의 활동에 근로자의 경제적, 사회적 지위의 향상을 위한 업무
가 포함된다는 점을 밝히고 있다. 그런데 이러한 목적은 사용자와
의 단체협약체결만으로는 충분히 달성할 수 없는 경우가 적지 아
니하다. 즉, 노동조합의 정치적 활동이나 사회운동의 영역이 점자
확대되어가는 것이 사회적 추세임을 감안한다면, 노동조합의 활동
에 대하여 법률이 특별한 제한이나 규제조치를 않는 한 노조의 정
치활동은 모두 목적범위 밖의 활동이거나 노동조합이 행해서는 아
니 되는 행위라고 판단할 수는 없다.[11] 따라서 주로 정치활동을
목적으로 한 조직이 아닌 이상 노동조합의 업무에 부수하여 정치
적 활동을 하였다고 하더라도 노동조합의 자격에 흠이 생기는 것
은 아니다.

노동조합의 업무의 범위에 부수적으로 정치활동이 포함된다고
하더라도 그 활동의 범위는 노조조직에서 전임자가 차지하는 위치
에 따라 달리 파악할 수 있다. 특히 산별노조와 같은 거대한 조직

---

11) 김형배, 『노동법』(신판 제4판), 박영사, 2008, 674쪽.

은 다양한 배경을 가진 노조의 전임자들이 소속되어 있는데 이들 전임자가 담당하는 조합의 업무는 해당 산별노조가 지향하는 운동방향에 따라 다양하게 분화되고 따라서 정치적 활동에 집중하는 업무를 담당할 전임자도 있게 된다.

이 사건의 참가인과 같이 흥국생명보험주식회사라는 단위기업을 배경으로 하는 소위 재적전임자의 경우에도 마찬가지로 생보노조의 운동방향에 따라 때로는 정치적 활동을 주된 업무의 대상으로 삼을 수도 있다. 그런데 이 경우 해당 전임자가 기업 내부에서 일하는 내부전임인지 아니면 기업 외부로 파견되어 상급조직에서 일하는 파견전임인지에 따라 전임자제도설정계약 혹은 전임계약의 내용이 달리 파악된다.

2. 내부전임자와 파견전임자의 조합업무의 범위

기업의 규모가 큰 경우에는 노조의 전임자를 내부전임자와 파견전임자로 나누어 인정하는 협정을 체결하는데 내부전임자는 기업단위노조 혹은 초기업별노조의 하부조직으로 기업지부의 업무를 주로 담당하고, 파견전임자는 전임자로 발령받으면서부터 초기업별노조의 업무를 담당하게 된다.

초기업별노조는 이렇게 파견을 받은 전임자를 모아서 노조의 운영방침에 따라 해당 전임자에게 업무를 배정하고 이들은 전임기간 동안 해당 업무를 수행하게 된다. 이 과정에서 어떤 전임자에 어떤 업무를 맡길 것인가는 전적으로 노조가 결정하게 되고 사용자는 아무런 권한을 행사할 수 없다.

이와 같은 특수성 때문에 전임자제도설정계약 혹은 전임계약에 파견전임을 규정하였다면 사용자로서는 특별한 사정이 없는 한 파견전임자의 활동에 대해서 간섭을 할 수 없게 된다. 이 사건 참가인은 상당기간을 파견전임자로 일하여 왔고 그동안 사용자의 특별한 이의나 간섭은 없었던 것으로 파악된다. 이것은 파견전임자의 업무에 관하여 사용자인 흥국생명보험주식회사가 관여를 하지 않겠다는 의사표시의 징표로 이해할 수도 있을 것이다.

따라서 변론과정에서 원고 회사가 주장하듯 국회의원 후보에 출마하는 것은 전임자의 업무범위를 넘어서는 것이기 때문에 참가인에 대한 전임인정사유는 소멸하였고 따라서 업무복귀명령에 불응한 참가인에 대한 징계가 정당하다는 논리는 수긍하기 어렵다.

V. 결론 – 대상판결의 검토

대상판결은 참가인을 단체협약에서 정한 파견전임자로 인정하기 어렵다는 판단을 하였다. 그러나 비록 상임고문이라는 직책이 생보노조의 규약에 명확하게 규정되어 있는 직책은 아니지만 적어도 생보노조의 의사는 지부에서 파견을 받은 참가인에게 산별노조의 정치활동의 하나로 이루어지는 국회의원 선거출마라고 하는 업무를 부여하려고 했던 것으로 보인다.

즉, 필요하다면 상임고문이라는 직책을 만들어서 해당 업무를 수행할 수 있도록 배려하려고 했던 것으로 보인다. 그래서 필요한

절차라고 생각했던 생보노조의 정기 대의원대회 및 중앙집행위원
회의 결의라는 민주적 절차를 거쳤던 것이다.

이렇게 파견전임자의 지위에서 정치적 활동하려는 의사가 단순
히 참가인 개인의 고집이 아니라 생보노조의 총의라고 볼 수 있는
점을 고려한다면 형식적인 흠이 다소 있다는 이유만으로 전임(설
정계약)관계가 해소되었다고 파악하는 것은 지나치게 형식적인 결
론이라고 생각한다.

상임고문이라는 직책은 노조의 필요에 의하여 새롭게 만들어진
임원의 직책의 하나이거나 임원과는 다른 직책으로 이해되는 역원
으로 해석할 수 있기 때문에 참가인에 대한 징계사유는 애초 존재
하지 않는 것이다. 그러므로 징계사유의 존재를 전제로 한 원고
회사의 청구는 기각될 수밖에 없다.

6

단체협약의 유효기간 만료 후 체결한

임시협정의 효력

대상판결: 서울고등법원 2008. 1. 25.

선고 2007나26501 판결

Ⅰ. 대상판결의 개요

1. 사건의 요지

　원고는 전원산업(주)크라운프라자호텔제주노동조합 등 기존의 4
개 기업별단위노동조합이 각 총회를 거쳐 조직변경을 하여 설립된
지역별단위노동조합으로서, 위 전원산업(주)크라운프라자호텔제주노
동조합은 2006. 1. 2. 원고 산하 전원산업(주)크라운프라자호텔제주
지부(이하 '이 사건 노동조합 지부')가 되었다. 이 사건 노동조합

지부는 원고의 지부로 변경되기 전인 2003. 3. 25. 피고 전원산업 주식회사와 2003년도 단체협약(이하 '이 사건 단체협약')을 체결하였는데, 그중 유효기간과 효력에 관한 규정은 아래와 같다.

제12장 부칙
제1조 (유효기간) 본 협약의 유효기간은 2003. 1. 10.부터 2005. 1. 9.까지로 한다. 단, 임금에 관한 조정은 1년으로 한다.
제2조 (효력유지) 본 협약의 유효기간이 만료되었어도 갱신체결을 위한 교섭이 진행 중일 때에는 신 협약체결 시까지 본 협약의 효력을 유지한다.

피고와 이 사건 노동조합 지부는 이 사건 단체협약이 유효기간이 경과하자, 2005. 초경부터 새로운 단체협약의 체결을 위한 단체교섭에 들어갔고, 2005. 3. 22. 임시협정(이하 '이 사건 임시협정)을 체결하였는데 그 주요한 내용은 아래와 같다.

○ 단체교섭기간은 2005. 1. 11.부터 체결일까지로 한다.
○ 단체협약이 갱신체결되기 전까지는 기존의 단체협약 및 임금협상을 인정하며, 유효기간 내에 신규협약이 체결되지 아니하더라도 그 효력은 계속 유지된다(단, 이를 해지하고자 할 때는 노·사 쌍방이 합의하여야 한다).
○ 본 임시협정시에 합의된 내용은 상호 성실하게 준수하여야 하며, 서명과 함께 단체협약에 준하는 효력을 발휘한다.
피고와 이 사건 노동조합 지부는 새로운 내용의 단체협약을 체결하기 위하여 2005. 3. 22.부터 2005. 9. 13.까지 28차례의 실무교섭과 19차례의 본 교섭을 하였으나 합의에 이르지 못하자 이 사건 노동조합 지부는 조정절차를 거쳐 2005. 9. 30.부터 쟁의행위에 돌입하였고 이에 피고는 2005. 12. 3. 조합원들을 대상으로 직장폐쇄를 단행하고 같은 날 이 사건 노동조합 지부에게 노동조합 및 노동관계 조정법 제32조 제3항 단서의 규정에 따라 이 사건 단체협약을 해지한다는 통보를 하였고 그로부터 6개월이 경과한 2006. 6. 3.경부터 이 사건 단체협약에 기한 이 사건 노동조합 지부의 조합활동을 거부하는 등 이 사건 단체협약의 효력을 부인하였다. 원고는 2006. 6. 21. 서울지방법원에 단체협약해지무효확인의 소를 제기하여 1심법원이 이를 인용하자 피고가 서울고등법원에 항소하였는데 항소심법원은 1심판결을 취소하며 원고패소 판결을 하였고 이에 원고가 대법원에 상고[1]하였다.

2. 서울중앙지방법원 판결의 요지

1심법원은, 피고와 이 사건 노동조합 지부는 이 사건 단체협약 유효기간이 경과한 뒤 자동연장 협정에 의하여 단체협약의 효력이 유지되고 있는 가운데 새로 단체협약에 준하는 효력이 발효한다고 정한 이 사건 임시협정을 체결하여 기존의 이 사건 단체협약의 효력이 새로운 단체협약의 체결 전까지 유지되며 당사자 쌍방의 합의에 의하여 이를 해지할 수 있도록 정하고 있는 점을 중시하였다.

---

1) 이 사건은 현재 대법원 민사 제2부(카)에 배당(2008다18963) 심리 중에 있다.

그래서 이 사건 임시협정은 유효기간이 만료한 단체협약에 미리 일정 기간의 효력유지를 규정하고 있는 것과는 달리, 당사자가 단체협약의 유효기간이 만료한 이후의 경제적, 사회적 여건을 감안한 가운데 체결된 것이기 때문에 이것이 비록 '새로운 단체협약의 체결'이라는 불확정 기한을 종기로 하여 잠정적으로 체결된 것이라고 하더라도, 이는 당사자가 단체협약의 만료 시에 그 협약을 연장하여 종전 단체협약과 같은 내용의 단체협약을 다시 체결하는 것과 같은 것으로 당연히 유효하고, 다만 노동조합 및 노동관계 조정법(이하 '법') 제32조 제1, 2항의 제한을 받아 그 체결일로부터 2년의 유효기간 내에서만 효력이 있다고 판단했다. 따라서 이 사건 단체협약의 자동연장협정이 아니라 이 사건 임시협정에 의하여 그 효력을 유지하고 있는 이 사건 단체협약이 법 제32조 제3항 단서에 기한 해지통고의 대상이 된다고 할 수 없으므로 위 법조항에 근거한 피고의 이 사건 단체협약 해지는 효력이 없다고 판결했다.

3. 서울고등법원 판결의 요지

대상판결은 6가지의 논거를 가지고 1심 판결을 취소하였다. 그 내용을 요약하여 인용하면 ① 이 사건 임시협정은 이 사건 단체협약의 유효기간이 경과하자 새로운 단체협약의 체결을 위한 단체교섭에 들어감에 있어서 단체교섭기간에 한시적으로 노사 간의 관계를 규율하기 위한 임시적인 합의인 점, ② 이 사건 임시협정은 단체교섭과정에 관한 것들을 규정할 뿐 유효기간 만료 후 변화된 사회, 경제적 여건을 반영하는 근로조건에 관한 실체적 내용을 전혀 담고 있지 아니한 점, ③ 이 사건 임시협정의 서명자가 교섭당사자가 아닌 교섭실무자인 점, ④ 이 사건 임시협정은 단체교섭이 결렬되고 노동조합의 파업 및 직장폐쇄 후 이 사건 단체협약의 해지 통고 후 체결된 것으로 당사자의 의사도 이 사건 단체협약의 효력을 유지하는 것으로 해석할 수 없는 점, ⑤ 단체교섭을 앞두고 교섭과정을 규율하기 위한 임시협정서에 종전과 같이 본 협약처럼 효력을 2년간 부여하는 것은 타당하지 아니한 점, ⑥ 이 사건 임시협정 효력의 종기는 단체협약을 갱신 체결할 때까지인데 이 사건 노동조합 지부는 파업에 들어가고 사용자는 직장폐쇄에 돌입하는 등 단체협약의 갱신체결이란 목적이 확정적으로 달성 불가능하게 되었던 점 등이다. 서울고등법원은 위와 같은 6가지 논거를 바탕으로 이 사건 임시협정은 위 단체교섭의 결렬로 그 효력을 상실한 것이므로 위 쌍방합의에 의한 해지 조항에 관계없이 법 제35조 제3항 단서에 의하여 피고는 일방적으로 해지권을 행사할 수 있고 따라서 이 사건 단체협약은 피고의 2005. 12. 3.자 해지통보에 의하여 그로부터 6개월이 경과한 2006. 6. 3. 적법하게 해지되었다는 결론을 내렸다.

Ⅱ. 노동조합 및 노동관계 조정법 제32조 제3항 단서의 단체협약 해지권

1. 입법의 연역과 취지

　법 제32조 제3항 단서는 1996. 12. 31. 법률 제5244호로 노동조합 및 노동관계 조정법을 제정하면서 새롭게 등장한 것이다. 당시 법에는 통고기간을 해지의 효력발생일 전 3개월로 정했는데[2] 1998. 2. 20. 법률 제5511호로 개정되면서 단서의 내용을 보다 명확히 하고 통고기간을 3개월에서 6개월로 변경하여 현재의 모습에 이르게 되었다.[3] 1996년 법이 제정되기 전에는 노동조합법(1987. 11. 28. 법률 제3966호) 제35조에 단체협약의 유효기간을 정하였는데 당시 법 제32조 제3항 단서와 같은 규정은 없었고 다만 종전 단체협약의 효력을 3월간 연장하는 규정만 두고 있었다.[4] 1998년 법에 통고기간을 6개월로 늘린 이유는 단체협약 해지권의 남용을 막고자 한 것이라고 한다.[5]

---

2) 제32조 (단체협약의 유효기간) ③ 다만 단체협약에 그 유효기간이 경과한 후에도 기한을 정하지 아니하고 그 효력을 존속시킨다는 취지의 별도의 약정이 있는 경우에는 그에 따르되, 당사자 일방은 해지하고자 하는 날의 **3월 전까지** 상대방에게 통고함으로써 종전의 단체협약을 해지할 수 있다.

3) 제32조 (단체협약의 유효기간) ③ 다만 단체협약에 그 유효기간이 경과한 후에도 새로운 단체협약이 체결되지 아니한 때에는 새로운 단체협약이 체결될 때까지 종전 단체협약의 효력을 존속시킨다는 취지의 별도의 약정이 있는 경우에는 그에 따르되, 당사자 일방은 해지하고자 하는 날의 **6월 전까지** 상대방에게 통고함으로써 종전의 단체협약을 해지할 수 있다.

4) 제35조 (단체협약의 유효기간) ③ 단체협약유효기간 만료시를 전후하여 쌍방이 새로운 단체협약을 체결하고자 단체교섭을 계속하였음에도 불구하고 새로운 단체협약이 체결되지 아니한 때에는 종전의 단체협약은 그 만료일로부터 3월까지 계속 효력을 갖는다.

5) 제15대 국회 제188회 제3차 『환경노동위원회 회의록』 제2쪽 전문위원 보고 참조.

법 제32조 제3항 단서에 대한 국내 노동법학자들의 해설을 살펴보면, 기간의 약정이 없는 효력연장합의에 대해 6개월의 기간이 초과하는 경우에는 양 당사자에게 해지권을 부여함으로써 종전의 단체협약에 안주하지 아니하고 새로운 단체협약을 촉구하기 위한 것이라고 해석하는 견해도 있고[6] 자동연장조항이 있는 경우에 종전 단체협약이 장기간 존속함으로써 당사자 일방 또는 근로자가 피해를 보거나 새로운 단체협약의 체결이 오히려 지연될 수도 있다는 점을 고려한 입법이라는 설명도 있으며[7] 단체협약의 유효기간이 부당하게 장기화되는 것을 방지하여 노사의 세력관계에 걸맞은 새로운 협약질서를 마련할 수 있는 기회를 제공하고자 하는 것이라고 보는 견해도 있다.[8]

위 조항의 취지에 대해 직접적으로 판단한 대법원의 판례는 검색하지 못했으나 통상 법원의 입장은 이 사건 1심과 2심의 판결문에서 밝히고 있는 것과 같이 유효기간의 제한을 둔 이유는 단체협약의 유효기간을 너무 길게 하면 변동하는 산업사회의 사회적, 경제적 여건의 변화에 적응하지 못하여 당사자를 부당하게 구속하는 결과가 되고 이는 적절한 근로조건을 유지하고 노사관계의 안정을 도모하고자 하는 단체협약의 목적에 어긋나므로 단체협약의 내용을 시의에 맞고 구체적으로 타당성 있게 조정해 나가고자 하는 취지로 파악된다.

---

6) 김형배, 『노동법』(신판 제4판), 박영사, 2007, 801쪽.
7) 임종률, 『노동법』(제7판), 박영사, 2008, 168쪽.
8) 김유성, 『노동법Ⅱ』(전정판증보), 법문사, 2001, 204쪽.

2. 단체협약 해지권 조항의 해석에 있어 고려할 사항

단체협약은 노동조합의 단결력과 쟁의행위라는 투쟁력을 바탕으로 한 개별적 근로관계의 집단적 실현 형태라고 파악할 수 있다. 시민법상의 원리에 비추어 보면 근로자는 자신이 가지고 있는 자유로운 계약의사를 바탕으로 사용자와 능력껏 협상을 하여 근로관계를 맺는 것이 본래의 계약체결형태일 것이다. 그러나 근로관계의 역사적 경험은 이런 자유로운 협상을 통한 적절한 근로계약의 체결이 실질적으로 불가능하다는 점을 알려주었고 이에 따라 집단의 힘을 통해 실질적 대등성을 확보하는 방법으로 개별적 근로조건을 집단적으로 결정하는 방식이 등장했다. 따라서 단체협약의 주된 기능이란 근로조건의 개선기능이라고 할 수 있다. 물론 단체협약은 노사관계를 안정화시키는 평화기능, 산별협약이 갖는 카르텔기능 등도 수행하지만 이런 기능이 근로자보호기능을 압도하지는 못한다.

따라서 단체협약을 해지한다는 것은 무엇보다 단체협약이 수행하는 1차적 기능인 근로자보호기능을 정지시킬 수 있다는 의미가 된다. 물론 단체협약의 종료 후에도 소위 여후효(Nachwirkung)를 통해 근로조건을 유지할 수도 있다고 하지만 단체협약이 종료되면 사용자는 사실상 종전 근로조건을 밑도는 새로운 근로계약의 체결을 강요할 수 있으며 채무적 효력이 유지될 수 없다는 견해에 따르면 근로자 단결의 상징적 거점이 되는 노동조합사무실을 반환하여야 하고 인적 단결의 구심점이 되는 노조전임제도도 부정당하게 된다. 단체협약의 해지가 결국 노조의 조직을 와해시키는 기능을 하는 것이다. 실제로 노동현장에서 단체협약을 해지하는 것은 사용자 측이 대부분이다. 기존의 단체협약에서 사용자에게 불리한 부분을 삭제 혹은 수정하고자 하면 노동조합이 반발할 것이기 때문에 일단 단체협약을 해지하고 나서 제로베이스에서 개별 근로자의 근로조건을 변경하고자 하기 때문이다. 이렇게 되면 근로기준법으로 근로기준의 최저기준을 정하고 단체협약을 통해 근로조건의 향상을 꾀하려고 하는 우리나라 노동법의 기본구도가 무너지게 되고 노사관계는 첨예한 대립으로 치닫거나 사용자의 일방적 결정에 근로조건이 결정되는 바람직하지 않은 사태가 발생한다. 기존의 학설이 언급하는 노사의 역학관계에 걸맞은 새로운 협약질서의 성립을 위해 해지권이 행사되는 것이 아니라 단체협약에 의하여 지지되는 노사의 역학관계를 깨트리는 수단으로 해지권이 행사되고 있는 것이다. 그러므로 해지권 행사가 쟁점으로 떠오르는 문제를 해결하기 위해서는 무엇보다 해당 사업장의 노사가 실질적으로 대등한 교섭을 통해 종전 협약질서가 추구했던 정상적인 상태를 지속적으로 유지하려는 실제적인 고려가 있어야 한다.

III. 해지권 제한의 합의의 효력

1. 임시협약을 통한 종전 단체협약의 효력 유지

이렇게 단체협약의 해지는 단체협약에 의하여 지지되던 노사의 역학관계를 무너뜨리는 파괴적인 기능을 하고 이에 따라 노조의 위축, 근로조건의 후퇴 등의 결과를 가져올 가능성이 매우 크다.

단체협약의 해지가 문제되는 사례의 대부분은 기존의 단체협약 개정을 추진하면서 교섭기간이 장기화되고 그 기간 중 종전 단체협약의 효력기간이 만료되는 경우이다. 이 경우 법이 3개월의 효력 연장기간을 규정하고 있지만 단체협약의 효력기간이 만료되기까지 단체교섭이 타결되지 않는다는 것은 앞으로도 단체교섭을 통해 당장 새로운 단체협약을 체결할 가능성이 적다는 뜻이므로 3개월의 기간은 노사에게 큰 의미가 없다. 사용자 입장에서는 교섭에서 우위를 점하기 위해 가능하다면 3개월의 기간을 넘기는 방식으로 교섭의 장기화를 시도하고 싶을 수도 있다.

이런 사태를 방지하고자 종전 단체협약의 유효기간이 종료하면 임시협약을 체결하여 여기에 종전 단체협약의 효력을 지속시킨다는 내용을 담고 나아가 노사 당사자의 합의에 의하지 아니하고는 임시협약을 해지할 수 없도록 하는 합의를 하게 되는데 대상판결에서 언급되는 임시협약이 바로 이런 형태이다. 이렇게 종전 단체협약의 내용이 아니라 단체협약의 효력기간이 종료한 후에 새롭게 체결하는 임시협약의 효력을 어떻게 파악하여야 할까? 특히, 이 사건에서는 그것이 법 제32조 제3항 단서에 규정된 '별도의 약정'으로 해석할 수 있는지, 아니면 임시협정이 체결된 경위와 그 내용에 따라서 법 제32조 제3항 단서가 적용되지 아니하는 별도의 단체협약으로 볼 수 있는 것은 아닐까? 나아가 법 제32조 제3항 단서가 적용되는 약정이라고 하더라도 기존 단체협약의 효력기간이 종료한 후 체결한 경우에는 단체협약의 해지권을 제한하는 해석을 할 수 있는 것은 아닐까?

2. 법 제32조 제3항 단서에 규정된 '별도의 약정'의 의미

법 제32조 제3항 단서에 규정된 '별도의 약정'을 자동연장조항(또는 자동연장협정)이라고 해석하는 데는 큰 이의가 없다. 한편 그 체결 시기에 관하여 단체협약과 동시에 체결될 수도 있고, 유효기간 또는 그 후 유효기간이 연장된 기간이 만료하기 이전에 아무 때나 체결할 수 있다는 견해가 있다.[9] 또 자동연장조항의 의미를 효력기간이 만료되는 기존 단체협약에 미리 규정하는 것으로 파악하는 견해도 있다.[10] 일본 학자 중에도 자동연장조항을 단체협약 안에 규정하는 것으로 이해하는 분도 있다.[11]

자동연장조항의 본래의 형식은 기존 단체협약의 일부로서 규정되는 경우가 전형적인 예일 것이다. 즉, 노사 당사자가 애초 단체협약을 체결하면서 새로운 단체협약의 체결을 위한 단체교섭이 장기화될 것을 대비하여 자동연장조항을 미리 삽입하는 것이다. 그러나 자동연장협장은 굳이 기존 단체협약 안에 규정할 필요는 없다. 교섭 당시 이 부분에 대한 고려가 없어 협약에 규정하지 못하였더라도 보충협약 등의 형식으로 별도의 약정이 가능하고 이를 부정할 특별한 논거도 없기 때문이다. 이렇게 체결된 자동연장협정 중 특히 연장기간을 정하지 아니한 약정은 법 제32조 제3항 단서의 적용을 받아서 노사 당사자 일방의 해지권의 대상이 된다.

그러나 만약 자동연장의 취지가 기재된 별도의 약정을 체결한

---

9) 임종률, 『노동법』(제7판), 박영사, 2008, 167쪽.

10) 김유성, 『노동법Ⅱ』(전정판증보), 법문사, 2001, 204쪽.

11) 西谷 敏, 『勞動組合法』(第2版), 有斐閣, 2006, 394頁, 위 책 같은 쪽 각주 5)를 보면 일본 단체협약 속에 자동연장조항을 규정한 통계가 언급되고 있는 것을 볼 수 있다.

시기가 이미 종전 단체협약의 효력기간 만료 이후라면 법 제32조 제3항 단서를 적용할 수 없다. 왜냐하면, 무엇보다 노사 당사자가 행사할 수 있는 단체협약 해지권을 스스로 포기하고 새로운 약정을 체결하였기 때문이다. 기존 단체협약에 정해 놓은 효력기간이 종료하고 여기에 보태어 법이 정한 3월의 자동연장기간까지도 도과한 후 기존 단체협약의 효력을 그대로 유지한다는 약정을 하였다는 것은 해지권을 포기하려는 의사가 있었다고 보아야 하기 때문이다. 따라서 그와 같은 약정을 한 후 해지권을 행사하는 것은 효력이 없다. 게다가 이 사건과 같이 별도의 약정을 체결하면서 "이를 해지하고자 할 때는 노·사 쌍방이 합의하여야 한다."라고 규정한 경우에는 더욱더 당사자가 해지권을 포기한다는 취지를 분명히 한 것으로 해석할 수 있다. 여기서 한 가지 문제가 될 수 있는 것은 이러한 해지권의 포기가 강행법규인 노동조합 및 노동관계 조정법을 위반하여 무효가 아닌지 하는 의심이다. 그러나 법이 강행법규로 노사 모두를 구속한다고 할지라도 이미 구체화된 권리를 사후에 포기하는 것은 충분히 가능한 일이다. 예를 들어 퇴직금지급채권은 강행법규인 근로기준법으로 보장되는 권리이지만 근로자는 퇴직 후 임의로 사용자에 대하여 퇴직금의 지급청구를 포기할 수 있는 것이다.

한편 이와 같이 체결된 별도의 약정은 그 내용과 형식에 따라 별도의 단체협약으로 해석할 수 있는 경우에는 해당 약정은 단체협약으로서 효력을 가지게 되고 내용과 형식이 그 정도에 이르지 않은 경우에는 일방의 단체협약의 해지권을 제한하는 일종의 노사협정으로 이해할 수 있을 것이다.

IV. 서울고등법원이 제시한 논거의 검토

서울고등법원 판례의 가장 큰 문제점은 해당 사업장의 역학관계를 그다지 고려하고 있지 않다는 점이다. 앞서 언급하였듯이 단체협약의 해지는 노동조합을 위축시키고 근로조건을 저하시키는 가장 강력한 수단으로 사용되고 있는 실정을 감안할 때 해지권 행사의 정당성은 신중하게 판단할 필요가 있다.

서울고등법원 판결문에도 언급되어 있듯이 사용자인 피고는 노조와의 교섭이 결렬되자 직장폐쇄를 하고 임시협정에서 약정한 것과 달리[12] 일방적으로 단체협약의 해지 통보를 하고 있다. 그렇다면 서울고등법원으로서는 해지권 행사를 전후하여 사용자가 조합원을 상대로 어떠한 조치들을 취하고 있는지 해당 사업장 노사의 역학관계를 구체적으로 살펴 이를 판결문에 반영하여야 하는데, 판결문에는 이런 점이 전혀 언급되고 있지 않다. 그러면서 노사가 실질적 대등성을 확보하고 있는가는 검토하지 아니한 채 '경제·사회적 조건의 변동에 따라 단체협약은 개정되어야 한다.'라는 추상적인 명제에만 집착하여 새로운 단체협약을 체결하기까지 기존의 단체협약의 내용을 고수하려는 노동조합의 의사를 매우 부당한 것처럼 이해하고 있다.

사안을 대하는 관점이 이렇게 형식적으로 치우치다 보니 임시협정의 본래 취지가 사용자의 해지권을 제한함으로써 새로운 단체협약의 체결에 사용자가 적극적으로 나서도록 하는 것임에도 불구하

---

12) 이 때문에 원고는 변론절차에서 피고의 해지권 행사가 금반언 혹은 신의칙에 어긋나서 효력이 없다는 주장을 하였다.

고 이를 간과하고 있다. 나아가 해지권 제한 약정의 효력에 대해
서는 명확하게 판단하지 아니한 채 오히려 단체교섭이 결렬되었으
므로 임시협정의 효력도 만료하였다는 애초 임시협정의 취지와 반
대되는 결론에 이르고 말았다.

V. 결론

이 사건은 단체협약의 해지권을 제한하는 합의의 효력에 관한
중요한 쟁점을 담고 있다. 단체협약의 해지는 대부분 사용자에 의
하여 이루어지고 이는 노조의 위축, 근로조건의 저하라는 결과를
가져온다는 점을 고려할 때 이에 관한 해석은 해당 사업장의 노사
의 역학관계를 심도 깊게 고려하여 이루어져야 한다. 이런 점에서
서울고등법원의 판결은 사용자의 해지권 포기라는 측면을 전혀 고
려하지 아니한 채 경제·사회적 조건의 변동에 따라 단체협약은
개정되어야 한다는 일반론에 지나치게 경도되어 형식적인 판단을
하고 있다. 사건이 대법원에 상고 된 만큼 대법원은 해당 사업장
의 역학관계를 구체적으로 살핀 후 사용자의 해지권행사가 어떤
목적에서 이루어지고 있는지 파악하고 나아가 사용자의 해지권 포
기의 효력에 대하여도 진지한 검토를 하여야 할 것이다.

7

초기업별노동조합의 기업별 지부의 쟁의행위
찬반투표

대상판결: 대법원 2004. 9. 24. 선고 2004도4641 판결[1]

I. 대상판결의 개요

1. 사건의 경위[2]

　피고인은 D자동차 군산지역 협력업체노동조합(이하 "협력업체노

---

1) 관여대법관: 이강국(재판장), 유지담(주심), 배기원, 김용담.

2) 본문에 언급되는 한국 P지부의 경우, 복수노조 여부도 큰 쟁점이 된 바 있다. 즉 사용자인
한국 P주식회사에는 한국노총에 가입되어 있어 있는 기업별노조로 한국 P노동조합이 있었는
데, 한국 P지부가 설립된 후 단체교섭을 요구하자, 한국 P주식회사는 한국 P지부가 복수노
조에 해당하다며 단체교섭을 거부하였다. 그러자 한국 P지부가 소속된 협력업체노동조합은
한국 P주식회사를 상대로 단체교섭응낙청구소송을 제기하여 승소하였다(인천지방법원 2003.
8. 28. 선고 2002가합9543 판결).

동조합”이라고 한다) 한국 P지부의 조합원인데, 위 지부는 15명의 조합원으로 구성되어 있으며 협력업체노동조합은 위 지부의 조합원들이 근무하는 한국 P주식회사와 단체협약을 체결하고 있었다. 피고인을 포함한 조합원 14명은 2001. 7. 16. 쟁의행위 찬반투표를 하여 참석자 전원의 찬성으로 쟁의행위 결의를 하였고, 같은 달 18. 군산지방노동사무소에 노동쟁의 발생신고를 하였다. 이에 대해 검사는 협력업체노동조합의 전 조합원의 과반수 찬성이 없어 위 쟁의행위를 불법이라고 하면서 업무방해로 기소하였다.

2. 대상판결의 요지

대법원은 쟁의행위를 함에 있어 조합원의 직접·비밀·무기명투표에 의한 찬성결정이라는 절차를 거치도록 한 노조법 제41조 제1항[3]의 취지를 노동조합의 자주적이고 민주적인 운영을 도모함과 아울러 쟁의행위에 참가한 근로자들이 사후에 그 쟁의행위의 정당성 유무와 관련하여 어떠한 불이익도 당하지 않도록 그 개시에 관한 조합의사의 결정에 보다 신중을 기하기 위하여 마련된 규정이라고 판단하였다(대법원 2001. 10. 25. 선고 99도4837 전원합의체 판결 참조). 이에 따라 지역별·산업별·업종별 노동조합의 경우에는 총파업이 아닌 이상 쟁의행위를 예정하고 있는 당해 지부나 분회소속조합원의 과반수의 찬성이 있으면 쟁의행위는 절차적으로 적법하다고 보아야 할 것이고, 쟁의행위와 무관한 지부나 분회의

---

3) 【노조법】 제41조 (쟁의행위의 제한과 금지) ① 노동조합의 쟁의행위는 그 조합원의 직접·비밀·무기명투표에 의한 조합원 과반수의 찬성으로 결정하지 아니하면 이를 행할 수 없다.

조합원을 포함한 전체 조합원의 과반수의 찬성을 요하는 것은 아니라고 보아 검사의 상고를 기각하고 무죄를 선고한 원심 판결을 확정하였다.

II. 한국 P지부의 조직형태와 법적 쟁점

노동조합의 조직형태는 구분기준에 따라 여러 가지로 분류할 수 있겠으나, 조직범위를 특정 직업 또는 직종에 한정하는 직업별노조, 특정 산업 또는 업종으로 제한하는 산업별노조, 특정 기업으로 제한하는 기업별노조 및 잡다한 산업이나 직종에 걸치는 일반노조로 구분할 수 있다.4) 대상판결에서 언급되고 있는 협력업체노동조합은 D자동차 주식회사가 제작하는 자동차에 들어가는 각종 설비나 부품을 납품하는 기업의 근로자들이 가입한 직업별, 지역별, 그리고 산업별노동조합으로 분류할 수 있다.5) 그리고 한국 P지부는 위 노동조합에 가입한 근로자 중 한국 P주식회사에 근무하는 근로자들로 구성된 노조의 하부조직이다.

한편 현행 노조법은 기업별단위노조를 전제로 하여 구성된 것으로 이 사건과 같이 초기업별노조의 하부조직에 대해서는 명문의 구체적인 규정을 두고 있지 않다. 게다가 우리나라의 산업별노동조합 조직은 서구의 산별노조 체계와 기업별단위노조의 형태가 혼합된 독특한 형태의 것이어서 개별 기업에 설치되어 있는 지부, 지

---

4) 임종률, 『노동법』(제4판), 박영사, 2004, 37쪽.
5) 이 글에서는 논의의 편의를 위해서 단순히 초기업별노동조합으로 표현하였다.

회 혹은 분회 등 노조의 하부조직의 법적 지위에 관하여 여러 가지 문제가 제기된다. 여러 가지 법적 쟁점은 노조의 하부조직을 노동조합이 갖는 법상의 각종 권리를 행사할 수 있는 주체로 인정할 수 있느냐 여부로 요약된다. 대상판결은 그러한 법률적 쟁점 중 노조의 하부조직의 단체행동권을 판단한 것으로 아래에서는 이에 관한 학설을 살펴보고 소견을 밝혀 보고자 한다.

Ⅲ. 노조의 하부조직의 법적 지위를 판단하는 기준

1. 초기업별노조의 출현과 법 이론적 문제

1987년 노동조합법의 개정이 이루어지기 전까지 정부는 노조의 조직을 기업별로 강제하여 노동조합의 성장을 억압하였는데 1987년 6월 민주화운동의 결과로 이러한 제한은 사라졌다. 그러나 여전히 복수노조금지 조항을 넓게 규정하여 한 사업장 내 민주노조의 설립의 가능성을 억압하다가 1997년 노조법을 제정하면서 복수노조금지조항을 폐지하고 다만 한시적으로 기업별단위노조의 설립을 제한하였다.6) 법률이 이렇게 변경되는 사이에 현장 노동자들은 노동조합 설립 운동을 강력하게 전개하여 기업별단위노조의 설립을 추진하였고, 이후에는 보다 강력한 대항력을 키우기 위해 산업별노조를 중심으로 한 초기업별노조의 설립에 박차를 가했다. 초기업별노조를 설립하는

---

6) 이를 규정한 【부칙】 제5조 제1항에 대해서는 해석의 갈림이 있다.

과정을 살펴보면, 우선 초기업별노조를 설립하고, 여기에 기존 기업별단위노조가 해산하면서 그 조합원들이 초기업별노조에 가입하였고, 기업별단위노조는 초기업별노조의 하부조직으로 재편되었다. 이렇게 노조 하부조직의 뿌리가 종전 기업별단위노조이다 보니 하부조직의 운영에 있어서 기업별단위노조의 방식이 그대로 원용되는 경우가 많았고 조합원들도 종전의 기업별단위노조의 의식을 많이 가지고 있었다. 산업별노조 자체도 하부조직의 적법한 운영에 있어서 많은 법 이론적 고민을 하여야 했다. 이러한 태생적인 특성 때문에 초기업별노조에는 하부조직의 독립성과 종속성이라는 두 가지 특성이 충돌하는 문제가 발생하였다. 즉 기업별로 조직되어 있는 현장 조합원들은 종전의 독립적인 단체 활동권에 대한 욕구가 있었고 초기업별노조의 간부들은 보다 중앙집권적인 단일 노조의 건설이라는 욕구가 있었다. 한편 사용자의 입장에서는 강력한 단결력을 바탕으로 외부세력의 지원을 받은 초기업별노조보다는 기업별단위노조가 응대하기 쉬운 상대였으므로 가급적 초기업별노조로의 이행을 막고 싶었다. 결국, 초기업별노조의 하부조직의 법적 지위에 대한 이론은 하부조직의 독립성과 종속성 사이의 형량문제라고 할 수 있다.

2. 초기업별노조의 하부조직의 단체교섭 당사자 지위에 관한 학설

대상판례는 초기업별노조의 하부조직의 쟁의행위에 관한 것이나, 이 문제는 쟁의행위에 앞서 이루어지는 단체교섭의 당사자 지위와 연결된 문제이다. 단체교섭의 당사자란 단체교섭을 자신의 이름으로 행하고 그 법적 효과가 귀속되는 주체라고 설명하는데[7], 단체교섭의 당사자가 된다면 단체교섭이 타결되지 않았을 때 쟁의행위를 주도할 수 있는 당사자가 될 수 있기 때문이다.[8] 그래서 해석론의 대립은 결국 단체교섭의 당사자 지위에 관한 것이다. 김유성 교수는 단위노조의 지부나 분회도 독자적인 규약 및 집행기관을 가지고 독립된 단체로서 활동을 하는 경우에는 당해 조직의 특유한 사항에 대하여 단체교섭의 당사자가 될 수 있다고 하면서 다만 지부나 분회는 상부조직인 노동조합의 통제에 따라야 한다고 해석한다.[9] 임종률 교수는 단위노조의 지부·나 분회 등 산하조직은 그 자체로 독립된 노동조합이 아니므로 단체교섭의 당사자가 될 수 없고 다만 산하조직이 단위노조로부터 교섭권한을 위임받은 경우 또는 단위노조의 규약상 일정한 사항에 관하여 교섭할 권한을 가진다는 취지의 규정이 있는 경우에는 예외적으로 단위노조의 지부·분회 등 산하조직도 해당 사항에 한하여 교섭당사자가 된다고 해석한다. 한편 김형배 교수는 지부 또는 분회는 단위노동조합의 하부조직으로서 단위노동조합으로부터 단체교섭권한을 할양받은 경우에는 단체교섭당사자의 지위를 갖는 것으로 본다.[10]

---

7) 김유성, 『노동법Ⅱ』(전정판증보), 법문사, 2001, 129쪽.

8) 물론 단체교섭과 쟁의행위의 실제에 있어서는 노조의 하부조직이 직접 자신의 이름만으로 행하는 경우는 상정하기 어렵다. 대부분의 경우 하부조직이 속해 있는 노조의 위원장이 단체교섭에 서명날인하며, 쟁의행위 발생 신고도 노조위원장 명의로 이루어지기 때문이다. 그러므로 이 문제는 만약 하부조직이 그러한 독자적인 행동을 할 경우 그 효력을 어떻게 볼 것인가의 문제라고 볼 수 있다.

9) 김유성, 『노동법Ⅱ』(전정판증보), 법문사, 2001, 131쪽.

10) 김형배, 『노동법』(제12판), 박영사, 2001, 593쪽.

3. 하부조직의 법적 지위를 판단하는 근거로서 노조의 규약

원칙적으로 초기업별노조에서 단체교섭의 당사자는 초기업별노조뿐이다. 다만 초기업별노조 및 하부조직의 각 규약에서 지부 혹은 분회의 독자적인 단체교섭권한을 인정하고 있는 경우에만 단체교섭의 당사자가 될 수 있을 뿐이다.[11] 만일 규약에 그러한 규정이 없다면 지부 혹은 분회는 교섭의 담당자로 나설 수 있을지는 몰라도 단체교섭의 당사자가 될 수는 없다. 기존의 기업별노조가 조직변경을 통하여 초기업별노조에 가입하는 것은 다수의 세력을 바탕으로 사용자와 대등한 교섭을 하기 위함이다. 한편 초기업별노조의 입장에서는 산하 조직으로 들어온 기존의 기업별노조는 통제권의 대상이 되어 조직의 강령, 규약을 이행하는지 살피게 되고 현실적으로는 산하 조직의 어용화를 막는 데 많은 노력을 하게 된다. 김유성 교수가 언급하고 있는 산하 조직의 고유한 사항이라는 것은 업종에 따라서는 각 사업장의 근로조건이 각기 다르다는 점을 고려하면 결국 교섭대상의 대부분을 의미하게 된다. 이렇게 되면 산하 조직은 마음만 먹으면 언제든지 초기업별노조의 지침 등을 무시하면서 독자적인 교섭을 체결할 수 있게 된다. 통상 사용자가 초기업별노조와의 교섭을 꺼리고 많은 경우 초기업별노조를 배제한 채 기존의 기업별노조였던 지부 혹은 분회와의 교섭만을 주장하는 현실을 고려하여 보면 규약 등 명문의 허용규정 없이 하부조직의 독자적인 단체교섭권한을 인정하는 것은 결국 초기업별

---

11) 김기덕, "산별노조의 단체교섭 및 체결, 쟁의행위에 따른 법적 검토", 『노동과 법』(제2호), 금속법률원, 231쪽.

노조 제도의 취지를 몰각시키는 결과를 가져온다. 이러한 점을 고려하여 민주노총 전국금속노동조합의 규약 제60조 제1항에는 단체교섭권은 금속노조에 있음을 명백히 밝히고 있고, 다만 일정한 경우 하부조직에 교섭권한을 위임할 수 있도록 하고 있다.[12) 금속노조의 최하위 구성단위인 지회에 대해서는 규약 등에 위반한 지회운영규칙은 무효로 하고 있다(금속노조 규약 제44조 제5항).[13)

Ⅳ. 협력업체노동조합의 규약과 한국 P지부의 단체행동권

앞서 언급하였듯이 노조의 하부조직의 법적 지위는 원칙적으로 하부조직이 가입한 노조의 규약에 의하여 결정된다. 협력업체노동조합의 규약[14) 제49조는 조합이 단체교섭의 당사자이며 위원장이 교섭위원이 된다고 규정하고 다만 일정한 경우 교섭권한을 위임할 수 있도록 하고 있다. 이에 따라 규약 제52조는 협약체결은 위원장이 대표로서 하도록 하고 있다. 한편 쟁의행위의 경우 규약 제44조는 조합이 쟁의행위를 할 수 있도록 하고, 쟁의행위 선언도 위원장이 하도록 하였다. 그리고 제46조에서 쟁의행위의 결의에 관하여 조합원의 직접·비밀·무기명 투표에 의한 과반수의 찬성으로 결

---

12) 제60조(단체교섭의 권한) ① 단체교섭권은 조합에 있으며, 조합 내 모든 단체 교섭의 대표자는 위원장이 된다.
　　② 위원장은 산하 조직의 교섭단위에 교섭위원회를 구성하여 교섭권을 위임할 수 있다.

13) 제44조(지회 운영) ⑤ 지회의 운영규칙 중에서 규약과 지부규정, 지부운영규칙의 취지에 반하는 부분은 무효로 하고, 규약과 지부운영규정, 지부운영규칙, 지회운영규칙의 순서에 따라 적용한다.

14) 이 규약은 현재 조직 편재의 변경에 따라 효력이 없는데, 과거의 자료를 찾는데 금속산업노조 군산지역금속지회 전충대 사무장이 도움을 주었다.

의하도록 규정하여, 지부의 쟁의행위 찬반투표에 대해서는 별도의
규정을 두지 않고 있다. 이상의 규정을 종합하여 보면, 한국 P지부
는 독자적인 단체교섭의 당사자가 되기 어렵다고 판단되고, 쟁의행
위도 원칙적으로는 독자적으로 수행할 수 없다고 판단된다.[15) 현재
한국 P지부는 금속산업노조 전북지부 군산지역금속지회 한국 P분
회로 개편되었고, 이에 따라 금속산업노조의 규약을 적용받는다.

V. 노동조합 일부 하부조직의 쟁의행위 찬반투표의 주체

검사가 상고 이유로 내세운 협력업체노동조합의 조합원 전원의
찬반투표 참가가 있어야 한다는 주장은 아마도 노조법 제41조 제1
항이 형식적으로는 노동조합 전체 조합원의 찬반투표를 규정하고
있기 때문에 이를 형식적으로 위반한 쟁의행위는 위법하다는 판단
을 전제로 한 것으로 보인다. 그러나 이러한 판단은 쟁의행위 찬
반 투표의 취지 혹은 기능에 비추어 보면 지나치게 기계적으로 이
루어졌다는 느낌을 받는다.

쟁의행위 찬반 투표는 쟁의행위가 발생하는 시간적 · 공간적 범
위, 물적 · 인적 범위에 대하여 정당성을 부여하여 향후 쟁의행위
에 대한 면책효과를 부여하는 기능을 수행한다. 그러므로 찬반투표
의 주체는 어디까지나 그러한 면책효과를 누리는 자들이 될 수밖
에 없다. 면책효과를 누리지 못하는 동일 노동조합 내 다른 하부

---

15) 이 사건의 경우 단체교섭, 쟁의행위발생신고, 단체교섭응낙소송 등 일련의 절차는 모두 협
력업체노동조합 명의로 이루어졌다.

조직의 조합원들의 경우 애초에 찬반투표를 할 실익이 없는 자들이다. 실천적으로도 쟁의행위란 현장의 조직력을 최대한 결집시킨 상태에서 돌입하는 고도의 정치적인 전술이라고 볼 수 있는데, 상고 이유처럼 쟁의행위와 관련이 없는 자들의 찬반투표까지 요구한다면 파업은 그 동력을 상실하기 쉽고 해당 하부조직은 쟁의행위의 목적을 성취하기 어렵게 될 것이다. 그러므로 한국 P지부의 쟁의행위 찬반 투표의 주체는 한국 P지부의 조합원일 수밖에 없다.

한편 한국 P지부는 쟁의행위에 돌입하기 이전, 단체교섭에서 쟁의행위 발생신고에 이르는 일련의 과정을 '협력업체노동조합'의 명의로 수행하였는데, 이처럼 다른 절차는 노조가 담당하되 찬반투표 절차만은 해당 하부조직이 담당하도록 하는 것은 체계 정당성에 문제가 될 수 있지 않는가라는 의문이 들 수 있으나, 이것은 대외적으로 노동조합을 대표하는 자가 노조위원장이기 때문에 발생하는 기술적인 차이일 뿐, 쟁의행위의 절차적 정당성 평가에 정합성을 상실하는 것으로 평가할 수는 없다.

Ⅵ. 결론

초기업별노조와 그 하부조직에 관한 법적인 쟁점은 복수노조와 관련하여 그간 여러 번 다루어져 왔다. 대상판결은 그중에서 노조의 하부조직의 단체행동권에 관하여 판단한 사례로서 쟁의행위찬반투표의 주체를 해당 하부조직의 조합원으로 한정함으로써 찬반투표의 기능과 단체행동권의 취지를 살리고 있다. 더 나아가 대상판결은 우리나라 초기업별노조의 특수성을 감안한 결정이라는데도 의의가 있다고 본다. 그러나 쟁의행위에 대하여 그 당부를 떠나 여전히 업무방해라는 죄책을 적용하는 실무의 관행에 대해서는 여전히 커다란 문제가 있다.[16]

---

16) 이에 대한 자세한 연구로는 금속법률원, "쟁의행위와 형사책임", 『노동과 법』(제3호), 2002, 참조.

8

특별조정위원회 구성의 하자와 노조법위반죄

대상판결: 대법원 2005. 5. 12. 선고 2005도890 판결,

광주지방법원 2005. 9. 14. 선고 2005노907 판결

Ⅰ. 대상판결의 개요

1. 사건의 경위

노동조합 및 노동관계조정법(이하 '노조법'이라고 한다)상 필수
공익사업장에 해당하는 엘지칼텍스정유 주식회사의 근로자들로 구
성되어 있는 엘지정유 노동조합은 노사 간의 원만한 교섭이 어려
워지자 2004. 6. 28. 중앙노동위원회에 조정신청을 하였다. 이에
따라 중앙노동위원회는 특별조정위원회를 구성하였다. 이 과정에서

중앙노동위원회는 노조가 1순위로 배제를 요구한 조정담당 공익위
원 배아무개 씨를 특별조정위원에 포함했고 이런 상태에서 특별조
정위원회가 2004. 7. 14. 조정안을 제시하자 노조는 조정안이 사용
자의 주장만을 반영한 것이라고 하면서 조정안을 거부하였다. 한편
조정 기간에 이루어진 단체교섭도 어려워지자 노조는 2004. 7. 18.
파업에 돌입하였고 중앙노동위원회는 같은 날 중재회부결정을 하
였다. 이에 대해 검사는 중재회부결정 이후에도 파업을 지속하는
것은 노조법위반죄(제91조 제1호, 제63조)에 해당한다고 판단하여
공소사실에 이를 포함하여 기소하였다.[1]

2. 파기환송 전 대법원 판결의 요지

대법원은 필수공익사업장에서 쟁의행위 금지 기간에 쟁의행위를
함으로 인하여 처벌되는 노조법위반죄는, 적법하게 구성된 특별조
정위원회가 조정이 성립될 가망이 없다고 인정하여 노동위원회에
중재회부를 권고하는 결정을 하고, 이 결정에 따라 노동위원회 위
원장이 공익위원의 의견을 들어 중재에 회부하기로 하는 결정을
하였음에도 중재회부일로부터 15일간의 기간에 쟁의행위를 함으로
써 성립하는 범죄라고 전제하였다. 따라서 노조가 순차적으로 배제
하는 공익위원의 명단을 중앙노동위원회에 제출하였음에도, 노조가
배제한 공익위원을 포함하여 특별조정위원을 임명하였고, 이와 같
이 구성된 특별조정위원회의 중재회부권고결정에 따라 중앙노동위

---

1) 실제 사안에서는 쟁의행위의 수단·방법의 불법성도 문제를 삼으면서 기소를 하였다.

원회위원장이 이 사건 중재회부결정을 하였다면 특별조정위원회의 구성 및 중재회부권고결정은 관련 법령의 규정을 위반한 위법한 것이고, 이와 같은 하자 있는 절차에 기초한 중재회부결정 역시 위법하다고 볼 여지가 있다고 하여 노조법위반죄를 유죄로 인정한 원심 판결을 파기하고 사건을 원심법원인 광주지방법원으로 환송하였다.

3. 파기 환송 후 광주지방법원 판결의 요지

파기 환송 후 사건은 광주지방법원 형사 제3부로 배당이 되었고, 재판부는 ⅰ) 구체적인 특별조정위원의 선임과정에서 노조가 아무런 이의를 제기하지 아니하였으므로 특별조정위원회의 구성상의 하자는 치유되었고, ⅱ) 설혹 하자치유를 인정할 수 없어 중재회부권고가 무효라고 하더라도 중재회부결정 자체가 특별조정위원회의 중재회부 권고에 기속되는 것이 아니므로 중재회부결정은 유효하다고 하면서, 따라서 중재회부결정 이후 파업을 지속한 노조법위반의 점은 인정된다는 취지의 판단을 하였다.

이에 대하여 피고인들은 대법원에 상고하여 현재 사건이 대법원에 계속 중이다.[2]

---

2) 대법원 2005도7517 사건.

Ⅱ. 쟁의행위 조정제도의 취지

　쟁의조정은 제3자의 조력을 통하여 노동관계 당사자의 양보와 이해를 촉진함으로써 쟁의행위의 예방 내지 조속한 해결을 도모하는 긍정적인 면이 있는 반면에, 근로자의 기본권 특히 단체행동권을 제한할 수 있고 또한 노동관계당사자의 자주적 문제해결 의욕을 감퇴시킴으로써 노사자치주의를 약화시킬 수 있는 등의 부정적 면도 가지고 있다.[3] 특히 공익사업에 대하여 적용되는 법정강제중재제도는 제도 자체의 성격상 위와 같은 부정적인 면이 긍정적인 면을 압도할 가능성이 크고 특히 사용자에 의하여 전략적으로 이용당할 우려가 큰 제도이므로 강제중재제도를 시행함에 있어서는 부정적인 면이 최소화되도록 운영하는 균형 감각이 중요하다.

　쟁의행위 조정제도의 기본원칙으로는 자주적 해결의 원칙과 신속한 해결의 원칙[4], 공정한 해결의 원칙[5] 등이 언급되고 있다. 이러한 원칙 중에서 현실적으로 주로 문제되는 것은 자주적 해결의 원칙과 공정한 해결의 원칙과 관련된 부분이다. 조정제도는 본래 노사 당사자 간에 자주적인 교섭이 어려울 경우 제3자가 개입하여 의사소통의 물꼬를 뜨는 서비스를 제공하려고 만든 것이다. 그러나 국가에 의하여 강제되는 조정제도는 이러한 본래의 취지와는 달리 빨리빨리 쟁의행위를 제압하여 무쟁의 상태를 인위적으로 만드는 도구로 사용될 가능성이 크고 우리의 역사적 경험도 이를 뒷받침

---

3) 김유성, 『노동법Ⅱ』(전정판증보), 법문사, 2001, 399쪽.
4) 김유성, 『노동법Ⅱ』(전정판증보) 법문사, 2001, 340쪽 : 김형배, 『노동법』(제12판), 박영사, 2001, 723쪽부터 724쪽.
5) 임종률, 『노동법』(제4판), 박영사, 2005, 172쪽.

한다. 결국, 신속한 해결의 원칙은 그렇게 걱정을 하지 않아도 잘 관철되고 있는 원칙이라고 할 수 있다. 반면 쟁의권 보장이나 단체교섭의 촉진 등을 내용으로 하는 자주적 해결의 원칙이나 조정절차와 내용상의 공정성에 관한 것은 특별히 신경을 써서 실질적으로 그 이념이 실현되도록 노력하지 아니하면 쉽게 간과될 수 있는 사항이다.

Ⅲ. 노조법 제72조 제3항의 취지 – 조정위원의 공정한 신징

노조법 제72조 제3항에 의하면 특별조정위원은 그 노동위원회의 공익을 대표하는 위원 중에서 노동조합과 사용자가 순차적으로 배제하고 남은 3인 내지 5인 중에서 노동위원회의 위원장이 지명하도록 되어 있다.

노조법이 노사 양측에 조정위원 배제권을 부여한 이유는 물론 특별조정위원의 공정한 업무수행을 확보하기 위해서이다.[6] 어차피 공익위원은 각자의 정치·경제 혹은 사회적 이해관계에 따라 사용자 혹은 근로자에게 일정 부분 치우친 노사관을 가질 수밖에 없고 이러한 현실적 한계를 인정하고 이를 조금이나마 보완하려는 장치가 바로 배제권이다.

배제권은 미국 배심원제도상 fair cross – section principle에 비유될 수 있다. 주지하는 바와 같이 미국 배심제도에서 가장 중요한

---

6) 노동위원회법 제8조 제3항도 공익위원은 업무수행에 있어 중립성을 유지하여야 한다고 규정하고 있다.

것은 해당 지역사회의 구성원들 가운데 누구를 배심원으로 선발하는 것인지에 집중되어 있다. 배심원의 성향에 따라 중요 사건의 승패가 갈라질 수 있기 때문에 변호사들은 배심 사건에 대해서는 배심 선발단계에서 배심원들의 성향을 분석하고 분석결과를 토대로 기피권을 행사한다. 사법제도도 이러한 기피권을 실질적으로 보장하기 위하여 예비배심원을 상대로 한 예비심문(voir dire)제도를 운용하고 변호사들은 이유부 기피권(challenge for cause)과 무이유부 기피권(peremptory challenge)을 행사하여 최대한 자신에게 유리한 배심원 구성을 이끌어 내려고 한다. 여기서 필자의 관심을 끄는 것은 무이유부 기피권이다. 말 그대로 이유를 묻지 않고 특정인을 배심원에서 배제할 수 있는 권리인데 판례는 그 근거를 역사적으로 관습적으로 시행되어 온 소송당사자의 오래된 권리라고 설명한다.[7] 바꾸어 거칠게 설명하면 논리적으로 설명할 수는 없지만 저 사람은 왠지 우리에게 부당한 판단을 할 것 같다는 당사자의 주관적 느낌마저 존중하여 제도 운영에 반영하고 이를 통해 배심제의 신뢰성을 확보한다는 것이다.

노조법상 기피권은 바로 무이유부 기피권과 매우 흡사한 기능을 가지고 있다. 공익위원 12명 중 특정 4명을 그것도 순위를 정하여 배제를 하는데 제도를 운영하는 중앙노동위원회는 특별히 왜 그 4명이 배제되어야 하며, 어떤 이유로 4명의 배제순위를 정했는지 묻지 않는다. 단순히 당사자가 배제를 원하는 순서대로 배제를 하면 된다. 이것은 바로 알 수 없는 그 무엇에 근거한 당사자의 주관적 가치판단까지도 존중을 하여 제도의 공정성을 최대한 확보하

---

7) 김상준, "미국배심제도의 개요", 『사법개혁위원회자료집』, 사법개혁위원회, 2004, 466쪽.

겠다는 입법자의 의도가 담긴 것이다. 따라서 배제권 제도를 운용하는 자는 위와 같은 제도의 취지를 최대한 살려서 조정위원회를 구성하여야 하고 이를 위반한 운용은 조정위원 선정의 공정성에 대한 기대를 무너뜨리는 것으로 무효라고 보아야 한다.

IV. 위법한 조정위원 선정의 하자치유 문제

1. 이 사건에서 구체적인 조정위원 선정과정

이 사건 발생 당시 노조는 조정담당 공익위원 12명 중 S언론재단 미디어연구실 연구위원으로 재직 중이던 배 아무개를 1순위로 한 후 여기에 3명을 더하여 순차적으로 배제하였고, 사용자도 이 아무개를 비롯한 4명을 순차적으로 배제하였다. 이렇게 해서 조정담당 공익위원 4명이 남게 되었는데, 남은 4명 중에는 중앙노동위원회위원장과 상임위원이 포함되어 있었는바, 중앙노동위원회위원장은 바쁘다는 이유로 자신과 상임위원을 배제하였고 대신 조정위원 최소 정족수 3명을 충족시키기 위해 노조가 1순위로 배제한 배 아무개를 조정위원으로 지명하여 특별조정위원회를 구성하였다.

2. 파기환송심 재판부의 하자치유 논리

파기 환송 후 사건의 담당 재판부는 일단 위와 같은 조정위원의 선정방식은 하자가 있다는 전제 아래 하자치유 논리를 전개한다. 즉, 노조법은 특별조정위원회의 구성과 관련하여 공익위원의 배제에 있어 노동위원회법 소정의 제척사유와 같이 명시적인 배제사유를 규정하지 아니한 채 단순히 노·사 양측이 그 자신의 입장에서 배제위원을 선정할 수 있는 것으로 규정하고 있으며, 그 위반의 효과도 규정하고 있지 아니하고, 나아가 관계 당사자의 합의로 노동위원회의 위원이 아닌 자를 추천하는 경우에는 그 추천된 자를 특별조정위원회의 위원으로 지명하도록 규정하고 있어 특별조정위원회의 구성원에 관하여 노·사 양측이 임의의 합의도 가능한 것으로 규정하고 있는 점에 비추어 보면, 노·사 양측이 배제행위를 하였다고 하여 즉시 제척과 같은 법률효과가 발생하는 것이 아니고, 중앙노동위원회위원장이 일방 당사자의 배제의 의사표시에도 불구하고 배제된 공익위원을 특별조정위원으로 지명한 경우에 그 일방 당사자가 그에 대하여 이의를 제기하였음에도 이를 시정하지 아니한 경우라야 제척과 같은 법률효과가 발생하는 것이어서, 구체적 진행과정에서 아무런 이의를 제기하지 아니한 채 절차진행에 참여하였다면 그와 같은 절차상의 하자는 치유된다고 봄이 상당하다는 논리를 전개하였다.

3. 하자치유 논리의 부당성

파기환송심에서 하자치유 논리가 나온 것은 무엇보다 배제권 위반의 효과에 대한 명시적인 규정이 노조법에 없기 때문이다. 이런 이유로 인하여 사후적인 논리구성에 따라서는 배제권 위반의 효력이 무효가 아니라는 주장도 할 수 있게 된다.

그러나 파기환송심의 논리에는 결함이 많다. 무엇보다 배제권의 취지에 대한 이해가 부족하다. 배제권은 조정제도의 공정성을 확립하는 핵심장치이다. 단순히 배제되면 좋고 아니면 마는 모양새만 좋은 치장이 아니다. 파기환송심 판결문에는 이에 대한 고민을 찾기 힘들다. 배제권의 본질에 대한 법 이론적 이해가 부족하다는 것이다. 한편 배제된 공익위원을 특별조정위원으로 지명한 경우 이에 대해 별도의 이의신청이 없는 한 제척과 같은 효과가 발생하는 것이 아니라는 주장도 하고 있다. 그런데 노동위원회법 제21조 제2항에 의하면 당사자는 사유를 적어서 특정위원에 대한 기피신청을 할 수 있는바, 노동위원회 위원장은 기피신청이 이유가 있다고 인정되는 경우에만 그 위원을 교체할 수 있을 뿐이다. 즉 이의신청을 하여도 위원장이 인정하지 아니하면 그만인 것으로 규정되어 있다. 실제로 심판이나 조정 절차에서 특정위원에 대한 기피신청이 받아들여지는 경우는 거의 없다.

이런 제도의 규정형식 및 운영현실에 비추어 볼 때 배제권의 경우 특별히 이의신청을 하면 제척과 같은 효과가 발생한다는 논리는 이론적, 실천적 근거가 매우 희박하다. 오히려 배제권의 경우 기피신청보다 훨씬 강력한 효력을 부여한 것으로 이해하는 것이 제도의 취지상 합당하다. 더 나아가 노조법 제72조 제3항 단서 즉 관계 당사자의 합의로 노동위원회의 위원이 아닌 자를 추천하는 경우에는 그 추천된 자를 특별조정위원회의 위원으로 지명하도록 규정하고 있어 특별조정위원회의 구성원에 관하여 노·사 양측이

임의의 합의도 가능한 것으로 규정하고 있는 점을 하자치유의 논
거로 제시하고 있는데 이는 단서규정의 취지와는 아무런 관련이
없는 해석이다.

단서가 예정하고 있는 상황은 바로 이 사건과 같이 노사가 배제
권을 행사한 후 특별조정위원회가 구성되기 어려운 상황이 발생한
경우이다.[8] 즉 위원회 구성 정족수 3명을 채울 수 없는 사정이 발생
하면 노사합의로 즉, 조정위원의 공정한 선정에 관한 노사 양측의
의사를 반영하여 공익위원이 아닌 자를 지명할 수 있다는 취지이다.

그런데 파기환송심 재판부는 조정위원회의 공정한 선정에 관한
노사의 의사를 존중하려는 단서의 취지는 간과한 채 단순히 공익
위원이 아닌 자도 조정위원이 될 수 있으니 공익위원 중 1인을 임
의로 지명하여도 큰 문제없다는 식의 엉뚱한 논리를 펴고 있다.

V. 무효인 중재회부권고를 전제로 한 중재회부결정의 효력

1. 파기환송심 재판부의 기속력 논리

파기환송심 재판부는 나아가 행정행위의 기속력 논리를 가져와서
유죄 인정의 예비적 논증을 하고 있다. 즉, 노조법 제74조 제1항은

---

8) 중앙노동위원회는 특별조정위원회 구성 당시 중앙노동위원회위원장과 상임위원이 다른 사건
으로 바빠서 특별조정위원이 될 수 없었다고 다투고 있다. 그런데 이 사건은 당시 노사정 3
자뿐 아니라 온 국민의 관심이 집중되어 있던 중요한 사안으로 이보다 더 중요한 어떤 사건
을 담당하고 있었기에 스스로 특별조정위원이 되지 않고 굳이 논란의 소지가 있는 노조 배
제 1순위자를 조정위원으로 지명했는지 개인적으로는 큰 의문이다.

'특별조정위원회는 필수공익사업에 있어서 조정이 성립될 가망이 없다고 인정한 경우에는 결정에 의하여 그 사건의 중재회부를 당해 노동위원회에 권고할 수 있다.'고, 노조법 제75조는 '노동위원회의 위원장은 제74조 제1항의 규정에 의한 권고가 있는 경우에는 공익위원의 의견을 들어 그 사건을 중재에 회부할 것인가의 여부를 결정하여야 한다'고 각 규정하고 있는바, 위 법 규정에 따르면, 중재회부결정의 주체는 노동위원회위원장이라고 할 것이고, 노동위원회위원장이 특별조정위원회의 중재회부권고결정에 기속되어 반드시 중재회부결정을 하여야 하는 것은 아니라고 보이며, 또한 노동위원회의 중재회부결정 자체가 위법무효라고 볼 만한 사정은 없으므로, 위 특별조정위원회의 인적 구성이 위법하다는 사정만으로 이 사건 중재회부결정이 당연 무효라고 할 수도 없다는 주장을 펴고 있다.

2. 기속력 논리의 부당성

파기환송심 재판부의 논리 전개를 따라가면 재판부가 마치 특별조정위원회의 중재회부권고결정을 중앙노동위원회위원장의 중재회부결정의 선행 행정행위와 유사한 것으로 파악한 후 전자가 후자를 기속하는 효력이 없으므로 전자의 하자유무와 관계없이 후자의 행정행위는 유효하다는 식으로 판단하였다는 느낌을 받는다. 그러나 이 사건은 중재회부권고의 기속력 문제와는 관련이 없다. 기속력은 이 사건에서 언급될 쟁점이 아니다. 왜냐하면 법문상으로도 특별조정위원회는 중재회부를 권고할 수 있을 뿐이고 중앙노동위원회위원장 또한 권고가 있는 경우에는 공익위원의 의견을 들어 중재회부를 할지 말지를 재량껏 결정할 따름이다. 애초부터 기속력을 전제로 하여 법률이 만들어지지 않았다.

이 사건은 행정행위의 기속력 혹은 그와 유사한 논증으로 해결될 사안이 아니다. 이 사건은 법률행위(행정행위)의 요건/효과라는 기본적인 틀로 쉽게 구성된다. 즉 중앙노동위원회위원장이 중재회부결정을 하기 위한 요건으로 특별조정위원회의 권고라는 요건이 필요하다. 따라서 특별조정위원회의 권고가 없다면 이는 중재회부결정에 필요한 필수적 요건을 빠뜨린 것으로 그러한 중재회부결정은 효력이 없는 법률행위가 되는 것이다. 효력이 없는 법률행위에 기초하여 형사처벌을 할 수 없음은 당연한 이치다. 결국 정당한 특별조정위원회의 권고가 존재했느냐의 문제만 남게 된다. 이는 하자치유 논리의 부당성 논증으로 해결된다.

이 사건의 특별조정위원회는 노조가 1순위로 지목하여 배제권을 행사한 자가 구성원으로 들어가 있고 이 과정에서 지명권자인 중앙노동위원회위원장은 노조의 동의를 받은 사실도 없다. 노사 양측에 의하여 배제된 공익위원이 모두 8명인데 그중에서 유독 노조가 1순위로 배제한 배 아무개 씨를 지명한 것에 대해 설득력이 있는 근거도 그다지 제시되어 있지 않은 것으로 보인다. 당시 배제된 나머지 7명의 공익위원은 어디에서 무엇을 하고 있었고 이들에 대하여 중앙노동위원회위원장은 합리적으로 기대되는 방식을 통하여 특별조정위원회에 참여할 수 있는지 여부를 물어본 것으로 보이지도 않는다. 더 나아가 제72조 제3항 단서에 의하여 노사합의로 공익위원이 아닌 제3자를 조정위원에 포함시키려고 시도한 흔적도 없다. 노사 양측의 의사, 특히 이 사건에 있어서는 노조의 의사를 합리적으로 반영하려는 여러 가지 가능한 수단이 고려되지 않고 있음을 확인할 수 있다.

이처럼 특별조정위원회의 위법한 구성의 하자는 치유되지 않은 것이고 따라서 중재회부권고 또한 효력이 없는 것이다. 결국, 효력이 없는 중재회부권고를 전제로 한 중재회부결정은 무효이므로 노조법위반죄의 구성요건은 충족되지 못하였다.

VI. 결론

이 사건에서 적어도 노조법위반에 관한 부분은 무죄다. 조정제도의 근간을 이루는 노조의 배제권을 무시한 채 이루어진 특별조정위원회의 구성은 위법 무효이고 따라서 위 위원회에서 발한 중재회부의 권고 또한 효력이 없는 것이고 유효한 중재회부의 권고를 요건으로 한 중재회부의 결정 또한 효력이 없기 때문이다.

이러한 법 이론적 논증 외에도 일반적으로 기대 가능한 행동 양식을 크게 벗어난 중앙노동위원회의 행태 또한 큰 문제이다.

굳이 그렇게 행동하여야 할 필연적인 이유가 없음에도 불구하고 무리하게 그렇게 행동을 하는 이유가 무엇일까? 이 사건은 복잡한 논증을 하지 않아도 알만 한 사람은 다 알 수 있는 그런 사례다. 파기환송심의 판결은 마땅히 취소되어야 한다.

9

직장점거와 업무방해죄

대상판결: 대법원 2007. 12. 28. 선고 2007도5204 판결

Ⅰ. 대상판결의 요지

1. 사건의 개요

피고인[1]은 2005. 7. 11. 동료 근로자 10여 명과 함께 전국건설엔지니어링 노동조합(이하 '노조')에 가입한 후 위 노조의 하부조직인 건축사협회지부(이하 '지부')를 설립하고 지부장이 되었다. 한편 교섭당사자인 서울시건축사협회는 2005. 8. 22. 경영악화를 이유로 신문발간사업을 중단하기로 하고 신문사업국을 폐지하면서 조합원인 사업국 소속 근로자에 대해 직위해제 등 인사명령을 하

---

1) 대상판결에는 피고인이 2명이나 본 평석은 그중 전국건설엔지니어링 노동조합 건축사협회지부 지부장만을 언급한다.

였다. 이후 노조는 조합원의 고용조정 문제를 포함하여 제반 근로
조건에 관하여 서울시건축사협회와 교섭을 진행하였으나 진전이
없자 조정 절차를 거쳐 2005. 10. 26. 전면파업에 돌입하였고 서울
시건축사협회는 파업에 돌입한지 4시간 만에 직장폐쇄를 실시하였
다. 한편 피고인은 2005. 11. 29. 서울시건축사협회 회의실에서 서
울시건축사협회 회장과 제6차 단체교섭을 진행하였으나 교섭담당
자인 협회회장은 별다른 이유 없이 회의장을 빠져나간 후 교섭을
거부하였고 이에 피고인을 비롯한 조합원들은 그때부터 2005. 12.
22.까지 회의실에 있던 책상과 탁자를 한쪽으로 치우고 매트를 깐
후 회의실을 점거하면서 단체교섭을 요구하였다. 검사는 피고인의
회의실 점거가 업무방해죄에 해당한다고 보아 약식기소 하였고 이
에 불복한 피고인에게 1심[2]은 벌금 100만 원을 선고하였고 항소
심[3]도 항소를 기각하자 피고인이 대법원에 상고하였다.

2. 판단의 요지[4]

대법원은 먼저 직장점거에 관한 1991. 6. 11. 선고 91도383 판
결의 법리판단 부분을 일반론으로 전제하였다. 즉, 직장 또는 사업
장시설의 점거는 적극적인 쟁의행위의 한 형태로서 그 점거의 범

---

2) 서울중앙지방법원 2006. 10. 12. 선고 2006고정3030 판결.

3) 서울중앙지방법원 2007. 6. 20. 선고 2006노2979 판결. 다만 항소심은 1심이 인정한 사
   실 중 피고인이 회의실뿐 아니라 사무실까지 점거한 부분은 인정하지 않았으나 전체적으로
   업무방해죄가 성립한다는 결론은 동일하여 1심을 취소하지는 아니하였다.

4) 대상판결에서 쟁점이 된 것은 업무방해죄뿐 아니라 퇴거불응죄도 있었으나 본 평석은 업무방
   해죄에 한정하여 대상판결을 논하고자 한다.

위가 직장 또는 사업장의 시설의 일부분이고 사용자 측의 출입이
나 관리지배를 배제하지 않는 병존적인 점거에 지나지 않을 때에
는 정당한 쟁의행위로 볼 수 있으나 이와 달리 직장 또는 사용자
측의 관리지배를 배제하여 업무의 중단 또는 혼란을 야기하게 하
는 것과 같은 행위는 이미 정당성의 한계를 벗어난 것이라고 볼
수밖에 없다는 것이다.

다음으로 대법원은 원심이 인정한 사실관계를 다시 분석하였다.
즉 이 사건 회의실 점거행위는 쟁의행위에 해당하는데, 피고인이
검거했던 이 사건 회의실은 전체 약 40평의 협회 사무실 내부에
칸막이로 구분되어 있는 약 15평의 공간으로서, 협회 직원들이나
임원들이 통상적인 업무를 수행하는 공간이 아니라 비상근 협회장
이 가끔씩 출근하여 자신의 업무를 처리하고 협회의 임원들이 개
인 사물함을 보관해 두며 협회장과 임원들이 임원회의를 하는 공
간으로 활용되던 장소인데, 피고인을 비롯한 노동조합 조합원들이
위 회의실을 점거하고 있는 동안 비조합원 및 협회가 고용한 대체
근로자들이 사무실에서 통상의 업무를 처리하는 데에는 별다른 지
장이 없었고, 다만 협회장과 임원들은 위 회의실을 사용할 수 없
게 되어 음식점 등에서 1달에 1, 2회 정도 개최하는 임원회의를
진행하기도 하였는데 회의는 이 사건 발생 전후에도 음식점 등에
서 개최되기도 했다.

위와 같은 사실관계를 기초로 하여 대법원은, 피고인의 이 사건
회의실 점거행위는 협회의 사업장시설을 전면적·배타적으로 점거
한 것이라고 보기 어렵고, 오히려 그 점거의 범위가 협회의 사업
장 시설의 일부분이고 사용자 측의 출입이나 관리지배를 배제하지

않는 부분적·병존적 점거에 지나지 않으며, 그 수단과 방법이 사용자의 재산권과 조화를 이루면서 폭력의 행사에 해당하지 아니하고 나아가 1달에 1, 2회 정도 회의를 개최하는 임원회의를 음식점에서 개최하게 된 정도는 사용자가 수인하여야 하는 범위 내라고 보이므로 협회의 업무가 실제로 방해되었거나 또는 적어도 그 업무방해의 결과를 초래할 위험성이 발생하였다고 보이지 아니한다고 판단했다. 이에 따라 대법원은 원심 판결을 파기하고 사건을 원심법원으로 환송하였다.

Ⅱ. 쟁의행위로서 직장점거의 특징

직장점거란 근로자가 쟁의행위 중 사용자의 의사에 반하여 기업시설에 체류하거나 점거하는 행위로서 노동현장에서는 단체교섭이 교착상태에 빠졌을 때 파업과 병행하여 사용자의 교섭을 촉구하는 수단으로 많이 이용되고 있다. 근로자들은 직장점거를 통하여 쟁의행위 중 조합원들의 단결력을 강화하고 사용자에 대해서는 직접적으로 심리적 압박을 가하게 된다. 더 나아가 제3자의 출입이 허용되는 기업시설의 경우에는 해당 사업장이 현재 파업을 하고 있다는 점을 밝히면서 조합원의 요구사항을 대외적으로 전달하여 간접적으로 사용자를 압박하기도 한다. 한국이나 일본처럼 노동조합의 조직형태가 기업별로 조직되거나 산업별노조를 건설하는 경우에도 그 기반이 종전의 기업별노조인 경우에는 조합활동이나 단체행동권의 행사 장소가 생산시설인 사업장과 중첩되기 때문에 사용자의 시설관리권 등을 이유로 근로자의 단체행동권을 지나치게 제한하는 해석을 할 여지가 많으므로 해석에 있어 주의가 필요하다.

일본에서는 직장점거를 근로자가 파업 등의 쟁의행위 중 단순히 기업시설 내에 체류하면서 집회, 시위 등을 하는 경우(소위 '직장체류'), 파업 등의 실효성을 확보하기 위해 생산·경영시설에 들어가 점거하는 경우(소위 '부수적 직장점거'), 기업시설 점유 그 자체를 주된 쟁의행위 수단으로 이용하는 경우(소위 '적극적 직장점거')로 나누는 견해도 보이는데[5], 우리나라에서는 주로 직장점거의 범위에 중심을 두고 전면적·배타적 점거와 병존적·부분적 점거로 나누어 검토하면서 병존적·부분적 점거에 대해서는 앞서 언급한 기업별노조의 특성을 고려하여 그 정당성을 인정하고 있다.[6]

III. 직장점거와 업무방해죄의 적용 문제

허위사실을 유포하거나 기타 위계 또는 위력으로써 사람의 업무를 방해하는 경우 성립하는 범죄가 업무방해죄이다(형법 제314조 제1항). 업무방해죄에서 업무의 내용과 더불어 특히 문제되는 것이 방해의 의미이다. 형법학에서는 보통 업무를 방해한다고 하면 업무의 집행을 방해하는 경우뿐만 아니라, 업무의 경영을 저해하는 것을 포함한다고 해석하고 따라서 업무를 방해할 우려가 있는 상태가 발생하면 충분하고 방해의 결과가 현실적으로 발생할 필요는

---

5) 西谷 敏, 『勞動組合法』(第2版), 有斐閣, 2006, 444頁.
6) 김형배, 『노동법』(신판 제4판), 박영사, 2007, 837쪽.

없다고 본다.[7] 이렇게 방해의 범위를 넓게 해석하면 결과적으로 업무를 방해할 수 있다는 고의를 가진 웬만한 행위는 대부분 업무방해 행위에 포섭되고 특히, 다수의 근로자가 단체로 행동하는 경우에는 업무방해의 위험이 쉽게 인정되게 된다. 여기에 보태어 업무방해죄 위력의 의미를 사람의 의사와 자유를 제압·혼란케 할 만한 일체의 세력으로 해석하는 법원의 입장[8]을 고려하면 쟁의행위는 사용자의 의사를 제압·혼란케 하여 근로자의 요구를 관철하려는 행위이기 때문에 행위 발생 즉시 업무방해의 위험이 초래되었다고 보기 쉽다.[9] 그러나 근로자의 기본권으로서 보장되는 단체행동권(헌법 제33조 제1항)에 기초를 둔 쟁의행위는 노동조합 기타 근로자의 단체가 그 요구의 실현을 목적으로 행하는 집단행동이기 때문에 개념적으로 업무방해의 요소가 내포되어 있다. 이처럼 우리 법질서가 기본적으로 사용자의 정상적인 업무를 저해하는 성격을 가진 쟁의권을 기본권으로 보장하고 있는 이상, 정상적인 업무의 저해를 처벌하는 업무방해죄를 적용하는 것은 논리적으로 모순된다고 본다. 다만 업무방해의 과정에서 별도로 폭행, 상해 혹은 손괴의 위법행위가 있을 경우 이를 별도로 처벌하는 것이 가능할 뿐이다. 이에 대해서 위법한 쟁의행위에 대한 형사처벌의 범위를 지나치게 축소한다는 비판이 가능할 수 있으나 노동조합 및 노동관계조정법의 형사처벌 규정을 살펴보면 굳이 형법상 업무방해죄를

---

7) 이재상, 『형법각론』(제5판, 보정신판), 박영사, 2007, 210쪽: 대법원 1991. 6. 28. 선고 91도994판결 등

8) 대법원 1987. 4. 28. 선고 87도453 판결.

9) 이 때문에 사용자는 쟁의행위가 발생하면 형사고소라는 수단을 이용하여 업무방해죄를 인정받으려 하고 이를 통해 쟁의행위 전제가 불법이라는 선전 전략을 구사하는 경우가 적지 않다.

적용하지 아니하여도 위법적인 쟁의행위를 규율할 처벌규정을 쉽게 찾아볼 수 있으며 이 사건의 유형과 같은 직장점거도 경우에 따라서는 같은 법 제89조[10], 제91조[11], 제42조 제1항, 제2항[12]을 적용하여 형사처벌이 가능하다. 오히려 쟁의행위에 있어 형사처벌의 일반조항과 같은 구실을 하는 업무방해죄의 적용은 되도록 신중하게 처리하여야 할 것이다. 이런 점에서 대상판결은 업무방해죄 자체의 적용 문제를 고려하지 않고 있어 재고가 필요하다.

Ⅳ. 정당한 직장점거의 기준과 노사의 실질적 대등

한편 대상판결은 원심판결과 동일한 사실관계를 인정하면서도 피고인 및 조합원들의 점유형태가 전면적·배타적 점거가 아닌 병존적·부분적 점거라고 판단하고 있다. 원심법원은 피고인 등이 회의실을 전면적·배타적으로 점거하였으므로 이를 위법한 쟁의행위로 보았으나 대법원은 회의실이 위치한 층의 일부 면적만을 피고인 등이 점거하였고 회의실 이외의 부분은 정상적으로 업무가 이루어졌고 더군다나 회의실의 본래 기능인 임원회의 또한 매우

---

10) 제89조 (벌칙) 다음 각 호의 어느 하나에 해당하는 자는 3년 이하의 징역 또는 3천만 원 이하의 벌금에 처한다. 제42조 제1항의 규정에 위반한 자.

11) 제91조 (벌칙) 제42조 제2항을 위반한 자는 1년 이하의 징역 또는 1천만 원 이하의 벌금에 처한다.

12) 제42조 (폭력행위 등의 금지)
①쟁의행위는 폭력이나 파괴행위 또는 생산 기타 주요업무에 관련되는 시설과 이에 준하는 시설로서 대통령령이 정하는 시설을 점거하는 형태로 이를 행할 수 없다.
②사업장의 안전보호시설에 대하여 정상적인 유지·운영을 정지·폐지 또는 방해하는 행위는 쟁의행위로서 이를 행할 수 없다.

간헐적으로 이루어졌으며 회의 자체도 회의실이 아닌 식당 등에서 개최된 바 있다는 등의 사실을 고려하고 있다. 나아가 점거에 이른 경위가 사용자의 일방적인 교섭 중단인 점도 고려하고 있다. 이런 대법원의 판단은 직장점거에 관하여 종전에 대법원이 천명한 기본원칙에 충실한 것이지만 그럼에도 불구하고 대상판결이 눈에 띄는 것은 종전 대법원 판례에서는 같은 원칙을 천명하면서도 직장폐쇄의 정당성을 인정한 예를 찾기 어렵기 때문이다.[13] 아무튼 대상판결은 전체 기업시설 중 실제로 점거된 범위와 점거의 방식을 기준으로 하여 정당한 직장점거의 구체적인 예를 제시하였다는 데 의의가 있다.

또한, 대상판결은 노사의 실질적 대등성이란 측면에서도 의미가 있는 판단을 하고 있다. 쟁의권 보장에 있어 노사 당사자가 과연 실질적으로 대등한 세력을 가지고 있는가는 매우 중요한 문제이다. 특히 기업단위 노조의 경우 노동력의 공급을 통제한다는 노동조합 본래의 힘을 갖고 있지 않기 때문에 노사의 실질적 대등이라는 측면에서 쟁의행위의 정당성을 파악하여야 한다는 요구가 더욱 강하게 부각된다. 따라서 기계적인 무기대등의 원칙을 그대로 적용할 수는 없다. 대상판결을 보면 사용자는 노조가 전면파업에 돌입한 지 4시간 만에 직장폐쇄를 단행했고 이에 피고인 등은 직장점거로 맞설 수밖에 없는 입장이었다. 이런 사실관계를 고려하여 보면, 대상판결은 피고인 등이 행한 직장점거의 정당성을 인정함으로써 노사의 실질적 대등을 보장하려는 배려가 있었다고 평가할 수 있다.

---

13) 대법원 1990. 5. 15. 선고 90도357 판결: 1990. 10. 12. 선고 90도1431 판결: 1991. 1. 15. 선고 90누6620 판결 등 참조.

V. 결론

　쟁의행위에 관해서는 형법의 업무방해죄를 적용하지 말아야 한다는 것이 필자의 입장이다. 대상판결은 업무방해죄의 적용가능성을 전제하고 있다. 다수에 의하여 집단적으로 이뤄지는 쟁의행위의 내재적인 특수성을 고려할 때 과연 업무방해죄의 적용이 논리적으로 정합한 것인지 의문이다. 그러나 대상판결은 직장점거의 정당성을 인정받을 수 있는 기준을 제시하였다는 점 그리고 그것이 노사의 실질적 대등을 고려한 것으로 평가될 수 있다는 점은 높이 살 만 하다. 판결이 파기환송된 만큼 환송심의 판단을 주목한다.

10

부당해고와 부당노동행위의 형사처벌

대상판결: 대법원 2008. 10. 9. 선고 2006도7233 판결[1]

I. 대상판결의 개요

1. 사실관계의 요지

피고인은 1992. 2.경부터 2004. 2. 20.까지 A주식회사의 대표이사로 근무하던 자이다. 위 회사의 서울본사 소속근로자 150명 중 72명은 2003. 6. 2. 전국금속노동조합에 가입하여 서울남부지역지회 A주식회사 분회로 편제된 후 노동조합은 같은 해 9월경까지 사측과 수차례에 걸쳐 단체교섭을 전개하다가 같은 해 10. 1. 관할 노동위원회에 노동쟁의 조정신청을 하는 등 노조활동을 본격화하

---

1) 관여 대법관: 고현철(재판장), 김지형, 전수안(주심), 차한성.

였다. 이후 피고인은 ① 2003. 9. 1. 위 사업장에서 노조부분회장으로 활동하던 근로자 甲을 회사제품의 무단반출 및 임의처분이라는 이유로 해고하였다. ② 또, 피고인은 2003. 10. 23. 회사 홈페이지를 통하여 "파업과 관련하여"라는 제목하에 "급박한 상황에서 파업을 실시하는 노조의 진정한 의도가 무엇입니까? 이참에 빨리 망하자는 것이라면 더욱 가열하고 신속하며 강도 있게 파업을 진행해 주세요. (중략) 파업을 하면서 본업에 충실한 조합원에게 파업동참을 강요하는 일이 벌어지고 있으며 불참하는 노조원들에게 왕따를 시키겠다는 분위기를 조성하는 것이 정당한 행위입니까. (이하 생략)"라는 내용의 글을 게재하고, 같은 달 30. 17:10경 분회장 乙의 근무부서인 사업부 사무실 내에서 컴퓨터 및 모니터 집기 등을 집어 던지며 근로자들에게 "민주노총이 밥 먹여 주냐, 병신들 조합비 2만 원씩 낸 거 어디다 쓰는지 아느냐?"는 등의 폭언을 하고, 같은 해 11. 3.부터 같은 달 8. 사이에 조합원들은 인사총무팀을 통하여 노동조합 탈퇴서를 노조에 제출하였다. ③ 끝으로 피고인은 2003. 11. 1. 노조분회장 乙을 사업5부에서 CS지원 1팀으로 위 노조분회 대의원 丙을 사업1부에서 노트북품질관리팀으로 노조분회 부대의원 丁을 사업4부 행전산망팀에서 생산관리팀으로 노조분회 부분회장 戊를 게임방사업부에서 품질관리팀으로 각 전보하는 구조조정을 단행하였다가 같은 달 15. 그중 丁과 戊를 각 해고하였다.

2. 판결의 요지

대상판결은 구 근로기준법(2007. 1. 26. 법률 제8293호로 개정되기 전의 것) 제30조 제1항(현행 제23조 제1항 참조), 제110조 위반죄와 구 노동조합 및 노동관계조정법(2006. 12. 30. 법률 제8158호로 개정되기 전의 것) 제81조 제1호, 제90조 위반죄를 다루고 있다.

우선 근로기준법위반죄에는 甲에 대한 해고와 乙, 丙, 丁, 戊에 대한 2003. 11. 1.자 각 전직 및 丁, 戊에 대한 각 해고가 관련되어 있는데 이에 대해서 부당해고 등의 근로기준법위반죄에 관한 종전 판례논리를 그대로 전제하였다. 즉, 근로자에 대하여 불이익처분을 할 수 있는 사유가 존재하고 당시 사정으로 보아 사용자가 당해 불이익처분을 할 만한 정당한 이유가 있다고 판단한 것이 무리가 아니었다고 인정되는 경우에는 설사 그 불이익처분이 사법절차에서 정당한 이유가 없는 것으로 인정되어 무효가 된다고 하더라도 그와 같은 사유만으로 곧바로 구 근로기준법(2007. 1. 26. 법률 제8293호로 개정되기 전의 것) 제110조, 제30조 제1항에 의한 형사처벌의 대상이 된다고 할 수는 없고, 여기에서 나아가 그와 같은 불이익처분이 그 내용에 있어 그 권한을 남용하거나 또는 그 범위를 벗어난 것으로 인정되고 또 이것이 사회통념상 가벌성이 있는 것으로 평가되는 경우에 한하여 형사처벌의 대상이 된다는 것이다.

그리고 피고인이 위 각 전직 및 해고처분을 할 당시 원심법원이 인정한 불이익처분을 할 사유가 존재하였고 당시의 제반 사정에 비추어 피고인이 그러한 불이익처분을 할 만한 정당한 사유가 있다고 판단한 것이 무리가 아니었던 것으로 보이기 때문에 피고인의 행위는 구 근로기준법위반으로 형사처벌을 할 수 없다고 판단했다. 대법원의 판결이 원심의 판단을 원용하고 있기 때문에 원심법원의 판결[2]에 대해선 별도의 항을 내어 설명하고자 한다.

다음으로 노동조합 및 노동관계조정법 위반죄는 甲부터 戊에 대한 전직 혹은 해고가 불이익취급이 된다는 점과 피고인이 회사 홈페이지에 글을 게시하고, 노동조합이나 조합원들에 대해 폭언 등을 하고, 조합원으로부터 노동조합탈퇴서를 받아 이를 노동조합에 제출하는 등 노동조합의 조직·운영을 지배·개입하였다는 공소사실에 대하여 범죄의 증명이 없음을 이유로 무죄를 선고한 것도 기록에 나타난 여러 사정에 비추어 수긍할 수 있다고 판단했다. 이 부분 역시 원심판결을 검토할 필요가 있어 별도의 항에서 다루고자 한다.

II. 원심판결의 개요

먼저 ① 증인 B의 항소심 법정에서의 진술 등 변호인이 제출한 증거들에 의하면 甲에 대한 해고가 정당하다고 판단했다. 즉, 甲은 2000년경 구매부에서 원자재구매를 담당하면서 모자라는 재고를 외부거래처로부터 공짜로 얻어 채워 넣고 그 과정에서 많이 얻어 남는 자재를 임의로 처분한 사실이 발각되었으나 용서를 받아 징계를 받지는 아니하였다. 그런데 2003. 7.경 동료직원으로부터 전

산상재고와 실제재고 사이의 차이를 해소하기 위하여 컴퓨터 1대를 처분해 달라는 부탁을 받고 이를 보고하지 아니한 채, 임의로 실제재고가 전산상 재고를 초과하는 모델의 컴퓨터 1대를 평소 잘 아는 대리점에 판매하고 그 대금을 자기의 개인통장으로 송금을 받아 이를 보관하였다가 다른 대리점으로부터 실제재고가 전산상 재고에 미달되는 모델의 컴퓨터 1대를 구입하고 대금을 지급하면서 차액 40만 원 상당을 횡령하였다. 이것은 甲이 2000년경의 부정행위를 용서받았음에도 불구하고 2003. 7.경 또다시 회사제품을 무단반출하고 그 과정에서 일부 금액을 횡령하는 부정행위를 한 것이기 때문에 정당한 해고이며 불이익취급의 의사도 인정할 수 없다는 것이다.

피고인의 두 번째 행위 묶음에 대해서는 변호인이 제출한 증거를 중시하면서, 2003. 10. 23.자 홈페이지에 게시된 글은 공소사실에 기재되지 아니한 나머지 부분("그러나 현재 회사가 어떤 현실에 처해 있습니까? 직원 모두가 고학력자들이고 이성적 판단을 할 수 있는 사람들이므로 생각해 보시기 바랍니다. PC 시장은 신규수요보다는 대체수요만 일어나고 있는 상황에서 외국계 회사까지 한국시장에 가담하여 죽기 살기로 경쟁하고 있습니다. …… 제발 부탁입니다만 불만과 요구사항을 주장하기에 앞서 대안과 지혜를 주십시오! 여러분이 제시한 방법과 대안을 검토하여 회사를 살리는 데 반영하겠습니다. 노조가 진정으로 회사와 직원들을 위한다면 산소호흡기에 연명하고 있는 것과 같은 회사를 상대로 파업을 단행하고 정시 출퇴근 투쟁을 하는 것이 과연 정당할까요?")을 포함한 글의 전체적인 맥락을 볼 때 위 글은 노조활동에 개입한다기보다는 회사의 어려운 실정을 토로하면서 파업을 자제해 주도록 요청한 내용으로 파악했다. 2003. 10. 30. 폭언은 피고인이 연차휴가를 집단으로 제출한 영업부 직원들과 대화하기 위하여 간담회를 소집하였는데 노조원들이 상급단체인 서울지부의 지시에 의하여 간담회에 불참하기로 하자 대화 자체를 거부한 데 대하여 화가 나서 한 행동이고 노조탈퇴서도 2003. 11. 3.부터 같은 달 8.까지 노조원들이 인사총무팀의 팩스를 이용하여 노조에 제출한 것뿐이기 때문에 위 세 가지 모두 지배개입의 부당노동행위를 인정할 수 없다고 판단했다.

끝으로 乙, 丙, 丁, 戊에 대한 2003. 11. 1.자 각 전직 및 丁, 戊에 대한 각 해고가 불이익취급의 부당노동행위에 해당된다는 1심 법원의 판단에 대해서는 증인 B의 항소심 법정에서의 진술을 비롯하여 변호인이 제출한 증거들에 기초하여, 노조원들이 노조활동에 전념하면서 본래의 업무를 태만히 하여 부서장들의 전직요청이 있었고 丁, 戊의 경우 전직 후에도 계속하여 근무를 태만히 하였던 사실, 다른 노조원 및 비노조원에 대하여도 유사한 형태의 전환배치가 있었고, 위 노조원들이 전환배치 후 맡게 된 업무가 이전의 업무에 비하여 특별히 불이익하지 아니한 사실을 인정할 수 있기 때문에 불이익취급의 의사를 인정할 수 없다는 것이다.

Ⅲ. 판결서에 나타난 사업장 노사관계 현황 정리

1. 발생 사건 일자별 정리와 유용성

부당노동행위를 주장하는 사건을 분석하는 데는 날짜별로 발생한 사건을 나열하여 노사관계의 전개 과정을 전체적으로 조망하는 것이 의미가 있다고 생각한다. 특정시기에 조합원들에 대한 불이익한 인사명령이 집중해서 일어나는데, 해당 시기가 노조의 설립 혹은 활동이 본격적으로 이뤄지는 시기와 비슷하게 일치한다면 일단, 사용자가 노동조합의 활동을 억압한다는 추정이 가능하기 때문이다. 판결서에 나타난 사건일지는 아마도 고소인이 하고 싶은 말의 극히 적은 부분만을 담기 마련이지만 그래도 이 사건의 항소심 판결문은 날짜별로 적지 않은 사건을 담고 있다. 아래에선 날짜별로 사건을 정리해 본다.

2. 전국금속노동조합 서울남부지역지회 A주식회사 분회의 상황

2000.	노조설립 이전 甲에게 징계사유 있었으나 징계면제
2003. 6. 2.	서울본사 소속근로자 150명 중 72명, 전국금속노동조합 가입, 서울남부지역지회 A주식회사 분회 구성

2003. 7.   노조부분회장 甲, 40만원 횡령

2003. 9.경   단체교섭 실패

2003. 9. 1.   노조부분회장 甲, 해고

2003. 10. 1.   서울지방노동위원회에 노동쟁의 조정신청

2003. 10. 23.   회사 홈페이지에 대노조 성명 발표

2003. 10. 30.   노조분회장 乙의 근무부서에서 집기를 던지며
                조합원에 폭언

2003. 11. 1.   노조분회장 乙, 노조분회 대의원 丙, 노조분회
                부대의원 丁, 노조분회 부분회장 戊 각 타 부서
                전보.

2003. 11. 3.~11. 8. 조합원, 인사총무팀을 통하여 노동조합 탈
                퇴서 제출

2003. 11. 15. 丁과 戊, 각 해고

　위와 같이 사건을 정리해 보면, A주식회사에 노조가 설립이 된 지 5개월이 조금 지나자 노조의 집행부인 노조분회장 1명, 부분회장 2명, 대의원 1명, 부대의원 1명이 해고를 당하거나 타부서로 전보발령된 사실을 파악할 수 있고, 특히 집행부에 대한 폭언에 이어 집중적인 전보발령이 있은 후 2일 만에 조합원들이 직접 노조를 방문하거나 집행부를 거치지 아니한 채 사용자의 대노조업무를 담당하는 주된 부서인 인사총무팀을 통해 집단적으로 노조를 탈퇴하고 있다는 사실을 확인할 수 있다.

IV. 대상판결이 언급하는 노동사건 형사처벌 일반론에 대한 검토

1. 구 근로기준법위반죄에 관한 기중적 처벌요건

대상판결은 부당해고 등에 관한 근로기준법위반죄 해당 여부를 판단하면서 그와 같은 불이익처분이 그 내용에 있어 그 권한을 남용하거나 또는 그 범위를 벗어난 것으로 인정되고(이하 '권한남용 요건') 또 이것이 사회통념상 가벌성이 있는 것으로 평가되는 경우 (이하 '사회통념상 가벌성 요건')에 한하여 형사처벌의 대상이 된다는 판단을 하고 있다. 대법원 판례는 부당해고를 처벌하려면[3] 두 가지 요건을 동시 충족시켜야 한다고 보는데 각 요건의 내용이 판결 이유만 살펴보면 다소 모호하게 느껴진다.

우선 권한남용 요건을 살펴보면, 불이익처분이 그 '내용'에 있어 사용자의 권한을 남용하거나 범위를 벗어난 것이라는 표현은 정확한 취지를 파악하기 어렵다. 단순히 징계양정판단의 그르침을 언급한 것이라면 위 요건을 충족하는 데 큰 어려움이 없다. 부당해고를 다투는 사건들의 많은 부분이 사용자의 징계양정을 문제 삼고 있기 때문이다. 그것이 아니고 사용자가 부과할 수 없는 종류의 징계를 부과했다는 의미 ― 예컨대 근로계약, 취업규칙, 단체협약 등에 징계사유가 규정되어 있는데 사용자가 직무명령을 위반한 근

---

3) 이 사건에 문제가 되는 구 근로기준법위반죄에 대한 형사처벌 조항은 현 근로기준법에서는 삭제되었고 다만 현행 근로기준법 제107조는 제23조 제2항(업무상 부상 등 일정기간 동안의 해고제한)을 위반한 때에는 5년 이하의 징역 또는 3천만 원 이하의 벌금에 처할 수 있도록 규정하고 있다.

로자에게 징계사유로 규정되어 있지 아니한 손들고 서 있으라는 식의 인격모욕적인 징계를 부과한 경우 — 라면 다소 유의미한 해석이 될 수 있지만 이렇게 대법원 판례를 바라보면, 규정된 징계의 종류를 지키는 것만으로도 위 근로기준법위반죄가 적용될 여지를 없게 만드는 것이라 법 규정의 취지와는 거리가 아주 먼 해석이 된다. 결국 필자가 보기엔 권한남용 요건에 대한 대법원 판결의 설명은 그 자체로는 별 의미가 없어 보인다. 오히려 두 번째 사회통념상 가벌성 요건이 처벌여부를 결정하는 결정적 기준이 되는 것 같다.

사회통념상 가벌성은 무엇을 의미하는 것일까? 우리가 흔히 알고 있는 범죄의 성립요건은 구성요건, 위법성, 책임이다. 가벌성을 문자 그대로 해석하면 형벌을 받을 만한 성질인데, 어떤 행위가 벌을 받을 만한 성질을 가진다는 것은 범죄의 성립요건을 충족한다는 의미 정도가 아닐까? 그런데 이런 식으로 사회통념상 가벌성을 이해하면 대법원 판례는 범죄의 성립요건을 충족하면 처벌할 수 있다는 당연한 말을 반복한 것밖에 되지 않기 때문에 이런 이해도 대법원의 태도를 선해한 것은 아닐 것이다. 이와 관련해서는 사회통념상 가벌성을 일본의 가벌적 위법성론으로 해석하는 견해가 있어서 먼저 그것을 소개하고자 한다.

2. 가벌적 위법성론의 의의[4]와 문제점

가벌적 위법성론이란 법익침해행위가 구성요건에 해당하는 외관을 가지고 있더라도 그 행위가 범죄로써 형벌을 과하기에 상당한 정도의 실질적 위법성을 구비하지 못한 때에는 구성요건해당성이나 위법성이 부정된다는 일본의 판례를 통하여 도입된 형법이론이다. 독일형법학에서 논의되어 온 사회적 상당성 이론이 일본의 판례를 통하여 이론화된 것으로 볼 수 있다고 한다. 이것을 근로기준법위반죄에 적용하면, 사용자의 불이익한 조치가 정당한 이유가 없다는 구성요건을 만족하는 경우라도 그것이 범죄로서 형벌을 과하기에 상당한 정도의 실질적 위법성을 구비하지 못한 때에는 처벌할 수 없다는 것이다.

대법원 판례도 이러한 일본 판례의 영향을 받아 "가벌적 위법성"이라는 개념을 명시적으로 사용하고 있다고 하는데 대법원 1968. 2. 6. 선고 67도1520 판결[5], 대법원 1983. 2. 8. 선고 82도357 판결[6], 뒤에서 살펴볼 대법원 1994. 6. 14. 선고 93도3128 판결 등이 예로 언급된다.

해당 판결의 내용을 살펴보면, 대법원 1968. 2. 6. 선고 67도1520 판결은 원심판결이유를 요약하면서 "법익의 침해 득실 내지 위협

---

4) 이 부분은 천진호, "사회적 상당성 이론에 대한 재고", 『법학논고』(제13집), 경북대학교 법학연구소, 1997, 141쪽~144쪽을 참조하여 정리했다.

5) 피해자가 피고인 집에 찾아와서 피고인의 처를 구타하자 피고인은 피해자의 구타행위를 제지하던 중 손으로 피해자의 안면부를 밀쳐 때린 것을 원심이 가벌적 위법성이 없다는 이유로 무죄판결 선고하자, 대법원이 유죄의 취지로 판단을 한 사례이다.

6) 국고수입을 늘린다는 일념에서 법령에 위반하여 지정 매도인 이외의 자에게 홍삼을 판매하고 허위공문서를 작성한 행위에 대해 원심법원이 가벌적 위법성이 없어 무죄로 판단한 것에 대해 법익침해정도가 경미하여 가벌적 위법성이 없다고 할 수도 없다고 판단했다.

의 정도가 경미하여서 구성요건이 예정하는 정도에 이르지 못하며, 또한 그 행위의 태양으로 말하면 그 목적, 수단, 행위자의 의사 등 제반 사정에 비치건대 사회통념상 용인될 상당성이 있으니 이는 이른바 가벌적인 위법성이 결여된다 할 것이므로 범죄를 구성할 수 없다."라는 표현을 쓰고 있다. 문맥상으론 대법원이 가벌적 위법성이란 용어를 직접 사용하였다기보다는 원심판결이 사용한 용어를 언급한 것으로 읽혀진다. 다만 "피해법익이 경미하여 가벌성이 없다거나 사회통념상 용인될 수 있는 것이라고는 할 수 없다."라는 표현을 사용하여 가벌적 위법성을 전제하고 있는 것 같은 느낌을 주기는 한다.

대법원 1983. 2. 8. 선고 82도357 판결은 형법 제20조의 정당행위의 성립요건을 검토하면서 "형법 제20조가 사회상규에 위배되지 아니하는 행위는 처벌하지 아니한다고 규정한 것은 행위가 법 규정의 문언상 일응 범죄구성요건에 해당된다고 보이는 경우에도 그 것이 극히 정상적인 생활형태의 하나로서 역사적으로 생성된 사회생활질서의 범위 안에 있는 것이라고 생각되는 경우에 한하여 그 위법성이 조각되어 처벌할 수 없게 되는 것"이라는 표현을 사용하여 가벌적 위법성론의 요지를 정당행위의 판단기준으로 흡수하여 이용하고 있는 듯한 인상을 준다. 한편 위 판결에선 명시적으로 피고인의 행위에 대해 가벌적 위법성이 없다고 할 수 없다는 표현을 사용하기는 하지만 이 역시 원심법원이 가벌적 위법성이 없다고 판단한 것을 배척하는 과정에서 해당 용어를 사용하고 있는 것처럼 보여 대법원이 확실하게 가벌적 위법성론을 도입하고 있다고 보기엔 다소 애매한 부분이 있다.

대법원 1994. 6. 14. 선고 93도3128 판결은 사회통념상 가벌성이라는 용어를 사용하는데 이것을 가벌적 위법성으로 이해하는 견해[7]가 있다.

대법원의 용어사용방식 혹은 해석론에 대해선 다음과 같은 비판이 있다.[8] 먼저, 가벌적 위법성이 법질서 전체의 관점에서 종합적으로 위법성판단을 해야 한다는 실질적 위법성을 의미하는 것이라면 굳이 가벌적 위법성이라는 별도의 개념을 사용할 필요가 없다. 다음으로 가벌적 위법성을 "형사처벌을 가할 만한 위법성"의 의미로 이해한다면 어느 한 부분 영역에서는 문제의 행위가 법질서에 반한다고 하면서 다른 부분영역에서는 법에 반하지 않는다고 판단하는 모순상황이 초래된다. 위법성이란 구성요건에 해당하는 행위에 대하여 법질서 전체의 관점에서 내리는 부정적 평가라는 점을 고려하면 통일적으로 판단되지 않으면 안 된다. 끝으로 가벌적 위법성론은 포괄적인 위법성 조각사유가 없는 일본형법의 해석상 난점을 해결하기 위하여 제시된 이론인데 우리형법은 정당행위라는 포괄규정이 있으므로 일본의 해석을 따를 필요가 없고 가벌적 위법성론의 내용은 사회상규개념의 세부적인 고려항목의 하나로서 검토될 여지가 있을 뿐이라는 것이다.

대법원의 판례이론에 대한 비판을 이 사건에 적용한다면, 사용자의 행위는 형법 제20조의 정당행위로 평가할 수 있느냐, 특히 사회상규에 위배되지 아니하는 행위인가를 판단하는 문제가 된다.

---

7) 천진호, "사회적 상당성 이론에 대한 재고", 『법학논고』(제13집), 경북대학교 법학연구소, 1997, 142쪽~143쪽.

8) 신동운, "가벌적 위법성과 사회상규", 『고시연구』(제21권 제11호), 고시연구사, 1994, 211~212쪽.

3. 사회통념상 가벌성 개념의 다른 이해방식 - 법률의 착오

사회통념상 가벌성이 문제되는 사안은 정당행위 등으로 충분히 해결할 수 있다는 점에 대해선 필자도 충분히 동감한다. 그런데 다른 한편 사회통념상 가벌성이라는 용어를 사용하고 있는 개별 사안을 자세히 살펴보면, 이것이 때에 따라서는 법률의 착오인지를 평가하여야 할 경우를 대체하고 있는 것이 아닌가하는 의문이 든다. 아래에서는 대법원 종합법률정보를 사용하여 역으로 검색한 판례의 내용을 통해 이 점을 검토해 보고자 한다.

대상판결을 검색하여 보면, 참조판례로 대법원 1995. 11. 24. 선고 95도2218 판결을 언급하고 있는데 이 판결도 사회통념상 가벌성을 언급하고 있다. 이 판결의 사실관계를 보면, 근로자의 행위가 해고 사유에는 해당하는데, 관련 규정이 정한 인사위원회의 의결을 거치지 아니하여 해고의 효력을 인정할 수 없었던 사안이었다. 여기서 대법원은 사용자가 근로자에게 부당한 징벌을 가할 의사로 징벌의 절차를 의도적으로 무시하였다고 보기는 어렵고, 오히려 사용자가 근로자에 대하여 징계해고를 할 만한 정당한 이유가 있다고 판단한 것이 무리가 아니며 이런 때에는 사용자에게 근로기준법 제27조 제1항을 위반하여 정당한 이유 없이 근로자를 해고한다는 인식, 즉 고의가 있다고 볼 수 없다고 판단했다.

다시 위 판결이 참조판례로 언급하고 있는 대법원 1994. 6. 14. 선고 93도3128 판결도 사회통념상 가벌성이라는 표현을 사용하고 있는데 그 내용을 보면, 택시운전을 하는 근로자에 대해 배차중지를 하면서 소정의 징계절차를 거치지 아니한 경우였다.[9] 판례검색에 의하면 바로 이 대법원 판례에서 최초로 사회통념상 가벌성이라는 표현이 등장한다. 그런데 대법원이 무죄의 취지로 항소심 판결을 파기하면서 정확하게 범죄 성립의 어떤 요건을 조각했는지 밝히지 않고 있다. 다만 판결이유에 "피고인이 부당한 징벌을 할 의사로 소정의 징계절차를 의도적으로 무시하였다고 단정할 수는 없는 것"이라는 표현을 사용하고 있는 것에 비추어 보면 사용자의 고의를 조각할 수 있다는 취지로 해석할 여지가 높다.

대법원 1994. 6. 14. 선고 93도3128 판결 검색 결과가 참조판결로 언급하는 대법원 1994. 5. 27. 선고 93도3377 판결을 검토하면 이 점이 보다 명확해 진다. 이 사건은 파업기간 중 민·형사 사건에 계류된 자 등에 대하여 불이익이 없도록 하고, 불법행위자라도 형사처분 후 복직시키기로 하는 면책약정이 있는데도 관련 근로자를 해고한 사안인데 대법원은 면책약정이 근로자가 근무하던 특정 사업장에 적용되는지 여부가 불분명한 상황에서 이뤄진 해고는 형사처벌의 대상이 될 수 없다고 판단했다. 판결서엔 "어떤 징계사유가 존재하고 당시 사정으로 보아 사용자가 당해 징계처분을 할 만

---

9) 이 사건은 퇴직 직전 퇴직금을 높이기 위해 택시요금미터기를 조작하였다는 의심을 받은 근로자를 해고한 사안인데 항소심 법원은 퇴직을 앞두고 퇴직금을 높이기 위한 수단으로 택시미터기를 조작하였을지도 모른다는 의심이 들기는 하나 이에 대한 뚜렷한 증거가 없는 상황에서 소정의 징계절차를 무시한 채 배차중지를 지시함으로써 실질적으로 정직처분을 내린 것은 정당한 이유가 있는 징계처분이라고 할 수 없어, 사용자의 행위는 형사처벌의 대상이 된다고 판단했다. 그러나 대법원은 사용자가 배차중지 조치를 징계로서가 아니라 인사조치의 일환으로 인식한 것으로 볼 여지가 있고, 사용자가 취한 배차중지 조치가 결과적으로 징계의 일종인 취업정지의 성격을 띤다 하더라도 사용자가 부당한 징벌을 할 의사로 소정의 징계절차를 의도적으로 무시하였다고 단정할 수는 없으며 또, 미터기 조작여부를 확증함이 기술적으로 쉽지 아니한 점에 비추어 보면, 사회통념상 사용자의 회사 경영상의 필요나 업무수행을 위한 징벌권의 범위를 벗어나지 아니한 것으로 볼 여지가 없다고 할 수 없다고 했다. 결론적으로 항소심 판시와 같이 근로자가 미터기를 조작하였다는 뚜렷한 증거가 없다는 점을 들어 사용자의 징계행위를 사회통념상 가벌성이 있는 것으로 평가하여 형사범죄가 성립하는 것으로 단정하여서는 아니 된다고 했다.

한 정당한 이유가 있다고 판단한 것이 무리가 아니었다고 인정되는 경우에는 설사 그 징계처분이 사후에 사법절차에서 정당한 사유가 없는 것으로 인정되어 무효로 되었다 하더라도 사용자에게 근로기준법 제27조 제1항을 위반하여 정당한 이유 없이 근로자에 대하여 해고 등의 불이익처분을 한다는 인식 즉 고의를 인정할 수 없다."라는 표현이 등장하는데 여기선 명백하게 고의를 조각한다는 논리를 폈다. 이렇게 사회통념상 가벌성이란 요건이 등장하는 전후 판례의 문맥을 고려하여 보면 사회통념상 가벌성이란 고의를 조각하는 기능을 하는 것으로 보인다.

노동사건 관련 판례는 아니지만, 대법원 1994. 6. 14. 선고 93도3128 판결 검색결과에서 참조판례로 언급하는 대법원 1992. 10. 13. 선고 92도1046 판결을 살펴보면, 부동산 매도인인 피고인이 당초계약의 내용에 없는 새로운 요구조건을 내세우는 매수인에게 계약을 이행할 의사가 없는 것으로 판단한 것이 무리가 아니라고 보이므로 계약이 적법하게 해제되었는지 여부에 관계없이 매매목적 부동산에 관하여 제3자 앞으로 가등기를 경료한 피고인에게 배임의 범의가 없다고 판단하고 있는데 역시 고의를 조각하는 선례였다. 계속 참조판례를 찾다보면 마지막에 대법원 1974. 11. 12. 선고 74도2676 판결이 검색된다. 이 판례는 향토예비군설치법위반 사례이다. 내용을 살펴보면, 주민등록법 제17조의 7에 의하여 주민등록지를 공법관계에 있어서의 주소로 볼 것이므로 주민등록지를 이전한 이상 향토예비군설치법 제3조 제4항, 동법시행령 제22조 제1항 4호에 의하여 대원신고를 하여야 하나 이미 주거를 이동하고 같은 주소에 대원신고를 하였던 터이므로 피고인이 재차 동일

주소에 대원신고(주소이동)를 아니하였음이 향토예비군설치법 제15조 제6항에 말한 정당한 사유가 있다고 오인한데서 나온 행위였다면 이는 법률착오로서 고의를 조각한다는 것이다. 마지막으로 검색된 판례는 법률착오라는 표현을 사용하고 있다.

사회통념상 가벌성 이론을 위 1974년 판결과 연결을 짓자면 결국, 사회통념상 가벌성 이론은 어떤 경우에는 형법학에서 말하는 법률의 착오 문제로 해결하여야 하는 사안이 아닌가 싶다. 형법 제16조는 자기의 행위가 법령에 의하여 죄가 되지 아니하는 것으로 오인한 행위는 그 오인에 정당한 이유가 있는 때에 한하여 벌하지 아니한다고 규정하고 있는데 이 규정을 두고 형법학자들은 위법성의 착오는 그 착오에 정당한 이유가 있으면 책임을 조각하는 것이고 정당한 이유는 회피가능성의 판단문제라고 해석한다.[10] 그러나 판례는 제16조의 적용을 책임문제로 보지 않고 고의를 조각하는 것으로 해석한다. 이것은 위 1974년 판례에 잘 나타나 있다. 앞에서 역추적한 판례 중 노동사건만을 다시 상기하여 보면, 모두 사용자가 근로자를 해고하면서 해고가 위법성이 없는, 즉 근로기준법상 정당한 이유가 있는 해고라고 인식한 경우이다. 그러나 구체적으로 2건은 규정된 해고절차를 이행하지 아니한 위법이 있고 나머지 1건은 면책약정을 이행하지 아니한 위법[11]이 있다. 이러한 위법성 인식에 대하여 형법 제16조가 정한 정당한 이유가 있는 것이면 법률의 착오로 보아 면책을 하면 되는 것이고 그렇지

---

10) 안성조, 『형법상 법률의 착오론』, 경인문화사, 2006, 198쪽~207쪽 참조; 이재상, 『형법총론』(제5판), 박영사, 2008, 332쪽~333쪽; 최상욱, 『형법총론』, 강원대학교출판부, 2007, 149쪽.

11) 이 건에 대해선 애초 면책약정의 효력범위에 해당하지 않는다는 판단도 가능하다.

않다면 형사처벌을 하면 되는 것이다.

이렇듯 사회통념상 가벌성을 적용하여 면책한 사례는 형법 제16조의 법률의 착오이론을 적용하여 해결할 수 있다. 그렇다면 대상판결과 같이 굳이 노동형사 사건에 사용자를 면책하는 별도의 법 이론이 있는 것처럼 용어를 사용하는 것은 타당하지 않다고 생각한다.

4. 불이익취급의 부당노동행위 의사와 구 노동조합 및 노동 관계조정법 위반죄

대상판결이나 항소심 판결이 정확히 부당노동행위의 성립요건 중 어떤 점을 인정하지 않았는지 정확히 밝히지는 않지만 "노조활동을 구실로 삼아"라는 항소심 판결서의 표현을 고려하여 보면, 아마도 부당노동행위 의사를 인정하지 않는 방식으로 무죄취지의 판결을 한 것으로 판단된다.

불이익취급의 부당노동행위 의사와 관련하여 이것을 인과관계론과 연결하여 이해하려는 의견이 있는데 통상 알려진 인과관계론과는 내용상 거리가 있다. 사용자의 불이익처분은 근로자의 조합활동을 이유로 한 경우여야 하는데 이것을 종래에는 조합활동과 불이익처분 사이에 인과관계가 있어야 한다고 해석하면서 불이익처분이 사용자의 반조합적 의사 즉, 반조합적 결과에 대한 주관적 동기 내지 의도에 기초한 것일 때 부당노동행위가 성립한다는 주관적 인과관계설과 불이익취급의 이유로 사용자가 인식한 사실이 객관적으로 정당한 조합활동이면 부당노동행위가 성립한다는 객관적

인과관계설이 대립하는 것처럼 언급하였다.[12] 그런데 이 문제는 사실 인과관계의 문제가 아니라 사용자의 부당노동행위 의사 인정의 문제이다. 부당노동행위에 대한 형사처벌과 관련하여 이 문제를 생각해 보면, 형법에서 인과관계라고 말할 때는 구성요건에 해당하는 행위와 그 결과 사이의 관련성을 의미한다.[13] 살인죄에서 구성요건에 해당하는 행위는 살인행위이고 그 결과는 사망이다. 살인행위를 하여 사망의 결과가 발생하면 기수이고 미수에 그치면 살인미수로 처벌한다. 불이익취급의 부당노동행위에 이 논리를 그대로 적용하면 사용자의 해고 행위가 구성요건에 해당하는 행위이고 해고라는 불이익취급이 그 결과이다. 따라서 인과관계 문제는 사용자의 해고행위와 해고라는 불이익한 결과 사이에 관련성이 있는지를 검토하는 문제다. 해고는 사용자의 일방적인 의사표시로 이뤄지는 법률행위이기 때문에 해고 즉시 해고의 효과, 즉 근로관계의 종료라는 결과가 발생한다. 따라서 인과관계의 문제가 발생할 여지는 거의 없다. 인과관계에 장애가 생기는 경우를 인과관계의 착오라고 하는데 교과적인 예를 들면, C가 살인의 고의로 D의 머리를 도끼로 때렸는데 D는 C가 예상한 것처럼 두개골파열로 사망하지 않고 상처의 감염으로 인해 사망한 경우이다.[14] 앞서 언급한 것처럼 부당노동행위에서 사용자가 근로자를 해고했는데 해고가 되지 않는 경우는 상정할 수 없다. 결국 부당노동행위에서 인과관계를 언급하는 것은 큰 의미가 없다.

---

12) 김유성, 『노동법 Ⅱ』(전정판증보), 법문사, 2001, 322쪽~323쪽: 김형배, 『노동법』(신판 제4판), 박영사, 2008, 940쪽~942쪽.

13) 이재상, 『형법총론』(제5판), 박영사, 2008, 134쪽.

14) 이재상, 『형법총론』(제5판), 박영사, 2008, 179쪽.

종래의 학설은 부당노동행위의 의사를 추정하는 방식에 관한 논의로 보는 것이 옳다고 생각한다. 그렇다면 용어도 주관설과 객관설로 부르는 것이 오해를 피할 수 있는 방법일 수 있다. 물론 이런 경우에도 문제는 있다. 왜냐하면 부당노동행위는 형사처벌을 수반하는 고의범죄인데, 객관설처럼 사용자의 고의의 존재 여부를 묻지 않고 부당노동행위를 인정할 수는 없기 때문이다. 필자가 보기엔 부당노동행위 의사의 추정은 노사관계 전반에 걸쳐 일어나는 각종 사실들을 종합하여 인정할 수밖에 없기 때문에 위와 같은 이론전개 자체가 필요 없는 것 같다.[15] 정당한 쟁의행위를 위법한 쟁의행위라고 오신한 채 불이익취급을 한 것처럼 사용자의 잘못된 위법성 인식에 대한 평가는 법률의 착오로서 해결될 문제다.

이렇게 본다면 대상판결 중 불이익취급에 대한 쟁점도 사용자의 부당노동행위 의사를 인정할 수 있느냐 여부, 달리 표현하면 주관적 구성요건요소인 고의의 인정여부로 모아지게 된다.

V. 사안에 대한 법원의 판단 평가

1. 乙, 丙, 丁, 戊에 대한 전직 등에 대한 평가의 한계

사안은 부당해고의 구 근로기준법위반죄와 불이익취급의 부당노동행위와 지배·개입의 부당노동행위가 문제되고 있는데 그중에서

---

15) 같은 의견으로 임종률, 『노동법』(제7판), 박영사, 2008, 268쪽~270쪽.

乙, 丙, 丁, 戊에 대한 2003. 11. 1.자 각 전직 및 丁, 戊에 대한 각 해고에 대한 자세한 사실관계가 판결서에 나타나 있지 않기 때문에 평가에 한계가 있다. 이들의 전직에 대해 사용자는 회사의 전체적인 구조조정의 틀 안에서 이루어진 통상의 인사발령에 불과하다는 주장을 한 것으로 보이는데, 이러한 주장의 타당성을 검토하려면 구조조정의 전체적인 모양새가 어떤 것이었는지 새롭게 배치된 부서의 업무는 종전 업무와 어떻게 다른지, 乙, 丙, 丁, 戊에 대한 인사발령은 회사의 종전 인사발령 관행에 비추어 매우 이례적인 것은 아니었는지 살펴보아야 하는데 원심을 비롯한 대법원의 판결서에는 이것에 대한 정보를 전혀 제공하여 주지 않고 있다. 이런 상황에서 원심판결은 乙, 丙, 丁, 戊의 전환배치는 해당 부서장의 요청 때문에 이루어졌으며 이후 맡게 된 업무가 이전의 업무에 비하여 특별히 불이익하지도 아니하다는 사실인정 및 판단을 하였고 나아가 丁과 戊는 전환배치 후에도 근무를 태만히 하였기 때문에 정당하게 해고된 것이라는 판단을 하고 있어서 평자의 입장에선 이 부분에 대해서 곧바로 원심 혹은 대법원이 그릇 판단했다고 타박하기 어려운 한계가 있다.

그렇다고 해도 이 부분에 대한 사실인정 및 판단을 그대로 놔둔 채 평석을 할 수는 없고 여기서는 한 가지만 언급하고 싶다. 원심 판결서를 보면 피고인(사용자) 측 증인으로 항소심에서 회사의 중간관리자가 증언을 한 것으로 보이고 원심은 이 사람의 진술에 크게 의존하여 사업장의 노사관계 현황, 배치전환의 계기나 통상의 관행, 乙, 丙, 丁, 戊의 업무수행 태도 등을 평가한 것처럼 느껴진다. 반면, 피고인 측 증인의 진술을 탄핵하기 위해 공판검사가 추가적인 증거신청을 한 것으로 보이지 않는다. 만일 이 사건이 乙, 丙, 丁, 戊의 해고나 배치전환의 당부를 다투는 민사소송 혹은 행정소송이었다면 소송의 당사자로 혹은 직접적인 이해관계가 있는 참가인으로 乙 등은 적극적으로 상대방 증인의 증언을 탄핵했을 것이다. 이러한 공격과 방어의 대심논리가 적절하게 실현되지 못했던 것처럼 느껴지는 형사 항소심 재판의 구조는 이 사건을 대하면서 감안하여야 할 요소인 것 같다.

2. 甲의 해고에 대한 판단 평가[16]

甲에 대한 해고는 구 근로기준법위반과 불이익취급의 부당노동행위라는 두 가지 문제가 겹쳐 있다. 근로기준법위반이 성립되지 않는다면 불이익취급도 인정하기 어렵게 되기 때문에 쟁점은 결국 근로기준법위반이다.

甲의 해고에 대한 항소심 판결서의 판단을 읽어보면 사용자의 징계권 남용이 문제될 수 있는 것이 아닌가 하는 의문이 든다. 항소심이 문제 삼고 있는 비위행위는 크게 두 가지인데 하나는 해고의 징계를 하기 3년쯤 발생한 사건이다. 3년 전에 발생한 비위행위란, 원자재구매 부서에서 일을 하면서 재고를 조사하다보니 장부상 기재되어 있는 자재의 수보다 실제 보관하고 있는 재고의 수가 적자 甲이 수완을 발휘해서 해당 자재를 채워 넣었는데 장부에 기재된 자재보다 더 많은 원자재를 받아서 남는 자재를 처분한 것이

---

16) 앞서 언급한 이유 때문에 乙, 丙, 丁, 戊에 대한 전직 혹은 해고에 대해선 평석의 대상에서 제외했다.

다. 甲의 행위는 물론 적법하고 적절한 행위라고는 말할 수 없으며 가장 신뢰에 적합하게 행동한다면 정직하게 부족한 자재의 양을 인정해야 할 것이다.

두 번째 징계사유인 3년 뒤에 벌어진 사건도 역시 비슷한 맥락에서 이뤄지고 있는데 이번에는 동료의 부탁으로 전산에 기재된 재고보다 1대 더 남은 모델의 컴퓨터를 팔고 그 돈으로 전산에 기재된 재고보다 1대가 적은 다른 모델의 컴퓨터를 구매해서 숫자를 맞추었는데 그 과정에서 차액 40만원을 횡령한 것이다. 이 경우도 甲의 행위가 적법하고 적절하다고 말할 수 없다. 원칙에 따른 업무처리를 하고자 했다면 동료의 부탁을 거절했어야 했다.

그러나 사건의 경위를 보면 甲이 애초에 사익을 취하기 위해 자재를 구하거나 처분한 것이 아니고 비위행위의 내용 중 1건은 3년 전에 이미 면책하기로 정리한 것이다. 그렇다면 장부와 실재고의 수를 맞추다보니 생긴 차액을 1회 취한 것을 문제 삼아 해고라는 가장 중한 징계를 한 것은 지나치다는 느낌이 든다. 이런 징계권 남용사례에 대해서 대상판결은 사회통념상 가벌성이 없다는 판단을 한 것이다. 그런데 앞서 언급한 것처럼 판례의 사회통념상 가벌성 이론은 형법에서 말하는 법률의 착오이론이 적용될 여지가 많은 경우에 쓰인다. 법률의 착오이론에 따르면 사용자가 면책이 되려면 자신의 행위가 정당한 이유가 있는 해고라고 그릇 인식했어야 하고 그러한 인식에 정당한 이유가 있어야 한다. 그런데 대법원은 법률의 착오이론을 적용하여 무죄를 선고하는 것에 극히 소극적이다. 안성조 박사의 연구에 의하면 1948년 이승만 정부수립 이후부터 2006년 노무현 정부시기까지 법률의 착오를 인정해서 무죄를 선고한 대법원 사건은 15건에 불과하고 김대중, 노무현 정부 시기에는 1건의 무죄취지 대법원 판결도 없었다고 한다.[17] 이와 같은 대법원 판례의 완강한 태도를 이 사건에 적용하면 피고인이 법률의 착오를 주장하여 면책 받는 것은 하늘의 별따기 만큼이나 어려울 수 있다. 법률의 착오에서 말하는 정당한 사유는 신중한 자기 판단이나 변호사 등 외부 전문가에게 성실한 조회를 하였는지 등을 기준으로 판단하는데 판결서에는 그런 정황이 전혀 나타나 있지 않다. 이것은 애초 피고인이 방어논리를 펴면서 법률의 착오이론 원용하지 않았기 때문이라고 생각되는데 설혹 법률의 착오라는 논리를 주장했더라도 판결서에 나타난 정황에 비추어 보면 외부의 전문적 법률자문을 받은 것 같지는 않고 따라서 법률의 착오를 주장해서는 면책될 여지가 매우 적다.

이렇게 사회통념상 가벌성이라는 개념은 실질적으론 정당행위 혹은 법률의 착오의 내용을 갖고 있으면서도 기존의 대법원 판례가 법률의 착오이론을 매우 소극적으로 적용한 탓에 노동형사 사건에서 사용자를 면책할 수 없게 되는 상황을 타개하는 탈출구 역할을 하고 있는 것처럼 느껴진다. 법률의 착오이론을 소극적으로 적용해 온 대법원 판례의 태도를 검토하는 것은 별개의 논의가 될 수밖에 없지만 하필이면 그 적용의 완화를 노사 당사자가 극명하게 대립하는 구도에서 벌어지는 사용자를 면책하는 데 사용하는 것은 자칫 형평성 시비를 불러일으킬 여지가 많다고 생각한다.

이처럼 사용자에 대해 구 근로기준법위반죄를 인정할 수 있고 여기에 해고 당시 노사관계의 진행상황을 고려한다면 해고가 단순

17) 안성조, 『형법상 법률의 착오론』, 경인문화사, 2006, 219쪽~227쪽 참조.

히 근로자의 비위행위만을 탓하면서 이뤄졌다고 선뜻 납득하기 어려운 점이 있다. 그렇다면 이처럼 경한 징계를 하여야 함에도 해고라는 가장 중한 징계를 한 양정판단에서 부당노동행위 의사를 읽을 수는 없는 것일까?

3. 지배·개입의 부당노동행위에 대한 판단 평가

사용자가 회사 홈페이지에 글을 게시하고, 노동조합이나 조합원들에 대해 폭언 등을 하고, 조합원으로부터 노동조합탈퇴서를 받아 이를 노동조합에 제출한 행위에서는 더욱 사용자의 부당노동행위 의사를 강하게 추정할 수 있다. 사용자도 언론의 자유를 갖는 것이어서 파업에 대한 자신의 의견을 밝힐 수 있는 것은 당연하지만, 그 자유도 근로자 혹은 노동조합의 근로3권을 침해하지 않는 범위 내에서 이뤄져야 한다. 파업이란 것이 어차피 노사 당사자의 대립을 전제로 한 현상이기 때문에 사용자가 파업에 반대하고 그 정당성이 없다는 취지의 주장을 하는 것은 피할 수 없어 보이지만 파업을 언급하면서 "노조의 진정한 의도가 무엇이냐?, 이참에 빨리 망하자는 거냐?, 불참하는 조합원을 왕따를 시키는 분위기를 조성하느냐?"는 등의 언사는 비록 전체의 내용 중 다른 부분에서 노조의 파업 자제를 완곡하게 부탁하는 문구가 있더라도 쉽게 정당화되기는 어렵다고 생각한다. 사용자의 언론은 파업에 대한 자신의 입장을 설명하는 것에 그쳐야지 노동조합과 조합원을 위협하는 수준에 이르러서는 아니 된다. A회사에서 발표한 성명서는 이미 노조의 부지회장 뛰을 해고한 상태에서 이뤄진 것으로 당시 상황을 입체적으로 고려하여 보면, 회사의 성명서는 단순히 조합원에 대한 간곡한 평화적 설득이라기보다는 파업을 중단하지 않으면 중대한 불이익을 주겠다는 강력한 암시로 들릴 수 있다.

　노조분회장 乙의 근무부서에서 집기를 던지며 조합원에게 폭언을 한 행위는 항소심의 판단처럼 "단순히 화가 나서 한 행동일 뿐"이라고 평가절하 할 내용이 아니다. 노조부분회장 甲이 40만원을 횡령했다는 이유로 해고가 되었고 노조는 파업에 돌입한 상태에서 사용자는 노조를 비난하는 성명을 내고 있다. 이런 상황에서 노조집행부 핵심 중의 핵심인 노조분회장이 있는 사무실에 들어가 평화적 설득이 아니라 집기를 집어던지는 폭력을 휘두르며 "민주노총이 밥 먹여 주냐, 병신들 조합비 2만 원씩 낸 거 어디다 쓰는지 아느냐?"는 등의 폭언을 한 것은 지배·개입 부당노동행위의 전형이 아닌가 한다. 화가 나서 사람을 때리면 폭력이 아니 되고 욕을 하면 모욕이나 명예훼손이 되지 않는 것이 아니다. 화가 나서 그런 행동을 했다는 것은 행위의 동기에 불과하며 화가 났다고 해서 그러한 행위가 노동조합의 활동을 위축시키는 행동이라는 인식이 없어지는 것도 아니다. 화가 나서 사람을 때려도 상대방이 맞는다는 것, 신체에 대해 유형력을 행사하고 있다는 사실은 인식하기 때문에 처벌이 가능한 것이다. 노조분회장이 일하는 부서에 회사의 대표가 들어와 위와 같은 행동을 하면 조합원들은 물론 비조합원들도 심리적으로 위축될 수밖에 없다. 계속 노동조합활동을 하면 어떤 불이익을 받을지 조합원들이 충분히 인식을 할 수 있는 사건이 벌어진 것이다. 사용자의 폭력과 욕설행위는 부당노동행위

의사를 무난하게 인정할 수 있는 부분이다.

2003. 11. 3.부터 같은 달 8. 사이에 조합원들은 인사총무팀을 통하여 노동조합에 노동조합 탈퇴서를 제출했다. 조합원들이 노동조합을 탈퇴하는 것은 조합원의 자유인데 여기서 문제는 탈퇴과정에 회사의 인사총무팀이 관여하고 있다는 것이다. 노조탈퇴는 형성권의 행사로서 탈퇴의 의사를 표시하면 곧바로 탈퇴의 효력이 발생한다. 이렇게 쉬운 것이 노조탈퇴다. 그런데도 노동조합의 조합원들은 특정시기에 집중적으로 인사총무팀 팩스를 사용해서 노조탈퇴서를 본조에 제출했다. 여기서 더 규명되어야 할 것은 어떤 연유로 인사총무팀의 팩스가 사용되었으며 노조탈퇴서를 인사총무팀이 주도적으로 수합한 것은 아닌가 여부다. 만일, 노조탈퇴과정에서 회사 중간관리자의 압력이 있었다면 이 또한 전형적인 지배·개입의 부당노동행위이기 때문이다. 판결서에는 이 부분에 대하여 아무런 언급이 없다. 노조탈퇴서를 낼 당시의 상황은 노조부분회장 甲이 해고되고 회사의 대표자가 노조분회장 乙의 근무부서에서 집기를 던지며 조합원에 폭언을 하였고 노조분회장 乙, 노조분회 대의원 丙, 노조분회 부대의원 丁, 노조분회 부분회장 戊가 타 부서로 전보된 상태였다. 인사총무팀의 관여 여부가 좀 더 소상하게 규명된다면 판결의 결론이 달라질 수 있는 여지가 있어 보인다.

Ⅵ. 결론

대상판결과 항소심 판결이 언급하는 사건의 추이는 통상 노동조합을 와해할 때 벌어지는 노동현장의 상황과 매우 유사한 면이 없지 않다. 그런데 항소심 법원과 대법원은 노조 핵심간부들에 대해 이뤄진 해고와 배치전환이 모두 사회통념상 가벌성이 없는 행위이고 부당노동행위도 아니라고 판단했고 나아가 조합원들이 노조를 탈퇴하는 상황에서 사용자가 폭행과 욕설을 하는 행위도 부당노동행위가 아니라고 보았다. 그런데 구 근로기준법위반의 행위에 대해 법률의 착오이론을 적용한다면 형사 면책받기 어려운 점이 있다. 정당행위이론으로 사용자의 행위를 평가해도 문제가 되는 사용자의 행위가 모두 면책되기는 어려울 것 같다. 그렇게 본다면, 노동형사 사건에서 사회통념상 가벌성이란 개념은 형법이 이런 경우에만 형사 면책을 허용할 수 있다고 정한 틀을 깨고 사용자를 널리 면책하려는 초법규적 도구라는 비난을 면하기 어렵게 된다. 여기서 더 나아가 사회통념상 가벌성이라는 개념은 노사의 실질적 대등성을 사법적으로 파괴하는 도구가 될 수 있다는 비판도 가능하다. 종전의 여러 판례에서 확인할 수 있는 것처럼 사용자의 해고가 민사적으로 부당하다고 해서 형사적으로 유죄판결을 하기에는 어려운 경우가 있을 수 있다. 이런 때에는 정당행위 혹은 법률의 착오이론을 유연하게 해석하여 면책의 길을 여는 것이 법질서 전체의 통일적 운용과 해석을 제고하면서 구체적으로 타당한 판결을 할 수 있는 방법일 것이다. 사회통념상 가벌성 이론은 더 이상 사용할 필요가 없다.

11

위장도급의 판단방식

대상판결: 대법원 2008. 7. 10. 선고 2005다75088 판결

I. 대상판결의 개요

1. 사실관계의 요지

원고들이 소속된 용인기업은 약 25년간 오직 피고회사(주식회사 현대미포조선)로부터 선박엔진 열교환기, 시 밸브(Sea Valve), 세이프티 밸브(Safety Valve)의 검사·수리 등의 업무를 수급인 자격으로 수행하여 오다가 2003. 1. 31.경 폐업하였다.

피고회사는 용인기업이 모집해 온 근로자에 대하여 피고회사가 요구하는 기능시험을 실시한 다음, 그 채용 여부를 결정하였고 그 시험합격자에게만 피고회사가 직접 지급하는 수당을 수령할 자격을 부여하였으며 용인기업 소속의 근로자들에 대하여 징계를 요구하거나 승진대상자 명단을 통보하기도 했다.

피고회사는 원고들의 출근, 조퇴, 휴가, 연장근무, 근로시간, 근무태도 등을 점검하고 원고들이 수행할 작업량과 작업방법, 작업순서, 업무협력방안을 결정하여 원고들을 직접 지휘하거나 또는 용인기업 소속 책임자를 통하여 원고들에게 구체적인 작업지시를 하였으며 용인기업이 당초 수급한 업무 외에도 원고들로 하여금 피고회사 소속 부서의 업무를 수행하게 하거나 용인기업의 작업물량이 없을 때에는 교육, 사업장 정리, 타 부서 업무지원 등의 명목으로 원고들에게 매월 일정 수준 이상의 소득을 보장하였다.

용인기업은 원칙적으로 수급한 물량에 대하여 시간단위의 작업량 단가로 선정된 금액을 피고회사로부터 수령하였지만 피고회사는 용인기업 소속근로자들이 선박수리와 직접적인 관련이 없는 피고회사의 다른 부서 업무지원, 안전교육 및 직무교육 등에 종사하는 경우 이에 대한 보수도 산정하여 그 지급액을 결정하였을 뿐만 아니라, 원고들에게 상여금, 퇴직금 등의 수당을 직접 지급하였다. 한편 용인기업에 대한 작업량 단가는 피고회사 소속근로자(이른바 직영근로자)로 조직된 현대미포조선 노동조합과 피고회사 사이에 체결된 임금협약 결과에 따라 결정되었으며 원고들의 퇴직금이나 건강보험 등 사회보험료 역시 피고회사가 기성대금과 함께 지급하였다.

용인기업은 사업자등록 명의를 가지고 소속근로자들에 대한 근로소득세 원천징수, 소득신고, 회계장부 기장 등의 사무를 처리하였으나 이러한 사무는 피고 회사가 제공하는 사무실에서 이루어졌을 뿐만 아니라 용인기업은 독자적인 장비를 보유하지 않았으며 소속근로자의 교육 및 훈련 등에 필요한 사업경영상 독립적인 물적 시설을 갖추지 못하였다.

이러한 상황에서 용인기업이 폐업을 하고 원고들도 폐업을 이유로 해고가 되자 2003. 3. 27. 울산지방법원에 원고들이 피고회사의 종업원의 지위에 있음을 확인하여 달라는 소송을 제기하였고 1심은 2004. 5. 20. 원고 패소판결[1]을 하였고 이에 원고들은 항소하였다.

2. 항소심 판결[2]의 요지[3]

항소심 법원은 대법원과는 다른 사실관계에 초점을 맞추어 이 사건을 바라보고 있는 것으로 보인다. 항소심법원은 다음과 같이 하나의 긴 문장으로 사실관계를 요약하고 있다. 피고회사와 용인기업 사이의 관계는 도급계약을 기초로 하여 정해져 있고 서로 회계나 재산관계가 혼동되지 않으며 지배구조와 관련이 없는 별개의 사업자인 점, A는 용인기업의 경영권을 가지고 피고회사의 관여가 있다고 하더라도 원고들에 대한 채용, 근로조건의 결정, 인사배치, 작업현장에서의 지시권, 해고의 권한을 실질적으로 보유하고 있었으며 그 이름으로 원고들에게 임금을 지급해 왔고 최종적으로 용인기업의 폐업까지 스스로 결정한 점, 용인기업[4]이 피고회사로부터 원고들에게 지급한 수당, 상여금, 퇴직금 등을 실제 발생된 비용 범위

---

1) 울산지방법원 2004. 5. 20. 선고 2003가합987 판결.

2) 부산고등법원 2005. 11. 9. 선고 2004나9787 판결.

3) 대법원의 판결문을 보면 항소심이 인정한 사실관계에 덧붙여 추가적인 사실을 인정하지 않은 것으로 판단되지만 항소심 판결문을 보면 대법원의 판결문에는 구체적으로 나타나 있지 않은 다른 사실관계를 강조하고 있다.

4) 판결원문은 용인기업이 아니라 용인기업의 대표자 개인(A)의 이름을 기재하고 있으나 평석의 편리를 위하여 특별한 사정이 없으며 대표자 개인보다는 용인기업으로 통일하여 표기했다.

내에서 지급받아 같은 금액을 원고들에게 지급하기는 하였으나 그 대가로 작업물량에 대한 계약단가를 낮게 책정함으로써 경제적으로 는 작업물량을 완성하여 지급받는 공사대금과 별 차이가 없었고, 기본적으로는 작업물량에 근거한 기성금을 피고회사로부터 지급받 았던 점, A는 피고회사로부터 지급받은 기성공사대금을 재원으로 나름대로의 체계와 관리기준에 따른 임금과 관리비용을 지출하고 그 나머지를 자신의 소득으로 하였는데, 이와 같은 A의 소득은 그 소속근로자들인 원고들에 대한 효율적인 인력관리와 기술훈련, 작 업개선을 통하여 변동이 생길 수 있었던 점, 원고들은 A를 고용주 로 인식하면서 근로계약을 체결하였고, 용인기업 내 독자적인 노동 조합을 결정하여 A와 근로조건에 대한 협상을 벌이기도 하였으며 A를 통하여 피고의 외주업체 전화시도를 막은 점 등에 비추어, 용 인기업을 형식적, 명목적 존재로 보기는 어렵고 오히려 경제활동적 인 측면에서나 그 지배구조, 의사결정의 구조상 피고회사로부터 독 자성이나 독립성을 가진 사용자라고 인정될 뿐이므로 원고들과 피 고회사 사이에 묵시적 근로계약관계가 성립되었다고 볼 수는 없다.

3. 대상판결의 요지

위와 같은 사실관계를 인정한 대법원은, 피고회사가 원고인 용인 기업 소속근로자들의 채용, 승진, 징계에 관하여 실질적인 권한을 행사하였고, 직접적으로 원고들에 대한 노무지휘감독권을 행사하였 을 뿐만 아니라 피고회사가 원고들의 임금 등 제반 근로조건에 대하여 실질적인 영향력을 행사하였다고 판단하였다. 나아가 용인기업은 소속근로자의 교육 및 훈련에 필요한 사업경영상의 독립적인 물적 시설도 갖추지 못하고 있다고 판단하면서 용인기업은 형식적으로는 피고회사와 도급계약을 체결하고 소속근로자들인 원고들로부터 노무를 제공받아 자신의 사업을 수행한 것과 같은 외관을 갖추었다고 하더라도 실질적으로는 업무수행의 독자성이나 사업경영의 독립성을 갖추지 못한 채, 피고회사의 일개 사업부서로서 기능하거나 노무대행기관의 역할을 수행하였을 뿐이고, 오히려 피고회사가 원고들로부터 송속적인 관계에서 근로를 제공받고 임금을 포함한 제반 근로조건을 정하였다고 봄이 상당하므로 원고들과 피고회사 사이에는 직접 피고회사가 원고들을 채용한 것과 같은 묵시적인 근로계약관계가 성립되어 있었다고 보는 것이 옳다고 결론지으면서 원심 판결을 취소하고 사건을 원심법원으로 환송하였다.[5]

II. 위장도급의 판단기준

1. 판례의 일반적 기준

대법원은 상고이유를 검토하면서 먼저 서울경기항운종합노동조합 사건(대법원 1999. 11. 12. 선고 97누19946 판결)의 이유에서 언급한 일반적인 기준을 다시 소개하고 있다. 즉, 원고용주에게 고

---

5) 현재 이 사건은 부산고등법원 제4 민사부(2008나10365)에 배당되어 심리 중에 있다.

용되어 제3자의 사업장에서 제3자의 업무에 종사하는 자를 제3자의 근로자라고 할 수 있으려면 원고용주는 사업주로서의 독자성이 없거나 독립성을 결하여 제3자의 노무대행기관과 동일시할 수 있는 등 그 존재가 형식적, 명목적인 것에 지나지 아니하고, 사실상 당해 피고용인은 제3자와 종속적인 관계에 있으며, 실질적으로 임금을 지급하는 자도 제3자이고, 또 근로제공의 상대방도 제3자이어서 당해 피고용인과 제3자 간에 묵시적 근로계약관계가 성립되어 있다고 평가될 수 있어야 한다는 것이다. 위 사건은 원고인 서울경기항운종합노동조합이 경기화학공업주식회사의 부당노동행위를 주장하며 피고 중앙노동위원회의 재심판정의 취소를 구하는 소송을 제기한 것인데 경기화학공업주식회사의 용역업체 소속근로자들에 대하여 경기화학공업주식회사의 사용자성을 부정한 사례이다. 반면, 같은 기준을 판단의 전제로 내세운 이 사건에서는 인사이트코리아 사건(대법원 2003. 9. 23. 선고 2003두3420 판결)6)을 참조판례로 추가인용하면서 원고승소판결을 한 것이다.

2. 기준검토의 고려요소

대법원이 대상판결에서 언급한 기준을 분석하여 보면 원청업체와 하청업체 근로자 간에 묵시적 근로계약관계를 인정하기 위해서는 ① 하청업체의 사업주로서 독자성 결여, ② 근로자들의 원청업체에 대한 종속관계, ③ 원청업체의 임금지급의 주체성, ④ 근로제

---

6) 이 사건에 대한 평석으로는 강기탁, "위장도급과 근로관계", 『2003년 노동판례비평』, 민주사회를위한변호사모임, 2004, 208쪽 이하 참조.

공의 상대방으로서 원청업체 등이 인정되어야 한다. 반면 구체적인 사실관계를 다시 한 번 언급하면서 대법원이 검토한 요소를 분석하여 보면 ① 근로자에 대한 인사권, ② 노무지휘감독권, ③ 근로조건의 결정권, ④ 사업경영상의 물적 독립성 등을 고려하고 있다. 일반적인 기준과 구체적인 검토요소가 깔끔하게 매치되지는 않지만 결론적으로는 판례가 근로자성을 판단하는 사례에서 고려하는 각종 요소들이 어떤 사용자에 의하여 본질적으로 결정되는가에 따라 근로관계의 상대방을 결정한다고 볼 수 있다. 그런데 실제 사례에서 원청업체기 하청업체를 중간에 끼고 근로를 제공받고 임금을 지급하게 되면 원청업체의 결정권과 하청업체의 결정권이 명목상으로는 중첩될 수밖에 없는데 이런 경우에도 역시 양자가 갖는 결정권 중 어느 것이 근로관계의 핵심적 내용을 결정하는지 판단하여야 한다. 따라서 하청업체가 근로자에 대하여 어느 정도의 지휘감독을 할 수 있는 여지가 보인다고 하더라도 그것이 원청업체의 지휘감독권과 비교하여 크게 제한되어 있다면 단지 하청업체에 인정되는 권한이 있다는 사실만으로 원청업체에 대한 묵시적 근로계약관계를 곧바로 부인할 수는 없게 된다. 이런 측면에서 보면 대상판결의 하급심이 보여 준 태도는 하청업체에 인정되는 형식적인 권한에 초점을 맞추어 사안을 판단하고 있다는 느낌이 든다. 즉, 원청업체가 갖는 적극적인 권한에 대하여 판단하기보다는 그럼에도 불구하고 하청업체가 갖고 있을 수 있는 권한이나 이해관계를 더욱 강조하여 사안을 해결하려고 하였다. 그러나 하급심의 판단방식에 따르면 원청, 하청, 근로자라는 3면구조가 개입되는 사건에서는 거의 대부분 원청과 근로자 사이의 묵시적 근로계약관계를 부인할 수밖에 없는 결론에 이르게 된다. 왜냐하면 뒤에서 살펴보는 것처럼 하급심의 판단방식은 하청업체를 중간에 끼게 되면 당연히 따라오는 최소한의 표지들 혹은 원청업체가 소위 '위장도급'을 숨기기 위해 쉽게 만들 수 있는 표지들을 중시하여 이를 전거로 결론을 이끌고 있기 때문이다. 근로관계의 당사자는 이런 명목상의 표지들을 제거하고 남은 실질적 표지들을 분석하여 결정하여야 한다.

Ⅲ. 하급심이 보여 준 사실관계의 평가방식 검토

이 글은 대법원 판결을 평석의 대상으로 하지만 실제로는 하급심 판결의 태도를 분석하는 것에 실익이 있어 보인다.[7] 왜냐하면 이 사건의 하급심 판결을 살펴보면 재판부가 사실관계를 확정하면서 어떤 세부사실을 중시하여 사건을 '구성'하는가에 따라 판결의 방향이 어떻게 달라지는지 확인할 수 있기 때문이다. 대법원은 원심판결이 인정한 사실관계를 바탕으로 법리판단을 했음에도 불구하고 원심은 물론 1심과도 다른 결론을 내고 있다. 이런 결과는 사건을 재판부의 결론에 맞도록 구성하려는 항소심의 의지가 반영되었기 때문이라고 생각되는데 아래에서는 그 과정에서 실질적 표지를 놓치고 형식적 표지에 경도되어 있는 항소심의 판단을 검토하면서 사실 확정의 중요성을 다시 한 번 상기해 보고자 한다.

---

7) 하급심 판결을 본격적인 평석대상으로 삼은 것으로는 조임영, "위장도급의 판단기준과 그 적용", 『민주법학』(제31호), 2006, 민주주의법학연구회, 2006, 275쪽 이하 참조.

1. 계약서의 형식적 문언을 전제로 한 판단

항소심은 사건의 사실관계를 확정하기 위한 자료로 먼저 '도급계약조건'이라는 계약서를 사용하고 있다. 그러나 앞서 언급하였듯이 종이로 만든 계약서의 형식적 문언은 소위 위장도급을 감추기 위해서 얼마든지 법망을 피할 수 있는 방식으로 제작할 수 있다. 그러니 계약서 문언 중 도급계약으로 볼 수 있는 전형적 요소들이 들어있다는 점을 강조하게 되면 사실 확정의 초기 단계부터 형식적 표지에 매달리게 되어 사안을 정확히 파악할 수 없게 된다. 계약서를 중요한 증거로 참고하고자 한다면 오히려 계약서의 내용이 현실적으로 관철되고 있는가에 관하여 피고회사에 엄격한 증명을 요구하는 방식으로 쓰여야 할 것이다. 어차피 소송이 부당해고를 다투는 것이기 때문에 입증책임은 피고회사에 있으므로 이런 운영이 진실에 가까운 사실을 발견하는 적절한 방식일 것이다.

이런 이유 때문에 항소심법원은 피고회사와 용인기업 사이의 관계는 도급계약을 기초로 하여 정해져 있고 서로 회계나 재산관계가 혼동되지 않으며 지배구조와 관련이 없는 별개의 사업자라는 점을 강조하여 소위 위장도급이라는 원고의 주장을 배척하려고 하였다. 그러나 피고회사와 용인기업의 관계가 도급계약을 기초로 하여 정하여졌는가는 실제 운영방식을 검토하여 결정할 문제이지 도급계약서가 있으니 계약의 기초는 도급계약이라고 판단할 문제가 아니다. 그리고 중간의 하청을 끼고 운영을 하는 형태에선 당연히 형식적 실체를 가진 하청업체가 존재할 수밖에 없는데 이것을 오히려 원고들과 피고회사 간의 묵시적 근로계약관계를 부정하는 근거로 사용하는 것은 온당치 못하다.

2. 인사권 판단

  항소심은 A가 용인기업의 경영권을 가지고 원고들에 대한 채용, 근로조건의 결정, 인사배치, 작업현장에서의 지시권, 해고의 권한을 실질적으로 보유하고 있었으며 그 이름으로 원고들에게 임금을 지급해 왔고 최종적으로 용인기업의 폐업까지 스스로 결정하였다고 평가하였다. 그러나 항소심도 인정하듯 용인기업의 추가고용은 피고회사의 승인사항이고 용인기업의 근로자들은 피고회사가 실시하는 본공시험에 따로 합격을 하여야 정식 근로자로 채용이 되며 이 시험에 합격을 해야 피고회사는 수당, 상여금을 추가로 지급하였다. 퇴직과 관련해서도 퇴직근로자가 생기면 피고회사에 퇴사자급여처리서를 제출하여야 했다. 인사고과방식도 피고회사가 채택한 방식을 그대로 채용하고 있으며 근로자들의 정기승진여부도 피고회사에 통보하여야 했고 이에 따라 피고회사가 승진자의 임금을 인상하여 지급했다. 또 피고회사는 특정 근로자의 감봉 등 징계를 요구할 수 있었고 피고회사 근로자와 동일한 양식의 사원증을 발급하여 사업장 출입의 근태관리를 하였다. 용인기업은 아마도 독자적으로 소속근로자에 대하여 징계를 하거나 포상을 할 수도 있었을 것이다. 그러나 그럼에도 불구하고 원청인 피고회사도 그러한 권한을 실질적으로 행사할 수 있다는 점이 중요하다. 이것이 소위 위장도급으로 취급되는 표지 중의 하나다. 진정한 도급이라고 주장하려면 하청 근로자에 대한 원청의 인사권이 실질적으로 배제되어야 한다. 이 사건을 대하는 원청의 입장에서 표현한다면, 묵시적 근로계약관계도 회피하고자 하는 원청은 스스로 그런 권한을 행사하지 말았어야 한다. 권한은 행사하면서도 책임을 회피하려는 것을 밝혀 양자를 일치시키려는 것이 대법원의 입장이고 일반적인 상식에도 부합한다.

3. 노무지휘감독권 판단

사내하도급의 경우 노무지휘감독권 부문은 애매한 경우가 많다. 특히 제조업의 경우 전체 공정의 흐름 속에 사내하도급 근로자가 투입되고 하청업체의 감독자라는 사람도 같이 작업현장에 투입되어 원청의 감독자와 함께 감독업무를 하기 때문이다. 이런 특성 때문에 현장에서 누가 노무지휘권을 갖고 있는가는 보기에 따라서는 큰 의미가 없는 질문일 수 있다. 진성도급이든 위장도급이든 공정의 특성상 원청과 하청의 감독자가 노무지휘를 동시에 하는 형태는 큰 차이가 없고 겉모양으로는 구분이 되지 않는다고 해도 과언이 아니기 때문이다. 어쨌든 현장에서는 원청 감독자의 노무지휘가 이루어지면서 더불어 하청 감독자도 원청 감독자의 지시에 따라 혹은 독자적인 판단에 따라 노무지휘를 한다. 물론 핵심적인 노무지휘는 원청 감독자의 권한이다. 단계적으로 진행되는 공정의 일부에만 투입되는 하청업체의 감독자가 중요한 사항을 결정할 권한을 갖기 어렵기 때문이다. 따라서 하청업체가 별도의 감독자를 두어 현장에 투입한다고 하더라도 이것은 원청업체의 노무지휘감독을 보조하는 역할을 할 뿐이다. 이것이 하청업체의 감독자가 일정한 권한을 갖거나 노무지휘에 관련된 업무를 처리한다고 하더라도 독자적인 노무지휘권을 가지고 근로자를 감독한다고 곧바로 판단할 수 없는 이유이다.

피고회사는 공정회의를 열어 여러 하청업체들에게 전체 공정과 관련된 개별적인 업무지시를 하였는데 실제 공정이 진행되면 피고회사의 공정담당자들은 각 하청업체의 공정진행상황을 직접 확인하거나 하청업체의 감독자로부터 보고를 받았고 필요하다고 판단이 되면 공정의 진행을 변경시키거나 중단시킬 수 있었다. 게다가 피고회사의 인력사정에 따라서 하청업체 근로자들을 피고회사 내 다른 부서의 업무지원까지 시켰다. 이쯤 되면 용인기업의 감독자가 수행했다는 독자적인 확인 작업이란 어쩌면 피고회사 노무관리의 일부를 서비스차원에서 대행한 것이 아닌가하는 느낌이 든다.

4. 임금 등 근로조건 결정권 판단

이 사건을 보면 피고회사의 임금지급방식은 매우 특이하다. 도급이라고 하면 일의 완성을 목적으로 도급금액이 한 묶음으로 정해지는 것이 일반인데 용인기업은 피고회사로부터 그런 방식의 도급금액을 지급받지 않았다. 기성고에 따른 공사대금을 기본적으로 받고 여기에 보태어 근로자마다 별도의 수당, 상여금, 퇴직금을 산정하여 피고회사로부터 전달받은 돈을 그대로 근로자에게 지급하였다. 이런 임금지급방식은 피고회사의 입장에서도 불편한 방식이고 용인기업의 입장에서도 번거롭다. 오히려 전체로서 하나의 도급금액을 지급받고 하청업체의 재량에 따라 소속근로자에게 약정한 임금을 지급하는 것이 임금관리차원에서도 효율적이다. 게다가 근로자들이 받는 수당 등 별도의 임금은 피고회사 소속근로자들의 임금과 연동이 된다. 결국 하청업체의 대표자는 원청업체가 근로자들에게 주는 추가 수당 등의 임금의 전달역할을 하고 자신은 기성고에 따른 공사대금에서 각종 비용과 근로자들에게 지급하는 기본급 등 임금을 제외한 나머지 금액으로 이익을 취한다. 경제적 이윤을 목적으로 하는 기업의 본질에 비추어 볼 때 이것은 독립적으로 이윤을 추구하기 위해 운영되는 기업의 형태라기보다는 큰 기업의 노무관리 일부를 수행하는 기관의 역할로 비춰진다.

5. 사업경영상의 물적 독립성 판단

사내하청업체가 대부분 그렇듯이 용인기업 또한 독자적인 물적 시설이 없다. 오히려 그런 시설이 필요 없다고 표현하는 것이 적절하다. 왜냐하면 많은 비용과 시설이 소요되는 교육·훈련 등을 모두 피고회사가 담당하기 때문이다. 용인기업은 피고회사가 주는 임금을 전달하고 그 사이에 발생하는 이윤을 중간에서 취하면 되는 것이다. 사내하청업체의 경제적 존재의의는 오히려 여기에 있다고 말할 수 있다. 비용과 시간이 많이 드는 각종 교육·훈련 등은 모두 배제하고 근로자를 현장에 투입하는데 따른 대가를 지불받는 것이다. '근로자모집＋원청 노무관리 보조'로 이뤄진 최소한의 조직, 이것이 사내하청의 본질이다. 물론 항소심 판결이 언급하고 있는 것처럼 취업규칙도 있고 별도의 회계관리도 한다. 그러나 이것은 사내하청이라는 업체가 존재하기 때문에 당연히 따라오는 최소한도의 관리 형태이다. 따라서 이것을 근거로 하청업체의 독립성을 주장하는 것은 적절하지 않다.

Ⅳ. 결론

평석대상 판결은 제조업계에 크게 만연되어 있는 위장도급형태의 사내하청에 관한 중요한 판단을 담고 있다. 인사이트코리아 사건은 이 사건과 같이 도급계약을 체결하고 있지만 회사의 지분을 사실상 모회사가 100% 소유하고 근로자의 채용 시부터 면접까지 하는 등 모회사가 하도급회사를 매우 강력하게 지배를 하고 있는 경우이다. 그런 면에서 이 사건은 인사이트코리아 사건보다 완화된 지배를 하는 위장도급의 형태에 대해서도 묵시적 근로계약관계를 인정했다는 점에서 큰 의의가 있다. 그만큼 사건이 관련 업계에 미칠 파장도 크다. 기업이 사내하청업체를 두는 것은 해당 업체가 담당하는 업무가 전체 공정에 그만큼 밀착되어 있기 때문이기도 하다. 원래는 소속근로자가 담당해야 할 중요한 분야를 억지로 분할하다보니 생긴 현상이다. 순리에 거스르는 방식을 택하다 보니 무리가 오고 이 사건과 같은 분쟁을 야기할 수밖에 없다. 권한에는 책임이 따른다. 권한만을 갖고 직접고용의 책임을 회피하려는 경영전략은 환영받기 어렵다.

12

불법파견과 고용의제

대상판결: 대법원 2008. 9. 18. 선고 2007두22320 판결

I. 대상판결의 개요

1. 사실관계의 요지

피고보조참가인 주식회사 예스코는 상시근로자 300여 명을 고용하여 도시가스소매업을 영위하는 회사이고 원고들은 2000. 4. 3.부터 2002. 4. 2.까지는 파견회사인 주식회사 진방템프그룹 소속으로 2002. 4. 3.부터 2003. 11. 30.까지는 유한회사 두레비에스피 소속 직원으로 참가인 회사에 파견계약 혹은 업무도급계약에 의한 근로를 제공하다가 2003. 12. 1. 참가인과 근로계약기간을 1년으로 하는 근로계약을 체결하고 근무하던 중 그 기간이 만료될 무렵인 2004. 11. 29. 다시 근로계약기간을 1년 연장하는 계약을 체결하고

참가인 회사에 근무하였다. 참가인 회사는 위 2004. 11. 29.자 근로계약의 계약기간이 만료하자 2005. 11. 30. 원고들을 해고하였다. 원고들이 참가인 회사에서 담당했던 주요 업무는 창구에서 직접 또는 전화로 고객들로부터 도시가스 공급계약 체결관련 의뢰를 받아 접수한 다음 이를 컴퓨터에 저장된 참가인 회사 서식에 따라 입력하여 처리하는 업무였다.

원고들은 자신들이 담당한 업무가 파견근로자 보호 등에 관한 법률(이하 '파견법')[1]이 정하는 업종 이외의 업무로서 위법한 근로자파견에 해당하고, 위법한 근로자파견에 해당하는 이상 원고들과 참가인 사이에는 원고들이 최초 근무하기 시작한 2000. 4. 3. 묵시적 근로계약관계가 성립되었다고 주장했다.[2] 또한, 예비적으로 원고들은 파견회사인 진방템프그룹에 의하여 참가인 회사에 파견되어 2년 넘게 근무했으므로 파견법 제6조 제3항에 의하여 2000. 4. 3.부터 2년이 경과한 2002. 4. 3. 참가인 회사와 원고들 사이에 고용의제가 되어 근로계약관계가 성립되었다는 주장도 하였다. 나아가 직접적인 근로계약관계의 성립 혹은 고용의제가 된 이후 원고들과 참가인 회사 사이에 근로계약기간에 관하여 아무런 합의가 없었으므로 해당 근로계약관계는 기간을 정하지 아니한 근로계약에 해당하므로 2005. 11. 30. 원고들을 면직한 참가인 회사의 조치

---

1) 2006. 12. 21. 법률 제8076호로 개정되기 전의 것을 의미한다.

2) 원고의 소송대리인이 묵시적 근로관계의 성립을 주위적으로 주장한 것은 아마도 '인사이트 코리아 사건'의 판결(대법원 2003. 9. 23. 선고 2003두3420 판결)을 의식한 것으로 보인다. 당시 사건에서도 불법파견과 고용의제가 쟁점이었는데 대법원은 자회사 근로자와 모회사인 에스케이 주식회사 사이에 직접적인 근로계약관계가 성립되어 있다고 판단을 하고 파견법상의 고용의제 문제는 판단을 회피했었다. 이 판결에 대한 평석으로는 강기탁, "위장도급과 근로관계", 『노동판례비평』, 민주사회를 위한 변호사모임, 2004, 208쪽 이하 참조.

를 정당한 사유가 없는 부당해고라고 주장하면서 서울지방노동위
원회에 부당해고 및 부당노동행위구제신청을 하였으나 기각을 당
히였고 중앙노동위원회도 원고들의 재심신청을 기각하였다. 그러자
원고들은 2006. 7. 14. 서울행정법원에 부당해고구제재심판정취소
소송을 제기하였으나 1심 법원은 2006. 12. 26. 원고 패소판결을
선고하였고 서울고등법원도 2007. 10. 5. 항소기각 판결을 선고했
다. 그러나 대법원은 원고들의 상고를 받아들여 2008. 9. 18. 원심
판결을 취소하고 원고 승소판결 취지로 사건을 서울고등법원으로
환송했다.[3]

2. 서울행정법원[4] 및 서울고등법원 판결[5]의 요지

　1심 법원 및 1심 법원 판결을 그대로 인용한 서울고등법원은 먼
저 원고들이 담당한 업무가 파견법상 파견업무에 해당하는지 검토
하면서 원고들의 업무는 한국표준직업분류(통계청고시 제1992 - 1
호)[6]상 비서·타자원 및 관련사무원의 업무(분류번호 441) 어디에
도 속하지 아니하고 오히려 고객봉사사무직원에 가까운데 개정된
한국표준직업분류(통계청고시 제2000 - 2호)는 고객서비스 사무종
사자를 분류번호 32로 정리하고 있다. 따라서 원고들이 담당한 업

---

3) 현재 이 사건은 서울고등법원 제3행정부(2008누27362)에 배당되어 심리 중에 있다.

4) 서울행정법원 2006. 12. 26. 선고 2006구합25728 판결.

5) 서울고등법원 2006. 10. 5. 선고 2007누5105 판결.

6) 구 파견법 시행령 별표 1은 근로자파견대상업무의 범위를 통계청고시 제1992 - 1호에 의한
　한국표준직업분류를 사용하여 정하고 있었다. 이 별표 1에 의하면 그나마 원고들이 수행하는
　업무와 비슷한 것이 분류번호 411번의 비서, 타자원 및 관련 사무원의 업무였기 때문에 이
　에 대해서 변론이 이루어지자 하급심에서 판단을 하였다.

무는 파견법이 예정하고 있는 업무 어디에도 포함되지 않는다고 판단했다. 다음 단계로 근로자파견대상업무가 아닌 업무에 종사하는 경우에도 파견법에서 정한 고용의제가 가능한지를 판단했다.[7] 요지는 다음과 같다.

파견법에 따른 근로자파견이란 파견사업주가 근로자를 고용한 후 그 고용관계를 유지하면서 사용사업주의 지휘·명령을 받아 사용사업주를 위한 근로에 종사하게 하는 것인데 파견근로자와의 관계에서 사용자의 위치에 있는 자는 원칙적으로 파견사업주일 뿐이다. 파견법도 이러한 취지를 반영하여 사용사업주는 근로시간, 휴게, 휴일 등의 일부 규정의 적용에서만 사용자지위를 인정하고 있고 파견기간 2년을 초과한 경우에만 예외적으로 사용사업주의 직접고용을 의제하고 있다. 게다가 근로자파견은 법률이 정한 엄격한 요건에서만 허용되는 예외적인 현상이므로 결국 파견법의 제 규정들은 '적법한 근로자파견'의 경우에만 적용된다고 판단했다. 그런데 원고들은 법률이 정한 적법한 근로자파견대상업무를 수행하지 않았기 때문에 결론적으로 원고들에게는 묵시적 근로계약관계의 성립을 인정할 수 없고 파견법이 정한 고용의제규정도 적용할 수 없다고 판단했다.

---

7) 구 파견법 제6조 제3항 본문은 "사용사업주가 2년을 초과하여 계속적으로 파견근로자를 사용하는 경우에는 2년의 기간이 만료된 날의 다음날부터 파견근로자를 고용한 것으로 본다."라고 규정하고 있었다.

3. 대법원 판결의 요지

대법원은 반대의견 없이 대법원장 및 대법관 13인의 전원일치로
적법한 근로자파견에만 직접고용간주 규정이 적용된다고 본 원심
판결을 파기하고, 적법파견과 위법파견의 구별 없이 파견기간 2년
이 경과된 모든 파견에 대해서 직접고용간주 규정이 적용되어야
한다는 취지로 사건을 서울고등법원에 환송하였다. 대법원은 법률
의 입법경위와 입법목적 및 근로자파견사업의 적정운영을 위한 위
법 규정의 내용을 토대로 고용의제간주 규정의 취지를 이렇게 해
석했다. 직접고용간주 규정은 사용사업주가 파견기간에 관한 제한
규정을 위반하여 계속하여 파견근로자를 사용하는 행위에 대하여,
행정적 감독이나 형사처벌과는 별도로 사용사업주와 파견근로자
사이의 사법(私法)관계에서도 직접고용관계 성립을 의제함으로써
근로자파견의 상용화·장기화를 방지하고 그에 따른 파견근로자의
고용안정을 도모하는 데에 그 입법취지가 있다. 그러한 입법취지를
가진 직접고용간주 규정은 근로자파견이 파견근로자보호법 제5조
에 정한 파견의 사유가 있는 경우라거나 또는 파견근로자보호법
제7조에 정한 근로자파견사업의 허가를 받은 파견사업주가 행하는
이른바 적법한 근로자파견에 한정한다는 것을 고용간주의 요건으
로 들고 있지 않을 뿐만 아니라, 고용성립의제는 사용사업주가 파
견기간의 제한을 위반한 데 따른 것임을 분명히 밝히고 있다고 판
단했다. 나아가 근로자파견이 2년을 초과하여 계속되는 사실로부터
곧바로 사용사업주와 파견근로자 사이에 직접근로관계가 성립하면
그 근로관계의 기간은 기한의 정함이 있는 것으로 볼만한 다른 특

별한 사정이 없는 한 원칙적으로 기한의 정함이 없다고 보았다.

대법원은 여기서 한 걸음 나가서 고용의제는 적법한 근로자파견에만 적용된다는 주장에 대해서 적극적인 반박을 하고 있는데 판결문의 일반적인 구성상 매우 이채롭다. 대법원이 파악한 불법파견 고용의제반대론의 핵심은 고용의제를 인정하는 제6조 제3항 본문이 고용의제를 위해 필요한 근로관계의 존속기간을 2년으로 하고 있는데 파견법상 '적법한' 근로자파견의 최장기간은 2년이므로(제6조 제1항) 따라서 같은 2년으로 규정한 형식적 일치에 비추어 보면 고용의제는 바로 '적법한' 근로자파견만을 예정했다는 논리이다. 이런 형식논리에 대해서 대법원은 역시 형식논리를 빌려 쓰고 있는데 즉, 고용의제를 규정한 제6조 제3항 본문은 반대론이 언급하고 있는 2년의 근로관계존속기간을 정한 제6조 제1항 바로 뒤에 위치해 있지 않고, 그 기간을 2년이 아닌 신축적인 기간으로 정하는 제6조 제2항의 바로 뒤에 위치해 있으므로 제6조 제3항 본문의 고용의제규정을 굳이 제6조 제1항이 규정한 '적법한' 근로자파견 기간과 연계해서 이해할 필요가 없다는 것이다. 여기에 보태어 대법원은 직접고용간주 규정이 적법한 근로자파견'의 경우에만 적용된다고 축소하여 해석할 아무런 근거가 없을 뿐만 아니라, 나아가 파견근로자보호법이 규정한 제한을 위반하여 근로자파견의 역무를 제공받은 사용사업주는 오히려 직접고용성립 의제의 부담을 지지 않는 결과가 되어 법적 형평에 어긋나고, 사용사업주로서는 당연히 근로자파견사업의 허가를 받지 아니한 파견사업주로부터 근로자파견을 받는 쪽을 더 선호하게 될 것이므로, 파견근로자보호법에 위반하는 행위를 조장하고 근로자파견사업 허가제도의 근간을 무너

뜨릴 염려가 있으므로 타당하지 않다고 밝히고, 개정된 파견법도
불법파견에 대해서 고용의무를 인정하고 있다는 점을 강조했다.

II. 구 파견근로자보호 등에 관한 법률 제6조 제3항 본문의 해석론

파견법 제6조 제3항 본문의 고용의제 규정이 불법파견을 한 때
직용되는가에 관해서는 앞서 언급한 '인사이트 코리아 사건'이 주
요한 계기가 되었다. 대법원은 그 사건을 다루면서 파견법 제6조
제3항 본문의 적용 여부를 판단하지 않았는데 사건의 성격상 전형
적인 불법파견 사례라기보다는 위장도급에 가까운 특성이 있었던
것도 판단을 회피한 한 이유였을 것이다.[8] 그러던 중 이 사건처럼
파견업 허가를 받은 회사가 파견업무 이외의 업무에 근로자를 파견
하여 업무를 수행하도록 한 불법파견의 전형적인 사례[9]가 문제가
되었고 드디어 대법원은 제6조 제3항 본문의 적용 여부를 직접적으
로 판단하지 않을 수 없게 되었다. 대법원 판결이 있기 전 학계와
실무는 여러 형태를 포괄하는 불법파견에 관해서 크게 적용긍정설
과 부정설, 그리고 직접고용관계성립설로 나뉘어 있었다.

적용긍정설을 피력한 최홍엽 교수는 합법적인 근로자파견사업에

---

8) 위장도급에 관해서는 대법원 2008. 7. 10. 선고 200575088 판결(현대미포조선 사건)이
   있으며 이 판결에 대한 평석으로는 전형배, "위장도급의 판단방식", 『월간 노사저널』(제815
   호), 노사신문사, 2008, 32쪽 이하 참조.

9) 또 다른 전형적인 유형이 2년의 기간을 초과하여 파견근로를 수행하도록 하는 경우를 들 수
   있다.

만 적용된다고 볼 수 없는 규정들이 있다고 지적하면서 파견법 제
5조 제4항은 "누구든지 제1항 내지 제3항의 규정을 위반하여 근로
자파견사업을 행하거나 그 근로자파견사업을 행하는 자로부터 근
로자파견의 역무를 제공받아서는 아니 된다."라고 규정하고 있는데
이 규정에서 「누구든지」의 의미는 파견사업 허가 여부와 관계없이
누구에게나 적용된다는 의미로 읽힌다고 해석했다. 특히 근로자파
견법상 파견사업 허가에 관한 규정이 제5조 제4항의 뒤인 제7조에
위치하고 있기 때문에 파견사업 허가 여부에 관계없다고 설명한다.
그리고 근로자파견사업을 하고자 하는 자는 노동부령이 정하는 바
에 따라서 노동부장관의 허가를 받아야 하는데(제7조 제1항), 위
규정을 위반한 자는 3년 이하의 징역 또는 2천만 원 이하의 벌금
에 처하게 된다(제43조 제1호). 결국, 실질적으로 근로자파견사업을
하면서도 파견사업 허가를 받지 않는 자는 위 규정에 근거하여 처
벌된다는 의미이므로 제7조 제1항도 위법한 근로자파견사업에 적
용된다고 주장했다. 더 나아가 법문상의 표현과 의미 이외에도 적
법한 근로자파견에 대해서 파견법의 제 규정이 적용된다고 해석하
면 적법한 파견사업주는 파견법상 엄격한 규제를 적용받는 반면,
그렇지 않은 불법파견사업주는 그러한 규율로부터 자유롭게 된다
는 본질적인 문제가 있다고 지적한다.[10)]

　　적용부정설은 주로 서울행정법원을 중심으로 전개되었다.[11)] 서
울행정법원의 논거는 이 사건의 1심 판결서에 그대로 인용되고 있

---

10) 최홍엽, "파견기간 초과시 고용간주 규정의 해석", 『노동법연구』(제10호), 서울대학교 노동
　　법연구회, 2001, 210쪽 이하 참조.
11) 임영호, "위법한 근로자파견의 법률관계", 『인권과 정의』(제331호), 대한변호사협회, 2004,
　　119쪽~120쪽.

다. 그 내용을 다시 한 번 요약한다. 파견법의 근로관계에서 원칙적으로 사용자는 파견사업주이지 사용사업주가 될 수 없고 매우 일정한 경우에만 사용사업주를 파견근로자의 사용자로 보고 있다. 그런데 파견법의 조항은 적법한 파견을 전제로 규정된 것으로 따라서 고용간주 조항 역시 적법한 파견만을 전제한 규정이라고 해석할 수밖에 없다. 따라서 위법한 파견에 대해 고용간주 규정을 적용하려면 명시적인 입법이 있어야 한다는 것이다.

직접고용관계성립설은 불법파견은 파견법이 예정한 파견근로관계가 아니므로 고용의제 규정이 적용되는 것이 아니고 불법으로 파견을 받아 최초로 근로를 제공받은 시점부터 사용사업주와 파견근로자 사이에 근로계약관계가 성립한다는 주장이다. 조경배 교수는 불법파견은 근로계약을 체결하고 임금을 지급하는 등 근로계약의 당사자로서의 외형을 갖추는 파견사업주가 별로도 존재하기 때문에 사용사업주와 근로자 사이에 근로계약관계를 인정하려면 근로계약을 체결하려는 당사자의 의사를 인정할 수 있는 별도의 표지가 필요하다고 보았다. 그런데 사용사업주가 스스로 지휘·명령하여 근로자를 근로시키면서도 사용자로서의 법적 책임을 면하고자 하는 것은 간접고용의 금지와 제한의 법 규정 취지를 고려하면 허용할 수 없는 결국 법이 허용한 범위를 넘어서 위법한 근로자를 사용하면 사용사업주는 사용자로서 모든 책임을 부담하는 것이 직업안정법제의 내재적 원리라고 설명한다.[12] 강성태 교수는 근로자를 사용하여 직접 또는 주된 이익을 보는 자는 동시에 그 근로자

---

12) 조경배, "불법파견과 직접고용간주 규정의 적용에 관한 제 문제", 『민주법학』(제21호), 민주주의법학연구회, 2002, 341쪽~342쪽.

의 사용에 수반하는 제반 책임을 져야 한다는 사용책임회피금지의 원칙을 주장한다. 그런데 파견근로관계는 고용관계와 지휘명령관계를 분리하는 형태로 원칙적으로 금지되는 형태이고 따라서 매우 엄격한 요건에 의해 인정되는 예외적인 현상이다. 따라서 법률이 정한 요건을 갖춘 경우에만 분리에 따른 사용자책임을 일부 면제할 수 있고 이를 위반하면 다시 원칙으로 돌아가 사용사업주의 사용자책임을 긍정할 수밖에 없다는 것이다.[13]

Ⅲ. 근로자파견제도의 법률관계 - 현실과 유리된 삼면관계 분석론

1. 형식뿐인 근로계약관계

보통 파견근로관계를 설명하라고 하면 파견사업주, 사용사업주, 그리고 파견근로자라고 하는 세 당사자를 언급하고 이들 사이의 법률관계를 근로자파견계약관계, 사용관계, 그리고 근로계약관계로 나누어 설명한다. 그리고 파견근로관계는 고용과 사용이 분리되는 법률관계인데 이를 이용하여 사용자가 책임을 회피하기 때문에 파견근로자의 법적 지위가 매우 불안정하다고 설명한다. 법적 지위가 불안정해지는 이유는 먼저 파견기간이 곧바로 근로계약기간이라는 하는, 본질적으로 기간제 근로라는 성질 때문이다. 이것을 다르게

---

13) 강성태, "위법한 파견근로와 사용사업주의 책임", 『노동법연구』(제13호), 서울대학교노동법연구회, 2002, 189쪽~191쪽.

표현하면 삼면관계 중 파견사업주와 파견근로자 사이에 실질적인 근로계약관계가 체결되어 있지 않다는 것을 의미한다. 근로자파견사업의 유형과 관련지어 이 문제를 바라보면 보다 쉽게 문제의 본질을 파악할 수 있다. 파견사업은 상용형, 등록형, 모집형 이렇게 세 가지로 구분을 한다. 상용형은 파견사업주가 근로자를 상시 고용하여 즉, 근로계약상의 책임을 파견사업주가 원칙적으로 부담하다가 파견의 기회가 생기면 해당 근로자를 사용사업주의 사업장에 파견하는 형태이다. 이것이 삼면관계 분석론이 예정한 모델이다. 이 모델에서 근로자는 파견을 가지 않는 기간에 파견사업주의 근로자로서 의무를 이행하고 권리를 행사하면 되기 때문에 이론적으로는 노동보호라는 이념을 어느 정도 실현할 수 있다. 그러나 현실적으로 이루어지는 근로자파견은 등록형과 모집형이다. 등록형은 파견사업주가 파견근로를 할 근로자를 근로자명부에 등록하여 두었다가 사용사업주로부터 근로자파견의 요청을 받으면 등록근로자를 파견하는 형태이고 모집형은 파견요청이 있을 때 비로소 파견할 근로자를 모집하여 모집된 근로자를 파견하는 형태이다. 이 두 가지 형태의 파견근로에는 삼면관계가 예정한 실질적인 근로계약관계는 존재하지 않는다. 파견근로자들은 형식적 의미의 근로계약을 체결하기는 하지만 이것은 어디까지나 파견계약에 완전히 종속된 껍데기에 불과하다. 파견사업주는 임금지급의 위험을 전혀 부담하지 않으면서 파견근로자의 노동을 간접적으로 이용하여 수익을 거두고 있다. 이것은 사실 전형적인 중간착취의 한 형태이다.

2. 중간착취 예외 인정의 한계

물론 현행 파견법이 상시적 근로관계를 체결한 근로자만을 파견할 수 있도록 하고 있지 않기 때문에 이 두 가지 형태의 파견근로가 위법한 것은 아니라고 볼 여지도 있지만 근로기준법 제8조는 원칙적으로 명백하게 중간착취를 금지하고 있고 다만 다른 법률에 의할 경우 예외를 인정하고 있다. 그런데 이 예외의 인정은 원칙의 근본적인 취지를 훼손하지 않는 범위에서만 가능하다. 그 예외의 대표적인 예가 직업안정법이 규정하고 있는 직업소개사업, 직업정보제공사업, 근로자의 모집, 근로자공급사업이다. 앞의 세 가지는 구직자에게 직업을 소개하거나 직업에 관한 정보를 제공하거나 취업을 권유하는 것으로 모두 제3자의 근로자가 되게 하거나 자신이 직접 사용자가 되는 경우이다. 은근슬쩍 근로자의 노동을 지속적으로 이용하면서 중간에서 수익을 빼먹는 방식이 아니다. 한편 근로자공급사업은 공급계약에 의하여 근로자를 타인에게 사용하게 하는 사업이기 때문에 본질적으로 파견업과 동일하다고 볼 수 있는데 국내 근로자공급사업은 노동조합만이 주체가 될 수 있도록 엄격하게 제한하여 가능한 한 중간착취가 일어나지 않도록 고려하고 있다. 이렇게 중간착취의 예외를 인정하고 있는 직업안정법상의 여러 제도는 예외 안에서도 여전히 지속적인 혹은 노골적인 착취를 막는 안전장치를 두고 있다. 같은 기준을 파견법에 적용하면 파견법 역시 비슷한 수준의 안전장치가 도입되어야 하고 제도가 허술하다면 적어도 안전장치 구실을 하는 해석론이 전개되어야 한다.

그렇다면 왜 근로기준법은 영리로 다른 사람의 취업에 개입하거나 중간인으로서 이익을 취하지 못하게 하는 것일까? 노동시장에서 직업에 관한 정보를 제공하고 대가를 받은 것은 어찌 생각하면 영업의 한 형태라고 볼 수도 있지 않을까? 요즘처럼 정보가 돈이 되는 세상에는 더욱 그렇게 생각할 여지가 있는 것은 아닐까? 중간착취를 금지하는 취지에 대해서 국내 노동법 교과서는 그러한 행위가 '봉건적인 악습'이기 때문이라고 설명하고 특히 취업 후의 중간착취도 배제하려는 데 그 목적이 있다고 설명한다.[14] 우리나라와 동일한 취지의 규정을 둔 일본 노동기준법 제6조[15]에 대한 일본 학자의 해석 중에는 이 규정이 인신매매직 취업알선을 금시하려는 것이라고 해석하는 견해도 있다.[16] 이러한 해석은 노동력을 직접 제공하지 않으면서도 1회의 소개라는 이유만으로 지속적으로 직접 근로를 제공한 근로자의 임금을 뜯어내는 행위가 사실상 인신매매적 성격을 갖는다고 보는 것이다. 우리나라의 근로기준법의 규정은 '영리로' 그와 같은 행위를 하는 것을 제한하고 있는데 이것은 그러한 행위가 영리의 목적으로 이뤄질 경우 생길 수 있는 더 큰 폐해를 방지하고자 하는 뜻으로 새길 수 있다고 생각한다. 이렇게 중간착취금지 규정을 이해한다면 그 예외를 인정하는 각종 제도는 더욱 엄격한 요건에서 제한적으로 시행하여야 한다.

---

14) 김형배, 『근로기준법』(신정제5판), 박영사, 1995, 81쪽.

15) 第六条 (中間搾取の排除) 何人も、法律に基いて許される場合の外、業として他人の就業に介入して利益を得てはならない。

16) 本多淳亮외 3人, 『判例コエンタル 労働法 Ⅱ』, 三省堂, 28頁.

3. 실질적 근로관계의 회복

대상판결에는 자세히 나타나 있지는 않지만 대상사건에서 파견회사로 언급되고 있는 회사들은 우리나라 파견업체의 전형적인 형태라 할 수 있는 모집형 회사였고 근로자들에 대한 면접도 사용사업주가 직접했다고 한다. 중간착취의 가장 전형적인 형태로 파견이 이뤄진 것이다. 그런 점에서 대상판결은 사용사업주와 파견근로자의 근로관계를 의제함으로써 실질적인 근로관계를 회복하려는 의지가 담겨있다고 판단할 수 있다. 다만 판결은 이미 파견법이 불법파견에 대해서도 사용사업주에게 고용의무를 인정하고 있는 상황에서 이루어진 것으로 시기적으로는 그 의미가 다소 퇴색했다는 느낌이 든다.

이렇게 대상판결은 근로관계의 기본원칙에 비추어 매우 환영할 만한 것이지만 여전히 등록형 혹은 모집형 파견회사을 인정하고 이들의 파견사업을 허용하는 현행 제도를 고려하면 파견근로에 관해 매우 왜곡되어 있는 현실의 근로관계를 정상적으로 회복시키는 데는 아직 갈 길이 멀다. 단순히 고용의제 혹은 고용의무규정을 통해서는 간접고용의 본질적인 문제를 해결하기 어렵다. 파견회사가 사용자로서 실질적인 책임을 부담하도록 파견업체의 설립 및 운영 요건을 강화할 필요가 있다.

Ⅳ. 결론

대상판결은 최근에 있었던 현대미포조선소 사내하청 판결과 더불어 소위 비정규 노동문제에 관한 대법원의 적극적인 태도를 보여 준다. 그러나 이 두 개의 판결로 사내하청 형태의 간접고용이 지양되거나 형식뿐인 파견업체가 줄어들 것이라고 예상하는 사람은 아무도 없을 것이다. 사내하청은 원청회사를 통해 보다 정교하게 관리가 될 것이고 관련 법령이 바뀌지 않는 한 등록형 혹은 모집형의 파견업체는 여전히 성행할 것이다. 간접고용이 중간착취로서 정상적인 고용형태가 아니므로 그 사용에 매우 신중해야 한다는 근본적인 성찰이 없으면 한 두 번의 기분 좋은 대법원 판결만으로는 대한민국 공동체가 안고 있는 불합리한 노동현실을 타개하는 것은 매우 힘들다. 두 개의 판결을 거울삼아 간접고용법제 전반에 관해서 보다 엄격한 "규제"를 도입해야 한다. 정상으로 돌아가야 한다.

13

항운노조의 법적 지위

대상판결: 부산지방법원 2008. 8. 27. 선고

2007구단522 판결[1]

Ⅰ. 대상판결의 개요

1. 사실관계의 요지

전국항운노동조합연맹을 상급단체로 하는 부산항운노동조합(이하 '부산항운노조')은 항만, 철도, CY, 냉동창고 등의 하역작업에 종사하는 자유근로자 8,800여 명을 조합원으로 하여 1980. 12. 1. 설립된 노동조합이다. 주식회사 성보냉장(이하 '성보냉장')은 농수산물 냉동냉장보관업 등을 목적으로 하는 법인으로서 부산 사하구

---

1) 관여 법관: 판사 채동수.

장림동에서 냉동·냉장창고를 운영하면서 창고업을 영위하고 있다. 부산항운노조 소속조합원 A는 2006. 8. 11. 14:00쯤 성보냉장의 냉동창고에서 하역작업을 하다가 발을 헛디뎌 약 1.5m 높이의 상·하차대에서 지상으로 추락하는 사고를 당하였다. 이 사고로 A는 '뇌진탕, 두부열상, 요추 제4-5간 추간판탈출증, 제5요추-제1천추간 추간판탈출증, 우주관절좌상, 둔부좌상, 요추부 염좌 및 긴장'의 진단을 받았고 이 진단을 바탕으로 2006. 10. 25. 근로복지공단을 상대로 요양승인신청을 하여 제5요추-제1천추간 추간판탈출증을 제외한 나머지 상병에 대해 요양을 승인하는 처분을 받았다. 그런데 성보냉장은 자신은 A의 사용자가 아니므로 자신을 사용자로 전제하면서 근로복지공단이 2006. 12. 12. A에게 해준 요양승인처분을 취소하라는 소송을 2007. 2. 2. 부산지방법원에 제기하였다.

법원은 부산항운노조와 A의 관계, 부산항운노조와 성보냉장의 관계, A와 성보냉장의 관계에 관해서 다음과 같은 사실을 인정했다. 부산항운노조는 성보냉장으로부터 아무런 간섭을 받지 않고 성보냉장의 근로자와는 별도로 부산항운노조 자체의 규약 등이 정한 바에 따라 독자적으로 자격의 취득과 상실이 이루어지는 조합원으로 구성되어 있다. 부산항운노조는 소속조합원들에 대한 인사관리(임용, 해임, 징계 등), 복리후생에 관한 권한을 전적으로 행사하고 있다. 부산항운노조와 성보냉장 등 부산소재 22개 냉동창고 업체 사이에 1990. 7. 30. 체결한 합의각서는 성보냉장의 냉동창고를 포함하여 부산 소재 22개 냉동공장 하역장에서 부산항운노조 소속조합원이 행하는 작업범위와 작업비에 관한 내용을 규정하고 있는데 이에 따라 부산항운노조는 냉동창고의 작업물량과 보관톤수를 고려하여 소속조합원을 작업장에 파견·상주시켜 냉동창고의 입·출고, 화물의 상·하차 및 선별작업을 독점적으로 수행하였고 작업장마다 부산항운노조가 임명한 조합원인 반장, 현장반장, 총무를 두어 소속 조합원을 지휘·감독했다. 한편 A는 성보냉장과 개별적인 근로계약을 체결한 적은 없고 사업장에 설치된 부산항운노조 사무실로 08:30쯤 출근하여 17:00쯤 퇴근하였는데 작업시간이 고정된 것은 아니며 출근하지 않으면 그날의 일당만 못 받고 별도의 징계는 없었다. 사업장에서의 구체적인 작업지시·감독 및 작업배치업무는 현장반장이 담당했고, 노임은 총무가 화주나 운송업체로부터 직접 수령하여 노조비, 건강보험료를 공제하고 그날 출근한 인원수로 균등하게 나누어 지급하였다. 현장반장은 성보냉장의 담당직원으로부터 통보받은 입·출고 지시서에 따라 A에게 상·하차 작업을 지시하였다. 작업에 필요한 작업복 및 작업도구 등은 조합원들이 개별적으로 구입하거나 부산항운노조에서 구입하여 조합원들에게 제공하였다. A 등 부산항운노조 조합원들은 이른바 4대 보험 중 국민건강보험만 항운노조 직장가입자로 가입하였고, 성보냉장은 조합원들로부터 갑종근로소득세를 원천징수하지 않았다.[2]

2. 판결의 요지

1심 재판을 담당한 채동수 판사는 근로계약관계를 결정하는 종전의 대법원 판례(대법원 1996. 6. 11. 선고 96누1504 판결)를 전

---

[2] 이 사건은 피고 근로복지공단이 항소를 하지 않았기 때문에 1심으로 판결이 확정되었다.

제한 후, 다음의 이유를 들면서 성보냉장과 A 사이에는 실질적인 사용종속관계가 없다고 판단하고 따라서 A에 대하여 성보냉장이 사업주의 지위에 있음을 전제로 한 요양승인처분을 취소하였다.

A는 부산항운노조가 성보냉장에 파견한 근로자로서 근로계약을 체결한 사실이 없고, 현장의 구체적인 업무지시는 부산항운노조 소속의 현장반장이 하고 있으며 조합원에 관한 인사권을 모두 부산항운노조가 행사한다. 반면, 성보냉장은 A를 비롯한 조합원들에 대해서 인사권을 행사한 바가 없고 이들에게 적용되는 취업규칙 등도 존재하지 않으며 입·출고 지시서를 통보받는 것만으로는 A가 성보냉장의 구체적이고 개별적인 지휘감독을 받는다고 보기 어렵고 임금의 부담주체 역시 성보냉장이 아니고 화주나 운송업체이고 그 지급도 부산항운노조가 소속조합원들에게 배분하고 있다. 여기에 보험료 납입관계, 근로소득세 원천징수관계 및 작업복과 도구의 소유관계를 고려하면 A는 성보냉장의 근로자가 아니라는 것이다.

II. 항운노조의 법적 성격에 관한 대법원 판례 검토

항운노조의 법적 지위 혹은 법적 성격에 관해서는 이미 여러 번의 판결이 있었는데, 결론을 요약하자면 항운노조가 조합원에 대해선 사용자의 지위에 있다는 것이다. 평석의 대상이 되고 있는 채동수 판사의 판결도 종전 대법원 판례의 취지를 그대로 따르고 있다. 노조가 조합원의 사용자가 된다는 논리는 언뜻 이해하기 어려운데 해당 판결의 내용을 살펴보고 그 원인과 문제점을 짚어 보고자 한다.

1. 대법원 1996. 3. 8. 선고 94누15639 판결

항운노조와 조합원의 관계를 직접적으로 언급한 판결이 경북항운노동조합 사건이다. 경북항운노조의 조합원이 조합의 지시를 받고 포항시내에 있는 노동조합 항만외부대기실에서 포항신항부두시설 안에 있는 노동조합 항만내부대기실로 자신의 오토바이를 타고 이동 중 부두 정문 부근에서 지게차와 충돌하여 사망하였다. 그러자 사망한 조합원의 부인이 근로복지공단을 상대로 유족보상일시금 등을 청구하였다.

항소심 법원은 사망한 근로자는 항운노조의 조합원인 동시에 노조가 확보하고 있는 노동력으로 근로자공급사업의 대상일 뿐 노조의 인력공급업을 위하여 고용된 근로자가 아니라고 보았다. 또, 사망 조합원이 노조의 근로자라 하더라도 노조의 인력공급업을 '통하여' 회원사에 취업함으로써 하역 등의 근로를 제공하고 회원사로부터 그 근로에 대한 임금을 지급받는 데 불과하기 때문에 노조는 산업재해보상보험법(1994. 12. 22. 법률 제4826호로 전문 개정되기 전의 것) 제6조 제1항 단서 및 제4조 단서가 정한 임의보험가입사업자에 해당하는데 사고 당시 노조는 산업재해보상보험에 가입한 사실이 없으므로 원고의 청구는 이유 없다고 판단하였다. 항소심 법원이 바라보는 노조와 조합원의 기본적인 관계는 근로계약관계가 아니라 노동조합과 조합원의 내부관계에 불과했다.

그런데 대법원은 전혀 다른 판단을 하였다. 즉, 항운노조는 여러 하역업체와 노무공급계약 등을 체결한 다음, 하역업체의 요청이 있으면 소속조합원을 현장으로 보내 근로를 제공하도록 했고, 작업지

시도 노조가 하였으며 지시를 거부하는 조합원에 대한 징계도 노조가 하였고 임금도 하역업체로부터 임금을 일괄 지급받은 다음 그중에서 조합비 등을 공제한 나머지를 조합원들에게 분배하였다는 점을 중시했다. 이것을 바탕으로 노조의 조합원은 노조에 가입하거나 등록함으로써 노조의 지시와 감독 아래 하역업체에게 노무를 제공하고 그에 따른 대가를 지급받기로 하는 내용의 근로계약 관계를 노조와 맺은 근로자에 해당한다고 판단했다. 항운노조에 가입한 조합원의 사용자는 항운노조이지 하역업체가 아니라는 것이다. 결론적으로는 원고의 청구가 인용되어 신재유족의 보싱을 충실히 할 수 있게 되었지만 노동조합이 조합원의 사용자가 되는 것은 우리의 일반상식과는 거리가 있다.[3][4]

2. 대법원 1995. 12. 22. 선고 95누3565 판결

개별적 근로관계 혹은 사회보험관계 외에 집단적 노사관계에서도 하역업체의 사용자성을 부정한 판례가 전남남부항운노동조합 사건이다. 항운노조가 하역업체를 상대로 단체교섭을 청구하였으나

---

3) 이 사건과 동일한 취지의 판단을 직접적으로 언급한 판례로는 대법원 1997. 11. 14. 선고 97누8908 판결 참조: 항운노조 조합원의 사용자가 노조라고 직접적으로 판단하지는 않았지만 하역업체의 근로자가 아니라는 점을 인정한 판례로는 대법원 1987. 2. 10. 선고 86다카1949 참조: 농수산물유통 및 가격안정에 관한 법률 소정 농수산물도매시장의 지정도매법인이 그 도매시장에서 농수산물하역작업에 종사하는 전국항운노동조합연맹산하 단위노동조합 소속근로자들에 대한 관계에서 구 산업재해보상보험법상 사업주의 지위에 있다고 보기 어렵다고 한 사례로는 대법원 1995. 1. 4. 선고 94누9290 판결 참조.

4) 한편 최근 판례 중에는 항운노조가 조합원의 퇴직금을 지급할 의무가 없다는 것이 있는데(대법원 2007. 3. 30. 선고 2004다8333 판결) 내용을 살펴보면, 이미 퇴직금의 지급을 노조가 아닌 사단법인 한국항만하역협회 산하 항만근로자 퇴직충당금관리위원회에서 해 오고 있던 관행을 인정한 것으로 노조의 사용자성을 포괄적으로 부인했다고 보기는 어렵다.

하역업체가 단체교섭을 거부하자 부당노동행위구체신청을 한 것인데 대법원은 집단적 노사관계에서 전제하는 근로자에게도 사용종속관계를 요구하면서 노조의 조합원과 하역업체 사이에 사용종속관계가 인정될 수 없기 때문에 조합원이 가입한 노조는 하역업체를 상대로 단체교섭을 요구할 수 없다는 결론을 내렸다. 이 판결의 취지를 따라서 대법원 1997. 9. 5. 선고 97누3644 판결은 냉동·냉장창고 회사인 동원어업 합명회사, 금화냉동 주식회사 등은 전국항운노동조합연맹 산하 부산항운노동조합에 대하여 단체교섭의무를 부담하는 사용자에 해당하지 않는다고 판단한 적이 있다.

대법원의 이러한 태도에 비추어 보면, 항운노조는 분명 노조임에도 불구하고 단체교섭의 파트너인 사용자가 없는 기이한 노조가 되고 만다. 단체교섭은 조합원들의 근로조건의 유지 및 상향을 위해 행하는 노조 본연의 업무인데 항운노조가 이것을 할 수 없게 되면 무엇보다 조합원들의 입장에선 도대체 자신들의 근로조건의 개선을 위해서 '일하는 조직은 누구냐'라는 혼란스런 질문을 하지 않을 수 없다. 대법원의 판지대로라면 항운노조에 가서 근로조건의 개선을 요구하라는 것인데 비록 노조가 독점적으로 노동을 공급하는 지위에 있기는 하지만 여전히 노조인 것은 분명하기 때문에 노조위원장을 사장이라고 부르면서 내부적인 교섭을 요구하기도 어렵게 된다.

3. 부두노동 노사관계의 특수성

판례와 같은 결론에 이르게 된 가장 큰 원인은 노동조합이 직접

근로자공급사업을 하고 있기 때문이고 또 하나의 원인으로 들 수 있는 것은 노동조합이 근로자를 공급하면서 노무제공과정에 구체적으로 관여하기 때문이다. 가장 쉽게 이 문제를 해결한다고 하면 노조가 근로자공급사업을 하지 않고 근로자들이 직접 하역업체에 고용되어 근로를 제공하고 항운노조는 근로자들이 소속된 하역업체와 교섭을 하는 것이다. 그러나 근로자공급사업과 클로즈드 숍을 연결한 현행 시스템은 부두노동의 오랜 관행을 존중하면서도 부두노동 근로자의 단결을 강화하고 이들의 권익을 보호하는 데 기여하는 바가 있다. 따라서 무작정 근로자공급사업을 노조가 하지 못하도록 하는 것이 능사가 될 수는 없다.

이런 현실적인 문제가 있다고 하여 판례가 취하는 해석론이 무조건 맞는다고 동조하기도 어렵다. 판례가 지속적으로 내리고 있는 결론의 근저에는, 부두노동의 특수성이 고려되지 않고 있다. 비록 항운노조가 파견근로관계에서 파견사업주와 유사한 지위를 취하고 있기는 하지만 여전히 소속조합원의 근로조건의 향상을 위해서 활동하는 노동조합이라는 성격을 가지고 있는 이상, 조합원의 작업과정에 깊이 관여하고 있다는 사실만을 지나치게 중시하여 그러한 작업을 통해 발생하는 수익을 궁극적으로 취하고 있는 하역업체의 사용자성을 부정하는 것은 적절하지 않다. 작업과정에 구체적으로 관여하는 것은 오히려 부두노동의 특수성에 기인한 것이거나 항운노조와 하역업체 간의 오래된 관행 때문이지 항운노조가 사용자로 군림하기 위해서 취하는 행동은 아니다. 따라서 항운노조가 개별 하역업체를 상대로 단체협약의 체결을 요구하는 행위를 부정하거나 근로기준법상 항운노조 조합원의 사용자가 항운노조가 된다는 해석은 부두노동의 특수성을 간과한 해석이다.

Ⅲ. 항만인력공급체제의 개편과 항운노조의 지위

1. 노사공동기구에 관한 논의

그렇다면 어떤 방법이 있을까? 이것에 대한 종전 논의는 주로 노사공동기구에 의한 인력공급제도였다. 이승욱 교수는 미국의 제도를 소개하고 있는데 미국의 노동조합은 사용자 단체와 공동으로 Hiring Hall 또는 Dispatching Hall을 설립하고 여기에 독점적인 항만근로자공급권을 인정하고 있다고 설명한다. 이런 노무공급시스템은 차별을 수반한 조합가입장려행위가 아니기 때문에 미국연방대법원도 노동조합의 부당노동행위라고 보지 않는다고 한다. 이승욱 교수는 우리나라의 항만노동도 미국의 그것과 크게 다르지 않다고 평가하면서 미국식의 노사 공동기구의 설치를 대안으로 설명하고 있다.[5] 한편 김희성 교수는 독일의 항만연대사업장 제도에서 시사점을 찾고 있다. 독일은 노사의 공동기구로서 항만연대사업장을 설치하고 있는데 그 재원은 기본적으로 전체 하역사업장이 부담하고 이 기구는 항운노조의 사용자로서 의제되어 조합원의 상용고용관계를 달성한다. 항만연대사업장은 비영리를 목적으로 운영되는 공익적 사업으로서 근로자파견법의 적용을 배제하고 있으며 자체 기

---

5) 이승욱, "항만근로자의 근로조건 결정", 『노동법학』(제15호), 한국노동법학회, 2002, 60쪽~62쪽 참조.

금을 통해 하역업무가 없는 경우에도 조합원들에게 임금을 지급하여 조합원들의 직업안정을 도모하고 있다.6) 미국의 제도나 독일의 제도 모두 노사가 공동으로 참여하는 기구를 상정하고 있는데 이것은 부두노동이 갖는 특수성을 인정하면서도 가장 현실적인 대안을 찾은 결과라고 말할 수 있다.

2. 특별법에 의한 항만인력공급체제의 개편

한편 위와 같은 공동기구의 설치에 관한 논의와는 별도로 특별법이 제정되었는데 골자는 항만운송사업자가 직접 근로자를 고용한다는 것으로 이렇게 되면 항운노조가 갖는 독점적 인력공급시스템이 깨지게 된다. '항만인력공급체제의 개편을 위한 지원특별법'이라는 긴 이름을 가진 이 법률 제4조 제1항은 "항만인력공급체제의 개편은 항운노동조합이 항만운송사업자등에게 항운노동조합원을 공급하는 방식에서 항만운송사업자 등이 항운노동조합원을 직접 상시 고용하는 방식으로 전환하는 것을 말하며, 항운노동조합, 항만운송사업자 등 및 정부 사이의 합의를 통하여 실시한다."라고 규정하고 있으며 제2항은 "「직업안정법」 제33조의 규정에 의하여 항운노동조합이 받은 근로자공급사업허가는 개편된 범위 안에서 그 효력을 상실한다."라고 규정하고 있다. 이 특별법 제1조는 법률의 목적을 항운노동조합원에 대한 효과적인 지원 대책을 강구함으로써 항운노동조합원의 고용안정 및 복리증진에 기여하는 것으로

----

6) 김희성, "독일 하역근로자의 노동법적 지위와 시사점", 노사정위원회 하역부분위원회 발표자료, 2008, 37쪽~43쪽 참조.

설정하고 있는데 법률의 구체적인 내용은 조합원들의 권익보호에 그다지 도움을 줄 것 같지 않다. 무엇보다 인력공급체계를 개편하는 주도 조직으로 항만인력공급체제개편위원회를 두고 있는데 이 조직은 항만인력공급체제 개편대상자의 결정에 관한 사항, 지원금[7] 지급대상자의 결정에 관한 사항, 지원금의 구체적인 금액산정에 관한 사항 등을 심의한다(제9조 제1항). 그런데 이 조직은 노사 공동의 참여를 예정하고 있으면서도 실질적으로 사용자의 추천인사가 6인, 항운노조의 추천인사가 4인 참여하게 되어 있어 항운노조의 의견이 실질적으로 반영될 수 있을지 의문스럽다. 게다가 위원장은 해당지역 해양항만청장이 임명되고 기구도 지방해양항만청 산하에 설치된다(법 시행령 제7조 제1항). 위원회의 전체적인 위상은 인력공급체계 개편의 형식적 정당성을 부여하는 행정하부 기관으로 보인다. 애초 학자들이 주장했던 노사공동기구와는 거리가 있다.

3. 상용화 논의와 항운노조의 지위

특별법이 시행된 이후 부산항운노조를 중심으로 빠르게 상용화가 이뤄졌지만, 여전히 상용화에서 제외된 부분[8]이 있기 때문에 대상판례와 같이 조합원의 사용자가 누구인지 제대로 확정할 수 없어 조합원만 중간에서 애매하게 불이익을 당하는 사례가 존재할

---

7) 법률 제7조 제1항은 정부가 항만인력공급체제를 개편함에 있어 항만운송사업자등에게 고용되지 아니하고 항운노동조합을 탈퇴하여 조합원의 자격을 상실하는 항운노동조합원에 대하여 예산의 범위 안에서 생계안정지원금을 지급할 수 있게 하고 있다.

8) 부산항운노조에 문의한 바로는 냉동창고 작업도 상용화 대상에서 제외된 부분이라고 한다.

수밖에 없다. 상용화가 진행된 부분에 대해서는 조합원의 사용자를 쉽게 확정할 수 있지만, 그렇지 않은 부분은 여전히 항운노조가 사용자라는 종전 대법원 판례의 취지가 반복될 가능성이 높다. 그런 의미에서 종전 판례에 대한 비판적 검토는 여전히 유효하다.

Ⅳ. 요양승인처분취소 소송의 당부

다시 대상판결로 관심을 돌려보면, 원고가 승소한 이유는 애초 A에게 인정하여 준 요양승인처분은 A의 사용자로 성보냉장을 전제하였지만 A의 사용자는 항운노조이지 성보냉장이 아니므로 요양승인처분 전체가 위법하다는 것이다. 성보냉장의 입장에서 보면, A에 대한 요양승인처분이 그대로 인정될 경우 A뿐 아니라 A와 유사한 지위에 있는 근로자들의 산재보험료를 납부하여야 하는 문제가 생긴다. 게다가 산업안전보건법상 산재의 발생이 A에게 책임 있는 사유로 생긴 것이라고 인정되면 형사처벌을 받을 수도 있다. 이 때문에 성보냉장은 A의 요양승인처분 자체를 취소하는 소송을 제기하였지만, 성보냉장 주장의 요지는 자신을 사용자로 판단한 요양승인의 이유가 문제라는 것이지 A가 (사용자가 누구이든) 업무수행 중 재해를 당했다는 점에는 이의를 제기하고 있지 않은 것 같다. 그렇다면 성보냉장이 목적하는 바를 이렇게 근로자에게 중대한 불이익을 주는 방식으로 판단하는 것이 타당한지는 매우 의심스럽다. 즉, 비록 요양승인처분의 이유 중 일부 하자가 있다고 하더라도 적어도 A가 업무수행 중 재해를 당했다는 점을 부정할 수 없다면 요양승인처분 자체는 적법한 것이 아니냐는 의심이다. 성보냉장이 애초 목적으로 하는 사용자성 부인은 향후 근로복지공단으로부터 보험료 납입 등의 요구가 있을 때 납입처분을 취소하는 소송으로 충분히 달성할 수 있다. 따라서 요양승인의 이유 중 일부 사유만을 다투는 성보냉장의 소는 근로자 개인에 대한 요양승인과는 직접적 관계가 없는, 즉 법률상 이해관계가 없는 소라고 볼 수 있다고 생각한다. 성보냉장과 근로복지공단의 분쟁의 결과, 엉뚱하게 중간에 낀 근로자만 피해를 보고 있는 셈이니 고래싸움에 새우등 터지는 격이다.

한편 피고 근로복지공단이 근로자의 입장에서 소송을 수행하리라 기대하기도 어렵다. 이 사건만 보더라도 근로복지공단은 1심 소송에서 패하자 항소를 하지 않았고 근로자 A는 피고보조참가 등의 형식으로 1심 소송절차에 관여하지 못했다. 근로복지공단으로서는 소송에 패하면 오히려 요양불승인을 할 수 있는 정당한 이유를 갖게 되기 때문에 예산절감 혹은 효율성이라는 조직의 논리에 비추어 보면 손해를 볼 게 없다. 어찌 보면 싸움이 처음 시작될 때부터 새우등이 터질 수밖에 없는 분쟁구조를 갖고 있었던 것이다. 대법원 판례대로라면 근로복지공단은 요양승인을 하고 보험료 청구는 항운노조를 상대로 하면 되는 것이다. 근로복지공단이 10년 이상 지속된 대법원 판례를 몰라서 실무적으로 사용자를 잘못 지정한 실수 때문에 그 피해를 산재근로자가 모두 감당해야 한다는 것은 산재보상의 취지에 비추어 보면 매우 불합리하다.

근본적으론 항운노조를 사용자로 보는 대법원의 기존 판례를 변경할 필요가 있지만, 그것이 어렵더라도 사용자의 특정을 문제 삼아 제기되는 요양승인처분의 취소를 구하는 소송은 법률상 이해관계가 없는 소로 보아 각하하거나 요양승인의 결론의 정당성은 지지하면서 판결의 이유를 통해 사용자 지정에 관한 의견을 표명하여 산재근로자가 불이익을 받지 않도록 배려할 필요가 있다.

V. 결론

비록 상용화에 반대하는 목소리가 여전히 있기는 하지만, 특별법 시행 이후 부산항운노조를 비롯하여 여러 항운노조가 상용화로 방향을 선회하였고 이에 따라 많은 조합원들이 항만하역업체에 직접 고용되었다. 그러나 여전히 상용화에서 제외된 부분이 있고 적어도 이 영역에서는 항운노조 조합원의 사용자가 누구인가에 대해서 분쟁의 소지가 있다. 이미 이런 문제를 해결하기 위해서 미국이나 독일에서는 노사공동의 기구를 만들고 여기서 근로자들의 근로조건의 개선을 위한 협의가 이루어지고 있다. 항운노조의 취업비리 수사와 맞물리면서 급물살을 탄 상용화가 과연 가장 적절한 선택이었는지는 두고 봐야 한다. 그렇다면 예외 없는 상용화를 밀어붙이기보다는 미국이나 독일 모델도 고려한 형태의 운영도 고려해 보아야 한다.

다른 한편 해석론으론 대상판례와 같이 하역업체가 제기하는 요상승인처분 취소소송의 당부에 대해서도 종전의 경직된 입장을 버리고 산재근로자의 건강회복과 생활안정에 기여할 수 있는 전향적인 태도가 제고되어야 한다.

14

경업금지약정과 근로자에 대한 대상조치

대상판결: 서울중앙지법 2008. 3. 19. 2007가합3903 결정

I. 대상결정의 개요

1. 대상판결의 요지

신청인 두산중공업 주식회사는 담수사업 및 발전사업 등을 주요 사업 분야로 하는 회사이다. 신청인 회사는 담수사업 분야에서 담수설비 생산용량을 기준으로 할 때 세계 최고의 지위를 확보하고 있고 30년가량의 기술축적을 통하여 담수화 사업의 전 공정을 독자적으로 수행할 능력이 있는 회사이다. 또한, 발전사업 분야에서도 30년 이상의 기술축적을 통하여 엔지니어링, 설계, 기자재 제작 및 공급, 건설, 시공 등을 자체적으로 수행할 수 있는 능력을 구비하고 있고 세계 각국에서 매년 많은 액수의 공사를 수주하고 있다.

피신청인 13명은 신청인 회사에 취업한 후 담수 및 발전사업 분야에서 업무를 수행하다가 2006년 내지 2007년경 신청인 회사를 퇴사하였고 근무기간은 대략 8년부터 25년가량이다. 피신청인들은 신청인 회사에 근무하는 동안 영업비밀 보호의 일환으로 "비밀유지 및 경업금지 서약서"를 작성하였는데 그 주요내용을 요약하면 다음과 같다. ① 피신청인들은 제품의 제조기술·설계 등 제품에 관한 생산에 관한 각종 정보, 제품의 사업방식, 고객 및 영업에 관한 정보 등 각종 영업비밀 등을 본인은 물론 제3자의 이익 기타 다른 목적을 위해서 사용하거나 제3자에게 이를 누설 혹은 공개하지 아니한다. ② 피신청인들은 신청인 회사를 퇴사한 날로부터 일정기간(1년에서 3년) 동안 대한민국을 포함한 세계 어떤 국가, 지역에서도 신청인 회사가 생산하는 제품을 연구, 개발, 생산, 판매하지 아니하고, 이러한 행위를 하는 제3자에게 도움이 되거나 관계되는 행위를 하지 아니하며, 신청인 회사와 동종업체 혹은 경쟁업체로 전적하지 아니한다. ③ 피신청인들은 신청인 회사에 재직 중 입수한 신청인 회사의 정보가 저장된 서류 등 각종 매체를 고도의 주의의무로 보관하며, 이를 제3자에게 누설하거나 공개하지 아니하고, 퇴사 시에는 보관하고 있는 모든 정보저장매체를 신청인 회사에 반환한다.

한편 에스티엑스 중공업 주식회사는 주로 선박용 엔진을 제조하는 회사였는데 2007. 6.경 산업플랜트 사업에 진출하면서 담수 및 발전사업을 실시하기로 하였다. 피신청인들은 신청인 회사를 퇴직한 후 2007. 6.부터 같은 해 10.까지 에스티엑스 중공업 주식회사에 취업하였는데 대부분 신청인 회사의 직급보다 높은 사장, 부사장, 팀장, 차장 등의 직급을 부여받았으며 급여 또한 더 지급받도록 되어 있었다.

피신청인들은 퇴사 전 중요한 영업비밀인 각종 프로그램 등의 파일을 개인용 컴퓨터, 컴퓨터 외장 하드디스크 혹은 USB에 저장하여 회사 밖으로 반출하였고 재직 중 보관하고 있던 각종 서류 또한 반환하지 아니하였다. 피신청인들 중 일부는 위와 같이 취득한 영업비밀을 이용하여 해외 담수 발전 프로젝트에 입찰하는데 이들의 행위는 부정경쟁방지 및 영업비밀보호에 관한 법률위반(업무상비밀누설 등) 등에 해당한다는 공소사실로 2007. 11. 19. 기소되어 형사재판을 받고 있다.

2. 결정의 요지

피신청인들은 재직 중 작성한 경업금지 약정이 민법 제103조에 해당하여 무효라고 주장하였는데 이에 대해 법원은 다음과 같은 결정을 하였다. 당사자 사이에 경업금지약정이 존재한다고 하더라도 그와 같은 약정이 헌법상 보장된 근로자의 직업선택의 자유와 근로권 등을 과도하게 제한하거나 자유로운 경쟁을 지나치게 제한하는 경우에는 민법 제103조 소정의 선량한 풍속 기타 사회질서에 반하는 법률행위로서 무효라고 보아야 할 것이며, 이와 같은 경업금지약정의 유효성 판단은 보호할 가치가 있는 사용자의 이익, 근로자의 퇴직 전 지위, 경업제한의 기간·지역 및 대상 직종, 근로자에 대한 대상(代償)의 제공 여부, 근로자의 퇴직 경위, 공공의 이익 및 기타 사정 등을 종합적으로 고려하여야 할 것이고 여기서 말하는 보호할 가치가 있는 사용자의 이익은 부정경쟁방지 및 영업비밀보호에 관한 법률 제2조 제2호 소정의 '영업비밀'뿐만 아니라 그 정도에 이르지 아니하였더라도 당해 사용자만이 가지고 있는 지식 또는 정보로서 근로자와의 사이에 이를 제3자에게 누설하지 아니하기로 약정한 것이라면 이에 해당한다.

한편 신청인 회사의 기술수준, 영업실적, 신청인 회사와 피신청인들 간에 작성한 경업금지약정의 내용, 피신청인들이 유추하거나 사용한 자료가 영업비밀 혹은 기타 경영상, 기술상 중요자료로서 인정되는 점을 고려하여 보면 신청인 회사는 담수 및 발전 사업에 관하여 보호할 가치가 있는 이익을 보유하고 있다. 또한, 피신청인들은 모두 담수 및 발전 사업에 전문성을 가지고 오랫동안 신청인 회사에 근무했고 재직 중 대우가 다른 회사에 비하여 부당하게 열악하지도 않았던 점 등을 고려하면 퇴직 전 지위가 열악하여 경쟁업체로의 전직이 불가피한 상황도 아니었다.

경업금지기간도 피신청인의 재직기간과 지위에 따라 3년부터 1년까지 나누어 설정한 점을 고려하면 부당히 과도한 제한이라고 볼 수 없고 비록 경업금지약정으로 직접적인 금전보상을 받은 사실은 없지만 오랜 기간 고용의 보장을 받고 한 분야에서 전문성을 키우면서 승진의 보장을 받은 것을 대상(代償)으로 볼 수 있고 그 대상이 설혹 부족하더라도 보호하여야 할 회사의 이익의 크기가 현저한 것을 고려하여 보면 약정이 무효라고 할 수 없다. 또한, 피신청인들이 유출한 자료가 경쟁업체의 영업에 실제로 사용된 점 등을 종합적으로 고려하면 경업금지약정은 무효라고 볼 수 없으므로 피신청인들은 에스티엑스 중공업 주식회사에 취업하거나 기타의 방법으로 위 회사의 담수 및 발전 사업 관련 업무에 종사하여서는 아니 된다.

II. 경업금지약정의 문제점

사용자는 근로자가 재직 중 취득한 영업비밀 혹은 이에 준하는 중요한 사항을 재직 중 혹은 퇴직 후 외부로 유출하는 것을 방지하고자 경업금지약정을 체결하기도 하고 경우에 따라서는 취업규칙 등에 이와 관련한 규정을 두기도 한다. 특히 영업비밀에 관해서는 부정경쟁방지 및 영업비밀보호에 관한 법률 제2조 제2호에 공공연히 알려져 있지 아니하고 독립된 경제적 가치를 가지는 것으로서, 상당한 노력에 의하여 비밀로 유지된 생산방법, 판매방법, 그 밖에 영업활동에 유용한 기술상 또는 경영상의 정보라고 규정하고 이를 침해하는 행위를 영업비밀침해행위로 설정하여 이에 대해서 금지청구[1], 손해배상[2], 형사처벌[3] 등 각종 제재규정을 두고 있다. 그런데 위 법률 제2조 3호 라목은 계약관계 등에 따라 영업비밀을 비밀로서 유지하여야 할 의무가 있는 자가 부정한 이익을 얻거나 그 영업비밀의 보유자에게 손해를 입힐 목적으로 그 영업비

---

1) 제10조.

2) 제11조.

3) 제12조, 제12조의2, 제12조의3.

밀을 사용하거나 공개하는 행위를 영업비밀침해행위로 규정하여 근로자가 퇴직한 후에도 영업비밀을 유지하여야 할 의무를 부담하기 위해서는 별도의 근거가 필요한데[4] 보통은 이 사건과 같이 경업금지약정을 체결하고 이를 근거로 경업금지, 전직금지 등의 가처분이 이루어진다.

그런데 근로자에게 경업금지의무를 부담시키는 것은 근로자의 직업선택의 자유를 제한하는 측면이 강하기 때문에 단순히 그러한 내용의 약정이 있다는 사유만으로 이 사건과 같이 전직을 금지할 수 없다. 특히, IT산업에 종사하는 근로자의 경우 생계의 수단은 바로 그들의 머릿속에 들어 있는 지식, 기술, 정보 등인데 경업금지약정을 하였다는 사유만으로 이들의 전직을 획일적으로 제한하게 되면 무형의 자산을 유일한 생계의 수단으로 삼는 지식근로자들의 권리를 지나치게 제약하는 문제가 발생한다. 따라서 경업금지의 문제가 발생한 경우에는 해당 약정의 내용도 중요하지만 먼저 종전에 근로자가 담당했던 업무의 성격, 근로자가 지득한 정보의 내용, 전직하려고 하는 새로운 직장에서 담당할 업무 등에 관하여 구체적으로 상세하게 살펴본 후 금지의 여부를 판단하지 않을 수 없다. 특히 경업금지에 해당하는 경우에도 이에 대해 근로자가 어떤 대상(代償)을 어느 정도 청구할 수 있는가는 별도의 문제로 논의하여야 한다고 생각한다.

---

4) 김형배, 『노동법』(신정제4판), 박영사, 2008, 266쪽.

Ⅲ. 판례에 나타난 경업금지약정의 요건

경업금지약정의 요건에 관하여 대법원이 명시적으로 그 요건을 구분하여 설시한 예는 찾기 어렵지만[5] 하급심 판례 중에는 그 구체적인 요건을 판시한 것이 있는데 대표적인 판례가 서울고등법원 1998. 10. 29. 선고 98나35947 판결(주식회사 박스터 사건)이다. 그 내용은 다음과 같다.

신청인 회사는 신장병 치료약 및 치료기구 등을 비롯한 의약품 및 의료기구를 제조·판매하는 미국 회사의 국내 현지법인으로서 미국 본사로부터 신장병 치료약 및 치료기구 등을 비롯한 의약품 및 의료기구를 수입하여 이를 국내에서 판매하고 있었다. 피신청인 근로자는 신청인 회사에 마케팅/영업부장으로 입사하여 퇴사할 때까지 신청인 회사의 영업부문 중 신장병 환자의 치료에 관련된 복

---

5) 다만 영업비밀의 침해금지와 직업의 자유에 관한 대법원의 판결로는 대법원 1997. 6. 13. 선고 97다8229 판결(신한다이아몬드공업 주식회사 사건)이 주로 언급되는데 사건의 요지는 다음과 같다.
  원고 회사는 1978년 한·일 양국의 다이아몬드공구 전문생산업체가 합작으로 설립한 회사로서 석재의 연마·절단·가공을 위한 다이아몬드톱(Diamond Saw)의 팁(Tip)을 제조와 관련하여 일반에게 알려져 있지 아니하고 또 독립된 경제적 가치를 가지는 기술적인 영업비밀을 보유하고 있었다. 원고회사의 근로자인 피고는 퇴직 후 3년까지는 위 제조기술과 관련된 정보 및 원고 회사에서 직무상 지득한 영업비밀을 활용하거나 누설하지 아니하며 동 기밀을 사용하거나 사용하려고 하는 동종의 조직에 근무할 수 없기로 하는 내용의 회사기밀보호계약을 체결하였다. 그런데 피고는 퇴사 후 원고 회사의 제품과 동종의 다이아몬드공구를 생산·판매하다가 적발되어 잘못을 인정하면서 원고의 영업비밀을 침해할 경우 손해배상금으로 금 50,000,000원을 지급하기로 약정하였다. 그러나 위 합의 후 여전히 다이아몬트톱을 판매하였고 이에 원고가 약정한 손해배상금의 지급을 청구하였다. 법원은 판결이유에서 회사가 다이아몬드공구의 제조공정에 있어서 일반적 지식 또는 기능이라고 할 수 없는 특수한 기술상의 비밀정보를 가지고 있고 이러한 비밀정보는 일종의 객관화된 지적재산이므로, 퇴직 사원의 영업비밀 침해행위에 대하여 회사와의 사이에 침해행위 중지 및 위반 시 손해배상약정금을 정한 합의가 이루어진 경우, 그 합의서의 내용을 회사의 영업비밀을 지득하는 입장에 있었던 사원들에게 퇴직 후 비밀유지의무 내지 경업금지의무를 인정하는 것으로 해석하는 것이 직업선택의 자유에 관한 헌법 규정에 반하지 않는다고 판단하였다.

막투석액 다이아닐 p－2액의 국내 판매전략수립, 가격결정, 판매부문 책임자로서 근무하였다. 피신청인은 입사 당시 "피신청인이 신청인 회사에 고용됨으로 인하여 알게 되는 비밀정보와 신청인 회사에 대한 위 정보의 가치를 고려하여, 신청인 회사 퇴사 후 1년 동안, 피신청인은 신청인 회사와 경쟁관계에 있는 조직에 대하여, 실제 신청인 회사와 경쟁을 하거나 하게 될 지역에 있어서, 경쟁 제품에 관련하여서는 직·간접으로 용역을 제공하지 아니하는 것이 또한 고용의 조건이다."라는 조항이 들어 있는 서약서를 제출하였다. 한편 피신청인은 신청인 회사를 퇴직한 후 신청인 회사가 취급하는 신장병 치료를 위한 복막투석액 등 의약품 및 의료기구를 수입, 판매를 하는 것을 주요 영업으로 하는 경쟁회사에 입사하였다. 그러자 신청인 회사는 이 사건 경업금지약정에 따른 경업(전업)금지청구권 등을 근거로 피신청인을 상대로 전업금지 및 영업비밀침해금지 가처분신청을 하여 법원으로부터 가처분 결정[6]을 받았고 피신청인이 가처분이의를 신청하였으나 이의신청이 기각되었다.

위 가처분 이의 사건의 항소심 재판의 판결문은 경업금지약정의 요건에 관하여 상세한 이유를 달고 있다. 내용을 인용하면 경업금지약정은 일반적으로 사용자에 비하여 경제적으로 약자인 근로자에 대하여 헌법상의 직업선택의 자유 및 영업의 자유를 제한하고 그 생존을 위협할 우려가 있으며, 특히 쉽게 다른 직종으로 전직할 수 있는 별다른 기술이나 지식을 갖지 못한 피용자는 종전의

---

6) 주문은 다음과 같다. 신청외 회사 및 동사의 계열사의 국내 사무소, 영업소, 지점이나 동사 및 동사의 계열사가 출자하여 국내에 설립하는 법인 등에 취업하여서는 아니 된다. 피신청인은 이 사건 영업비밀을 신청인 회사 이외의 자에게 공개하거나, 이를 사용하여서는 아니 된다.

직장에서 배우고 익힌 바를 이용하는 업무에 종사하지 못하게 될 경우 그 생계에 상당한 위협을 받을 수 있다는 사정 등을 고려하면, 경업금지의무는 ① 우선 영업비밀을 보호하기 위한 목적의 범위 내로 한정되며, ② 경업금지약정의 당사자인 피용자가 사용자 회사에서 어느 정도의 지위를 가졌었는지, ③ 그가 행한 직무는 어떠한 내용의 것이었는지, ④ 경업금지기간은 얼마나 장기간의 것인지, ⑤ 경업금지지역은 얼마나 넓은지, ⑥ 경업금지 대상 직종은 어떠한지 및 ⑦ 경업금지의무에 대한 대상조치(代償措置)가 있는지에 따라서 그 효력의 유·무효가 결정된다는 것이다.[7]

위와 같은 법원의 요건 판단은 전체적으로 큰 무리가 없다고 판단이 되지만 대상조치 자체를 경업금지약정의 요건에 포함시킨 것은 다소 문제가 있다고 생각되는데[8] 대상조치를 경업금지약정의 유효 요건으로 볼 것인지에 관해서는 의견 대립이 있다. 항을 달리하여 이에 관하여 살펴보고자 한다.

---

7) 위와 같은 요건을 사안에 적용하면서 다음과 같은 판단을 하였다. 이 사건에 있어서 사용자와 피용자의 관계에 있던 신청인 회사와 피신청인 사이에 피신청인이 신청인 회사에 입사할 당시 체결된 이 사건 경업금지약정은, 그 목적이 피신청인으로 하여금 퇴사 후 그가 취직 중 알게 된 판매방법 등에 관한 정보 등을 이용하여 동종의 영업분야에서 일하거나 다른 경쟁 제약판매회사 등에 취업함으로써 결국 신청인 회사에 손해를 끼치는 행위 즉, 위법한 영업비밀 침해행위를 막기 위한 것이라는 점, 그 금지기간이 1년으로서 피신청인에게 과도한 제약이 되지 아니하는 점, 피신청인은 약사의 자격을 갖춘 자로서 그 정도의 기간 동안 동종의 영업분야에 종사하지 아니하더라도 생계에 지장이 있을 것으로는 보이지 아니하는 점, 경업금지지역이 신청인 회사와 경쟁이 있거나 있을 것으로 예상되는 지역에 한정된 점, 경업이 금지된 영업, 업무에 대하여도 신청인 회사와 경쟁이 있는 경우에 한정된 점 등을 고려하면 이 사건 약정은 유효한 경업금지약정으로 보아야 하고, 피신청인이 신청인 회사가 수입 판매하고 있는 것과 같은 복막투석액 수입판매를 하는 신청인 회사의 국내사무소 및 그 현지법인에서 그 책임자 및 대표이사로 근무해 온 이상 그 국내 영업활동에 대한 책임도 포함한 일을 하고 있다고 할 수 있으므로, 피신청인에 대하여 신청인 회사로부터 퇴사한 후 1년간 경업을 금지하는 이 사건 경업금지약정은 헌법상 직업선택의 자유를 부당히 제한하여 공서양속에 반한다고는 볼 수 없다 할 것이니, 피신청인의 위 주장은 이유 없다.

8) 그런데 위 판례는 대상조치를 요건이라고 언급하면서도 구체적인 사안에서는 피신청인에게 대상조치가 있었는지에 관해선 판단을 하지 않고 있다.

Ⅳ. 대상조치와 경업금지약정의 요건

사용자의 대상조치가 경업금지약정의 효력요건인지에 관해서는 의견이 대립이 있다. 김재훈 교수는 경업금지특약 및 대상의 필요성을 경업금지약정의 효력요건으로 소개를 하고 있는데 경업피지의무가 당사자의 합의에 근거하여 발생하는 경우 반대급부의 존재가 그 요건으로서 중시된다고 설명하면서 이러한 대상의 형식에 대해서는 근로계약존속 중에 관계근로자에게 수당의 형식으로 정기적으로 지급하는 방법, 혹은 퇴직 시에 일시금의 형식으로 시급되는 방식 등이 있을 수 있으며 매월 지급되는 수당의 경우 고용기간이 단기간일 때에는 대상으로서 충분한 금액인가 하는 점이 문제된다고 한다.[9] 이승길 교수는 경업피지특약에서 대상조치의 의미는 우선, 정당한 경쟁범위를 벗어난 행위를 규제하는 특약과의 관계에서는 규제되는 경업행위가 정당한 경쟁행위의 범위를 벗어난 행위에 한정되느냐 여부의 판단이 미묘한 경우 특약의 유효성을 기초 지우는 요소가 되고, 다음으로 원래적인 경업피지의무를 정한 특약과의 관계에서는 특약의 유효요건으로서 불가결한 것이라고 설명한다.

이 경우 종전 사용자의 노하우 등의 부정이용을 따르지 않은 직업활동 및 종전의 사용자 아래에서의 직무범위와 관계없는 영역에서의 고객획득 활동 등 그 자체로서는 정당한 경쟁의 범위를 벗어나지 않는 행위도 규제의 대상이 되기 때문에 이러한 부분의 행위

---

9) 김재훈, "근로자의 퇴직 후 경업피지의무: 동서석유화학사례", 『노동법연구』(제5호), 서울대학교 노동법연구회, 1996, 363쪽.

를 한다는 직업생활상의 자유가 제약되는 것의 대상이 필요하다고 본다.[10] 신권철 판사도 경업금지의무는 영업비밀유지의무와 달리 근로자에게 별도의 포괄적이고 구체적인 의무를 부담시키는 계약에 의하여 근로자에게 추가적으로 부과된 것이므로 추가되는 의무에 대해서는 그에 상응하는 대가가 필요하며 경업이 불법행위가 아닌 한 근로자만 일방적으로 근로의 자유를 제한받으면서 사용자만 영업이익을 취하는 것은 부당하다는 입장이다.[11] 반면, 이성호 판사는 외국의 입법례와 달리 우리나라 실정법상 대상의 지급을 요구하는 규정이 없고, 경업금지는 사용자의 이익과 근로자의 이익을 비교교량 하여 엄격하게 인정되는 것이기 때문에 반드시 대상의 지급이 요건이 된다고 볼 수도 없으며 부정경쟁방지 및 영업비밀의 보호에 관한 법률만으로는 침해행위에 대한 실효성이 있는 구제수단이 충분히 갖추어졌다고 보기 어렵다는 점 및 당사자 간에 자유로운 약정에 의하여 체결된 금지약정에 대상의 지급이 규정되어 있지 아니한 이상 대상의 지급은 경업금지약정의 효력을 판단함에 있어 경업제한의 범위를 제한하는 고려요소라고 설명한다.[12]

학설의 전반적인 견해는 대상이 필요하다는 입장인 반면, 판례의 일반적인 경향은 대상조치의 존부를 경업제한의 범위를 결정하는 부수적인 요소로 보는 듯하다. 기본적으로는 판례의 태도에 찬동하고 싶다. 경업금지약정이 유효하기 위해서는 대상조치가 필요

---

10) 이승길, "일본에 있어서 경업피지의무에 대하나 소고", 『노동법률』(134호), 2002. 7, 97쪽.

11) 신권철, "근로자의 경업금지의무", 『노동법연구』(제18호), 서울대학교 노동법연구회, 2005, 250쪽~251쪽.

12) 이성호, "勤勞者에 대한 競業禁止約定의 效力과 轉職禁止假處分의 許容與否", 『저스티스』(제34권 제4호), 2001. 8, 한국법학원, 108쪽~109쪽.

하다는 주장의 핵심에는 근로자의 이익을 지나치게 희생시킨다는 측면이 자리하고 있는데 근로자의 이익은 경업금지약정의 효력을 부인하는 방식으로 이루어질 필요가 없다고 보기 때문이다. 경업금지 자체는 보호하여야 할 회사의 이익과 금지의 정도를 가지고 판단하여야 하며 대상 조치는 이와는 별도로 근로자의 권리로서 인정할 수 있다고 생각한다. 만일 경업금지약정 자체에 대상조치가 없다는 이유만으로 약정 자체의 효력을 부인하게 되면 실질적으로는 경업금지의 필요성이 인정되면서도 충분한 대상이 지급되지 않았다는 이유만으로 경업제한을 부인하게 되고 이에 따른 기업의 손실이 지나치게 크다. 따라서 경업금지약정의 효력 자체는 회사와 근로자의 이익을 일반적인 판례의 형량이론에 따라 처리하고 근로자의 대상청구권은 별도의 요건을 심사하여 인정하는 것이 적합하다고 본다.

V. 대상조치의 성격에 관한 재판부의 판단

1. 효력요건으로서 대상의 지급

대상결정은 근로자에 대한 대상의 유무를 경업금지약정의 효력요건으로 언급하면서 나아가 이 사건의 피신청인들에게 적절한 대상조치가 이루어졌는지까지 판단하고 있다. 이것은 이 사건을 두고 재판부가 이론적인 요건과 사안의 포섭에 관하여 충실한 판단을 하려는 노력의 결과라고 생각한다. 그런데 이렇게 근로자에 대한 대상을 효력요건으로 판단하면서도 대상의 지급방식에 관해서는 다소 애매한 판단을 하고 있다고 생각한다. 즉, 이유부분에서 비록 경업금지약정으로 직접적인 금전보상을 받은 사실은 없지만 오랜 기간 고용의 보장을 받고 한 분야에서 전문성을 키우면서 승진의 보장을 받은 것을 대상(代償)으로 볼 수 있고 그 대상이 설혹 부족하더라도 보호하여야 할 회사의 이익의 크기가 현저한 것을 고려하여 보면 약정이 무효라고 할 수 없다고 판단하고 있다.

대상의 지급방식으로서 오랜 기간의 고용을 통해 전문성을 키우고 승진을 보장받았다는 측면을 1차적으로 언급하고 있는데 이것은 근로자가 한 회사에 장기간 근무를 할 경우에는 필연적으로 따라오는 부수적인 효과에 불과하지 실질적인 대상으로서 파악하기에는 무리가 있다. 근로계약 기간 중 대상으로 파악하기 위해서는 적어도 당사자 간에 특정한 금전 혹은 금전적으로 평가할 수 있는 혜택에 대해 그것이 묵시적이라도 대상이라는 합의가 이루어져야 한다. 이런 점 때문인지 대상결정은 대상이 부족한 면이 있더라도 회사 이익의 크기가 현저하여 약정이 무효라고 볼 수 없다는 판단을 하고 있는데 이것은 법률행위의 효력요건에 관한 기본적인 틀에서 벗어나는 해결방식이다. 어떤 요건이 법률행위의 효력요건이라고 하면 그 요건이 흠결된 이상 해당 법률행위는 예정한 법률효과가 생긴다고 해석할 수 없다. 대상의 지급이 효력요건이라고 해석하는 이상, 대상의 지급으로 볼 수 있는 사실을 인정할 수 없다면 경업금지약정은 효력을 발생할 수 없다.

2. 효력요건과 구분되는 별도의
보상청구권으로서 대상청구권

엄격하게 이 사건을 살펴보면, 비록 피신청인들의 행위가 종전에 재직했던 회사에 큰 손실을 줄 수 있는 것이지만 그런 비난 가능성 때문에 대상의 지급 자체를 부인하기는 어렵다고 본다. 대상결정은 대상의 지급을 경업금지약정의 요건으로 판단하였기 때문에 피신청인들에게 약정과 더불어 적정한 대상이 지급되었는지에 관하여 고민할 수밖에 없었다. 그러나 앞서 언급하였듯이 대상의 지급은 경업금지약정의 요건이 아니며 이것은 약정과는 별도로 근로자에게 이전되는 금전보상청구권이라고 파악하면 굳이 대상이 지급되었다는 어색한 논리를 펴지 아니하여도 약정의 효력을 충분히 인정할 수 있다고 본다. 이럴 경우 근로자가 청구할 수 있는 대상의 내용과 범위는 어떻게 되어야 하는가에 관해서는 별도의 연구가 필요하겠지만 적어도 대상의 지급을 약정의 효력요건으로 봄으로써 발생하는 논리의 비약을 피할 수 있고 사례의 해결에도 구체적 타당성을 기할 수 있다고 생각한다.

Ⅵ. 결론

대상결정은 경업금지약정에 있어서 대상의 지급에 관하여 구체적인 판단을 한 예이다. 대상의 지급에 관해서는 아직까지 깊이 있는 연구가 되어 있지는 않지만 근로자의 이익을 보호한다는 측면에서 대상의 지급을 고려한 결정의 취지에는 찬동하고 싶다. 그러나 대상의 지급 자체를 경업금지약정의 효력 요건으로 해석하는 것은 사례에서 나타난 바와 같이 구체적 타당성을 이끌어내야 하는 부담으로 인하여 논리의 비약을 피하기 어렵게 한다. 대상의 지급은 경업금지약정의 효력과는 직접적인 관련이 있는 요소는 아니며 근로자가 별도로 사용자에 대하여 청구할 수 있는 보상청구권이라고 생각한다. 종전 판례와 같이 대상의 지급 여부는 경업금지의 정도를 판단하는 부수적인 요소로 보는 것이 적절하다고 생각한다.

15

임금의 의의와 계산

대상판결: 서울행정법원 2008. 6. 25. 선고

2007구합1972 판결[1)

Ⅰ. 대상판결의 개요

1. 사실관계의 요지

주식회사 에이텍(이하 '회사')은 1993년경 설립되어 서울 서초구에 본점을 두고 컴퓨터 하드웨어 개발, 제조 및 판매업, 컴퓨터 및 그 부품의 제조, 판매 및 수출입업 등을 영위하는 법인이다. 근로복지공단은 고용보험료를 부과하고 징수하는 행정기관이다.

회사는 2005년도에 임직원 및 용역, 기능, 계약직원 전부를 대상

---

1) 참여 법관: 판사 전성수(재판장), 이주영, 이용우.

으로 등급별 최고 133%에서 최저 66.7%에 해당하는 경영성과금 총 901,456,000원을 지급하면서 위 금품에 대해선 고용보험료 산정의 기초가 되는 임금이 아닌 것으로 보아 이 부분에 대한 고용보험료를 신고·납부하지 않았다. 근로복지공단은 회사의 2005년도 보험료 신고내용을 다시 조사한 결과 위와 같이 경영성과금이 임금산정에서 제외된 것을 발견하고, 위 경영성과금 중 458,310,000원을 고용보험료 산정에 포함시켰고 이에 따라 회사에 대하여 2006. 10. 11. 및 같은 해 12. 29. 2회에 걸쳐 총 30,062,030원에 대한 징수통지를 했다. 회사는 2007. 1. 15. 위 징수통지 금액 중 17,289,330원을 초과하는 부분을 취소하라는 고용보험료등부과처분취소소송을 서울행정법원에 제기했다.

한편 회사가 경영성과금을 지급한 구체적인 경위는 다음과 같다. 회사의 급여규정에 따르면, 직원들에 대한 급여는 기본급과 제 수당으로 구분되고, 상여금은 회사의 경영성과에 따라 이사회의 결의로 매년 1회 이상 지급할 수 있었다. 또 사내 임원규정에 따르면, 임원의 보수는 급여와 상여금으로 나뉘는데 상여금은 명절상여금과 경영성과급으로 구성되고 경영성과급은 회사의 경영성과 및 임원의 기여도에 따라 이사회의 승인을 거쳐 현금 또는 주식으로 지급할 수 있었다. 회사는 2005년 매출 1,000억 원 및 영업이익 46억 원을 기록하자 임원 및 전 직원을 대상으로 경영성과금을 지급하기로 하고, 본부, 팀, 개인별 성과지표를 적용하여 실적을 A, B, C로 등급화한 후 그 결과를 토대로 차등 지급했다. 위 경영성과금은 2005년 1회만 지급되었고 2006년은 매출 및 영업이익 달성율이 목표 대비 70% 수준에 불과하여 지급하지 않았다. 또, 위 경영

성과금은 급여규정 및 사내 임원규정에서 정하지 아니한 금품으로
서 경영성과금을 지급하기 이전에 임원들에겐 별도로 특별상여금
131,170,000원을, 일부 직원들에게 3회에 걸쳐 본인의 업무성과에
따라 인센티브를 지급한 바 있다.

2. 판결의 요지

서울행정법원은 먼저 임금에 관한 판례의 일반론을 전제했다. 즉,
임금이란 사용자가 근로의 대상[2]으로 근로자에게 지급하는 일체의
금품으로서 근로자에게 계속적·정기적으로 지급되고 그 지급에 관
하여 단체협약, 취업규칙, 급여규정, 근로계약과 노동관행 등에 의
하여 사용자에게 그 지급의무가 지워져 있는 것을 모두 포함한다.[3]
따라서 회사가 임직원들에게 지급한 경영성과금이 근로기준법상의
임금에 해당하여 보험료 등을 산정하는 임금총액에 합산되어야 하
는지 여부는 이것이 근로의 제공과 대가관계에 있는 것으로서 사용
자에게 지급의무가 인정되는 것인지 여부에 달려있다는 것이다.

다음, 사건의 구체적 사정을 언급하고 있는데 다음과 같다. ①
경영성과금은 회사의 급여규정이나 사내 임원규정에 의하여 정하
여지는 상여금과는 별개로 대표이사의 결정에 따라 그 지급이 결
정되었다. ② 경영성과금은 2006. 1. 20. 최초로 지급된 것으로 용
역이나 계약직 직원을 포함한 전 직원에게 지급되었는바, 임원들에

---

2) 근로기준법의 개정으로 지금은 '대가'라는 표현이 정확하다.
3) 대법원 1999. 5. 12. 선고 97다5015 판결.

대한 특별상여금이나 실적이 뛰어난 직원들에 대한 인센티브는 이와 별도로 지급되었다. ③ 따라서 그 지급에 있어 개인별, 부서별 업적에 따라 지급률을 달리한 것은 경영성과에 따른 성과급의 분배방식인 것으로 보일 뿐 업무실적에 따른 근로의 대가로 보기는 어렵다. 게다가 ④ 회사는 실제 2005년도에 신규시장 진입 성공 등으로 예상 밖의 좋은 경영성과를 올렸는바, 경영성과금은 이를 기념하고 전체 직원들의 사기를 진작하기 위한 취지였던 것으로 보인다. ⑤ 회사는 2006년도에도 경영성과금 지급을 검토하기는 하였으나, 경영 실적이 목표에 미치지 못한다는 이유로 이를 지급하지 아니하기로 최종 결정하였다.

결국, 경영성과금은 경영 성과에 따라 일시적으로 지급된 것에 불과한 것일 뿐 근로의 제공과 대가관계에 있는 것으로서 사용자에게 지급의무가 인정되는 금원이라고는 볼 수 없으므로 고용보험료 등의 산정기준이 되는 임금총액에 산입할 수 없다고 판단하여 회사의 청구를 인용했다.

II. 임금의 개념과 범주

1. 근로의 대가

고용보험 및 산업재해보상보험의 보험료징수 등에 관한 법률 제13조 제4항은 사업주가 부담하여야 하는 고용보험료는 그 사업에 종사하는 고용보험가입자인 근로자의 임금의 총액에 일정한 보험료율을 곱한 금액에 실업급여의 보험료율의 2분의 1을 곱한 금액을 합한 금액으로 하고 있다. 따라서 부과된 고용보험료의 당부를 판단하려면 근로자의 임금의 총액이 얼마인지 알아봐야 한다. 같은 법 제2조 제3호는 법률에서 사용하는 임금개념을 근로기준법에 의한 임금으로 정의하고 있다. 따라서 근로기준법상 정한 임금개념을 살펴보아야 한다.

근로기준법 제2조 제5호는 임금을 사용자가 근로의 대가로 근로자에게 임금, 봉급, 그 밖에 어떠한 명칭으로든지 지급하는 일체의 금품이라고 정의한다. 이와 같이 근로기준법은 임금을 '근로의 대가'라는 표지를 사용하여 규정하고 있는데 근로의 대가에 대하여 학설은 근로제공에 대한 반대급부라고 해석하면서 업무수행에 실제로 소요되는 비용의 보상, 의례적·호의적으로 지급되는 금품, 복리후생적 혹은 생활보조적 금품 등은 모두 근로제공에 대한 반대급부가 아니므로 임금에 해당하지 않는다고 해석한다.[4]

'근로의 대가'라는 표지의 문리적 의미는 근로를 제공하는 것에 대한 대가이다. 이처럼 근로기준법의 임금에 관한 정의규정에는 근로의 대가라는 표지 이외에 그 의미를 제한하는 어떤 표지도 없다.[5] 지급된 금품이 근로계약 기간 중 특정기간에 제공된 것이든, 아니면 특정 업무를 담당하는 근로자에게만 지급된 것이든, 아니면 특수한 조건을 갖춘 근로자에게만 지급된 것이든 그것이 근로를 제공하는 것에 대한 반대급부라면 원칙적으로 임금이다. 그런데 사

---

4) 김형배, 『노동법』(제18판, 신판 제5판), 박영사, 2009, 307쪽~308쪽: 임종률, 『노동법』 (제7판), 박영사, 2008, 378쪽~379쪽.
5) 보다 임금의 개념요소를 상세히 나눈다면, 사용자가 지급하는 금품이라는 요소를 포함시킬 수 있다.

용자가 금품을 근로자에게 제공하는 이유는 대부분 근로를 제공받기 때문이라는 점을 고려하면 근로자에게 지급되는 금품은 보통 임금에 포섭될 가능성이 높다.

대법원 판례도 어떤 금품이 근로의 대상으로 지급된 것이냐를 판단함에 있어서는 그 금품 지급의무의 발생이 근로제공과 직접적으로 관련되거나 그것과 밀접하게 관련된 것으로 볼 수 있어야 하고, 이러한 관련 없이 그 지급의무의 발생이 개별 근로자의 특수하고 우연한 사정에 의하여 좌우되는 경우에는 그 금품의 지급이 단체협약, 취업규칙, 근로계약 등이나 사용자의 방침 등에 의하여 이루어진 것이라 하더라도 그러한 금품은 근로의 대상으로 지급된 것으로 볼 수 없다고 한다.[6] 이 판결에서도 지적하듯이 임금은 근로제공과 직접적으로 관련되거나 그것과 밀접하게 관련되어서 지급되는 금품이다. 물론, 근로기준법이나 대법원이 제시하는 임금의 개념이 다소 모호하다는 비판을 할 수 있지만 오히려 사용자가 지급하는 다양한 명목의 금품이 임금에 해당하는 지에 대해 구체적으로 타당한 결론을 내리기 위해서는 위와 같은 일반적인 정의나 개념이 적합하다고 생각한다. 근로의 대가라는 표지 이외에 다른 표지를 도입하게 되면 때로는 임금성이 강한 금품도 새로운 표지를 충족하지 못해 임금이 되지 못하는 불합리한 결과를 가져올 수도 있기 때문이다.

---

6) 대법원 1996. 5. 14. 선고 95다19256 판결.

2. 임금인지가 다투어진 사안에서 임금으로 인정한 예

임금의 개념에 비추어 보면, 이론적으론 실비변상적 금품, 호의적 금품, 복리후생적 금품 등은 임금에 포함될 수 없는데 만일, 그 실질이 근로의 대가라면 역시 임금에 해당된다. 예를 들어, 대학교수의 연구수당 및 학생지도수당이 어떤 실적에 따른 실비변상의 것이 아니고 위 대학교원에게 일반적으로 일정액을 <u>정기적, 계속적</u>으로 지급한 것이었다면 근로의 대가인 임금으로 보았고,[7] 규칙에 규정된 지급기준과는 달리 의학연구비가 실적에 따른 실비변상조로 지급되어 온 것이 아니고 병원의 과장급 의사 전원에게 매년 <u>정기적, 계속적</u>으로 지급되어 왔다면 의학연구비는 계속적 정기적으로 지급되는 임금이라고 보았다.[8] 또한, 가족수당은 회사에게 그 지급의무가 있는 것이고 일정한 요건에 해당하는 근로자에게 <u>일률적</u>으로 지급되어 왔다면, 이는 임의적, 은혜적인 급여가 아니라 근로에 대한 대가의 성질을 가지는 것으로서 임금이라고 보았고,[9] 정기적, 제도적으로 사무총장을 제외한 사무국의 전 직원에게 그 직급에 따라 <u>일률적</u>으로 지급되어 온 출퇴근교통비가 여비, 출장비 등과 같은 실비변상적인 성격의 금원이 아니라 근로의 대상인 임금의 성질을 갖는 금원이라고 보았다.[10]

그런데 판례는 위와 같이 정기성, 계속성, 일률성이라는 새로운 표지를 가지고 임금 여부를 판단하고 있는데, 이것이 적절한 판단

---

7) 대법원 1977. 9. 28. 선고 77다300 판결.
8) 대법원 1994. 9. 13. 선고 94다21580 판결.
9) 대법원 1995. 7. 11. 선고 93다26168 전원합의체판결.
10) 대법원 1992. 4. 10. 선고 91다37522 판결.

방식인지에 대해서는 다소 애매한 점이 있다. 항을 바꾸어 검토하고자 한다.

Ⅲ. 판례의 정기적, 계속적, 일률적이라는 기준 검토

1. 각 임금이 문제가 되고 있는 상황

사용자가 지급한 금품이 임금인지를 다툰 사안의 구체적 내용을 살펴보면, 대학교수의 연구수당 및 학생지도수당이 문제가 된 사안은 교통사고를 당한 피해자가 가해자의 사용자에게 손해배상금을 청구하면서 일실수입의 산정에 관해 다툼이 있었던 경우다. 두 번째, 의학연구비를 가지고 임금성을 다툰 사안도 교통사고의 피해자가 가해자들을 상대로 손해배상금을 청구한 사안에서 일실이익 산정에 의학연구비를 정당한 수입에 포함시킬지 여부를 판단한 것이다. 세 번째, 가족수당이 문제된 사안은 퇴직금을 계산하는데 가족수당이 평균임금 산정에 포함되는 것인지를 판단하고 있다. 마지막 사안은 대법원의 판결서만으론 정확하게 사건의 정황이 파악되지 않는데 다만 근로자들의 동의를 받지 아니하고 취업규칙을 변경하여 출퇴근교통비의 지급을 중단한 사안에서 출퇴근교통비가 임금이고 불이익에 따른 변경에 근로자의 동의가 없었으므로 변경 전후 감소한 임금총액을 근로자에게 지급하라는 내용임은 확인할 수 있다.

위 네 가지 케이스 중 세 번째 사례는 뒤에서 살피는 것처럼 퇴직금을 산정할 때 필요한 전제로서 임금여부를 결정한 것임과 동시에 평균임금을 산정하는 데 포함되는 임금인지 여부도 같이 판단하고 있다. 따라서 이 사례에서 사용한 '일률적'이라는 표현이 단순히 임금성만을 판단하는 표지로 사용하였는지, 아니면 평균임금 산정에 포함되는 임금 여부를 판단하는 표지로 같이 사용한 것인지 다소 불명확하다. 그러나 네 번째 사례를 보면 평균임금을 산정할 필요가 없는 사안에서도 '일률적'이라는 표현을 사용하고 있기 때문에 '일률성' 표지가 특정 금품이 임금인지 여부만을 판단할 때도 사용할 수 있는 개념이라는 추측을 할 수 있다. 한편 첫 번째와 두 번째 사례에선 '정기적, 계속적'이라는 표현을 사용하여 어떤 금품이 임금인지를 판단할 때 이 두 가지 표지를 기준으로 사용할 수 있다는 것처럼 들린다. 그런데 이 '정기성, 계속성' 개념은 다음에서 살펴보는 것처럼 임금성을 판단할 때만 사용하는 개념이 아니라 통상임금 산정에 포함되는 임금인지를 분별할 때 사용하는 개념이다. 따라서 판례가 정기성, 계속성, 일률성이라는 표현을 사용하면 때에 따라선 이것이 임금성을 판단한 것인지 아니면 평균임금 혹은 통상임금 산정에 포함되는 임금인지를 판단할 때 사용한 것인지 매우 혼란스런 상황이 연출된다. 그런데 앞서 살펴본 것처럼 근로의 대가인 모든 금품은 다 임금이기 때문에 근로의 대가성 기준에 평균임금 혹은 통상임금을 판단할 때 사용하는 개념을 섞어 버리면 임금으로서 보장받을 수 있는 금품이 경우에 따라 실질적으론 평균임금 혹은 통상임금이 아니라는 이유로 보장대상에서 제외되는 문제가 생길 수 있어 각 표지의 사용영역을 명백히 할 필요가 있다. 다음 항에선 평균임금과 통상임금의 산정 방식을 보다 구체적으로 검토하여 관련 문제를 정리해 보고자 한다.

2. 평균임금과 임금

근로기준법 제2조 제6호는 평균임금을 이를 산정하여야 할 사유가 발생한 날 이전 3개월 동안에 그 근로자에게 지급된 임금의 총액을 그 기간의 총일수로 나눈 금액이라고 정의하고 있다. 이를 받아서 근로기준법 시행령 제2조 제2항은 법 제2조 제1항 제6호에 따른 임금의 총액을 계산할 때에는 임시로 지급된 임금 및 수당과 통화 외의 것으로 지급된 임금을 포함하지 아니한다고 규정하고 있다. 근로기준법만 보면 평균임금 계산에는 근로자에게 지급된 총임금을 포함하도록 하고 있기 때문에 평균임금의 개념이 임금개념과 일치하고 있다. 즉, 근로의 대가이면 모두 평균임금이 된다.

그런데 시행령은 임금 중에서 임시로 지급된 임금을 계산에서 배제하고 있다.[11] 시행령의 이 규정은 제정 근로기준법 시행령(1954. 4. 7. 대통령령 제889호) 제3조에서도 동일한 형태로 확인할 수 있다.[12] 판례는 이러한 규정의 문리적 해석을 통해 평균임금 산정에 포함되는 임금인지 여부를 판단할 때, '정기적, 제도적'[13], '계속적, 정기적'[14][15]이라는 표현을 사용하고 있다. 부언하면, 임시로 지급

---

11) 이에 따라 시행령의 해당 조항이 위임의 범위를 벗어난 행정입법으로서 무효라는 주장이 제기되고 있다.

12) 제정 근로기준법 시행령 제3조, 법 제19조에 규정한 임금의 총액에는 임시로 지불된 임금, 수당과 통화이외의 것으로 지불된 임금으로서 사회부장관이 정하는 이외의 것은 산입하지 아니한다[제정 근로기준법 제19조 (평균임금의 정의) 본법에서 평균임금이라 함은 이를 산정하여야 할 사유가 발생한 날 이전 3월간에 그 근로자에 대하여 지급된 임금의 총액을 그 기간의 총 근로일수로 제한 금액을 말한다. 취업 후 3월 미만도 이에 준한다].

13) 퇴직금이 문제된 사안에서, 직원들에게 매 3개월마다 1회 1년에 4회씩 통상 임금의 100퍼센트에 해당하는 상여금을 계속 지급하여 왔다면 상여금은 대한석탄공사의 직원들이 제공한 근로에 상응한 대가로서 정기적, 제도적으로 지급되는 임금의 일종이다(대법원 1976. 6. 22. 선고 76다439 판결).

되는 임금은 정기적이지도 않고 계속적이지도 않으며 제도적이지도 않다는 것이다. 이처럼 판례는 특정 금품이 정기적, 계속적, 혹은 제도적으로 지급되었다면 이것을 평균임금의 산정에 포함되는 임금으로 판단하고 있는데 문제는 평균임금 산정 기준이 되는 시행령의 지표를 근로의 대가인지를 판단하는 임금성 판단의 기준으로도 사용한다는 것이다. 임금과 평균임금은 분명히 의미가 다르고 이에 따라 그 범위가 다른데도 말이다.

3. 통상임금과 임금

근로기준법시행령 제6조 제1항은 통상임금을 근로자에게 정기적이고 일률적으로 소정근로 또는 총 근로에 대하여 지급하기로 정한 시간급 금액, 일급 금액, 주급 금액, 월급 금액 또는 도급 금액이라고 정의하고 있다. 통상임금의 정의규정에서 '정기성, 일률성'이라는 표지를 곧바로 읽을 수 있는데 이 표지 중 '정기성'은 앞서 살펴본 것처럼 평균임금 산정에 포함되는 임금을 판단할 때도 사용하는 개념이다.

시행령에 통상임금 규정이 들어온 것은 1982. 8. 13.(대통령령 제

---

14) 퇴직금이 문제된 사안에서, 주식회사 문화방송이 1976년도부터 전 직원에게 지급하여 온 기본급의 200퍼센트에 상당하는 특별상여금은 문화방송이 1976. 11.부터 계속적, 정기적으로 전 직원에 대하여 기본급의 200퍼센트를 매년 11월에 지급하여 온 것으로서 이는 근로의 대가인 임금이다(대법원 1982. 10. 26. 선고 82다카342 판결).

15) 근로복지공단의 평균임금정정거부가 문제된 사안에서, 단체협약서와 상여금지급규정상 상여금지급과 관련하여 전 종업원에게 상여금을 기본금으로 연 520% 지급하고, 지급방법은 연 4회로 하기로 하였을 때 근로자가 92년도 1/4분기 및 2/4분기의 상여금으로 지급받은 각 금원은 근로의 대상에 해당되는 임금으로서 평균임금 산정의 기초가 되는 임금 총액에 포함되어야 할 것이다(대법원 2002. 10. 25. 선고 2000두9717 판결).

10898호)인데 당시 시행령 제31조에 현행과 같은 형태의 규정이 입법되었고 그 취지에 대해선 통상임금의 정의를 정함으로써 각종 임금 및 재해 보상의 산출기준을 명백히 하는 것이라고 설명되어 있다. 그 이전에는 대법원 판례에서 통상임금의 정의를 읽을 수 있다. 예를 들어 대법원 1978. 10. 10. 선고 78다1372 판결에서는 "통상임금이란 평균임금의 산정과는 달라서 실제 근무 일수나 실제 수령한 임금에 구애됨이 없이 고정적이고 평균적인 일반임금 즉, 기본적인 임금과 이에 준하는 고정적으로 지급되는 수당의 1일 평균치라고 보아야 한다."라고 하여 통상임금의 개념을 설명하고 있다. 위 1978년 판결에서는 '고정적'이라는 표지를 주로 사용하고 있다. 이러한 영향 때문인지 이후 판례는 시행령에 규정된 정기적, 계속적이라는 두 가지 표지 외에도 지속적으로 '고정적'이라는 개념을 사용하고 있다. 예를 들어, 판례는 어떤 임금이 통상임금에 해당하려면 그것이 정기적, 일률적으로 지급되는 <u>고정적</u>인 임금에 속하여야 하므로 실제의 근무성적에 따라 지급 여부 및 지급액이 달라지는 임금은 <u>고정적</u>인 임금이라 할 수 없어 통상임금에 해당하지 않는다고 설명하고 있다. 그러나 고정적이라는 표현은 시행령이 제정되기 이전 판례가 사용하던 개념표지이고 지금은 이전 판례의 취지를 그대로 살려 통상임금을 정의하면서 정기성, 계속성이라는 명문의 규정을 두고 있기 때문에 굳이 고정적이란 표현을 사용하지 않아도 된다고 생각한다. 오히려 고정적이란 표현을 사용하여 마치 통상임금을 계산하는데 정기성, 일률성 평가 이외에 별도의 고정성 평가를 하여야 하는 것처럼 오해를 불러일으킬 여지만 키운다.

이제 다시 임금개념과 통상임금 개념의 교차 문제를 언급해야 하다. 앞서 간단하게 논한 것처럼 법원은 임금성을 판단할 때, 정기성, 계속성, 일률성이라는 판단기준을 제시하고 있는데 이 중 정기성, 계속성은 통상임금을 정의한 규정에서 사용하는 용어이다. 통상임금과 (총)임금의 구별은 평균임금과 (총)임금의 구별보다 더 용이하다고 생각하는데 관련 용어는 오히려 통상임금이 (총)임금에 접근하고 있는 것처럼 사용하고 있다. 이렇게 되면, 특정 금품이 단순히 임금인지 여부를 판단하는 사례에서 그 금품이 통상임금인지를 판단하는 문제로 전화될 가능성을 배제할 수 없고 이에 따라 임금으로서 보장받아야 할 금품이 통상임금이 요구하는 정기성, 계속성을 갖추지 못했다는 이유로 임금이 아닌 것으로 오해될 수 있다. 임금판단의 표지에서 정기성, 계속성 나아가 일률성이라는 표지가 적절하지 않은 실천적인 이유가 여기에 있다.

4. 다시 원칙으로 – 근로의 대가

대법원이 임금성을 판단할 때, 정기성, 계속성, 일률성이라는 표지를 사용하는 이유를 선해한다면, 아마도 근로계약이라는 것이 계속적 계약관계라는 특성을 가지고 있고 그렇다면 계약의 주된 급부인 임금도 그러한 계속적 성격을 응당 가져야 한다고 전제하기 때문인 것 같다. 이런 전제는 매우 전형적인 근로계약관계에서는 타당한 전제로서 그 유용성을 인정할 수 있지만 조금이라도 비전형적인 요소가 곁들여지는 근로계약관계에선 당장 문제를 일으킨다. 근로제공은 계속적으로 이뤄질지언정 임금의 지급은 근로제공의 형태와 내용에 따라 얼마든지 부정기적으로 불규칙한 액수로 지급될 수 있다. 따라서 이런 경우까지 정기성, 계속성, 일률성이라는 잣대를 들이대면 임금이, 임금이 아닌 게 되어버릴 여지가 있다. 재판을 받는 근로자의 입장에선 내가 일하고 돈을 받았는데 그것이 임금이 아니라고 하니 당혹스러울 수밖에 없게 되고 상황에 따라선 법원이 노동현실을 제대로 알고 재판을 하는 것이냐는 불만을 제기하기도 하는 것이다.

그럼 어쩌라는 것인가? 내 생각은 이렇다. 다시 원칙으로 돌아가서 문제가 되는 금품이 근로제공의 대가인지 여부만 판단하면 된다. 이렇게 되면 임금의 지급 시기나 액수가 다소 불규칙하더라도 일단 임금으로 판단할 수 있게 된다. 노동의 제공을 전제하지 않고 근로계약관계에 있는 근로자에게 금품이 제공된다는 것은 기본적으로 상정하기 어렵고 그렇다면 명백하게 실비변상적인 것(출장 시 실제로 소요된 교통비의 제공)이나 호의적인 것(관혼상제의 부조금)이 아니라면 임금으로 파악하여 문제를 처리하는 것이 합당하다. 임금성 판단문제는 적극적으로 임금이 무엇이냐를 파악하는 문제가 아니라 소극적으로 임금이 아닌 것이 무엇이냐를 판단하는 문제이다.

Ⅳ. 경영성과금은 임금이다.

대상판결에서 문제가 되는 경영성과금을 법원이 임금이 아니라고 본 이유도 결국엔 종전 판례에서 언급하는 정기성, 계속성, 일률성 표지를 갖추지 못했기 때문이라는 것이다. 임금성을 부정한 주된 요지는 회사 임금 관련 규정에서 정하지 아니한 1회적 금품

지급이었다는 것이다. 그러나 1회적 금품지급이더라도 그것이 근로자의 근로제공에 기인한 것으로 평가할 만한 표지를 갖고 있다면 역시 임금이다. 이 사안은 특히 경영성과금 지급에 있어 개인별, 부서별 업적에 따라 지급률을 달리하여 확실하게 제공한 근로의 양과 질을 평가하고 있다. 법원은 이것을 경영성과에 따른 성과급의 분배방식에 불과하다고 판단했는데 너무 억지스럽다. 이 사건처럼 단 1회 지급한 경영성과금은 근로기준법령에 따라(그 당부는 별론으로 하고) 평균임금 혹은 통상임금의 산정에선 제외될 수 있을지언정 총임금의 계산에서 제외하기는 어렵다.

V. 결론

임금에 관한 실무상 분쟁을 크게 대별하면 퇴직금청구소송, 법정수당청구소송, 그리고 이 사건에서 문제되는 보험료부과처분취소소송이다. 퇴직금청구소송은 평균임금 산정이, 법정수당청구소송은 통상임금 산정이 쟁점이고 보험료부과처분취소소송은 (총)임금의 산정이 논점이다. 각 소송마다 기본적으론 금품의 임금성을 따져야 한다는 점에선 공통점이 있지만 구체적으론 산정하여야 할 관련임금의 액은 차이가 있다. 그런데 법원의 판례 중엔 이 점을 명확하게 인식하지 못하고 있는 느낌을 주는 것이 있다. 대상판결은 임금의 개념과 평균임금의 개념을 혼동하고 있는 것처럼 보인다. 세 가지 개념의 표지를 명확히 이해하고 서로의 표지를 혼란스럽게 섞어 쓰지 않는 것이 문제해결의 시작일 것이다.

16

동일가치노동 동일임금

대상판결: 서울남부지방법원 2008. 7. 2. 선고

2007가단16179 판결

I. 대상판결의 개요

1. 사실관계의 요지

피고 회사는 코일, 콘덴서, 트랜스, 필터 등 전자부품을 생산하는 주식회사이고 원고들은 피고 회사의 코어 생산 공정에서 일하는 여성근로자들이다. 코어 생산 공정은 과립 Ferrite 분말 재료 가공, 성형과 건조, 소성, 검사, 포장으로 구성되어 있는데 원고들이 담당하는 코어 적재/정렬 작업은 성형이 완료된 제품의 표면 돌출을 제거한 후 지정된 용기에 지정된 양을 정렬하여 소성 전기로에 넣을 수 있도록 준비하는 것으로 크기가 작은 비드코어는 용기에

쏟아 붓고 수평으로 흔들어 주며, 크기가 큰 디알코어는 파손우려가 있기 때문에 하나씩 정렬한다. 정렬을 완료하면 코어를 담은 로트를 운반수레에 적재하여 소성실 전기로 앞으로 운반한다. 이 작업은 3명의 여성근로자가 담당하는데 입사 후 코어 담는 공정에서 3개월 이상 근무한 근로자에게 작업을 부여한다. 한편 남성근로자들은 소성 공정의 전기로 관리 작업을 주로 하는데 이 작업은 코어를 지정된 전기로에 지정된 온도로 소성하여 지정된 특성을 얻게 하는 것이다. 구체적인 공정을 살펴보면, 온도관리설정 등 준비작업, 온도설정, 작업일보 등의 작성, 온도교체 작업, 로(爐)출 후 현품표와의 확인작업, 특별작업으로 소성 시작(試作)작업이다. 이 밖에 정전이나 고장이 나면 필요한 조치 등을 취한다. 이 작업은 입사 후 소성에서 3개월 이상 근무 후 교대 근무한 남성근로자 8명이 하며 소성실은 연중 24시간 4조 3교대로 운영된다. 원고들은 자신들이 소성실에서 근무하는 남성근로자와 동일가치 노동을 수행하는데도 여성, 비정규직이라는 이유로 피고 회사로부터 적은 임금을 받고 있다고 주장하며 임금차액을 청구하였다.

2. 판결의 요지

1심 법원은 대법원 2003. 3. 14. 선고 2002도3883 판결의 내용을 인용하여 원고들의 청구를 검토하였다. 재판부는 동일가치노동을 평가하는 지표로 작업조건, 기술, 책임, 노력이라는 네 가지 요소를 사용하였다. 작업조건에 대해서는 비록 소성실 전기로가 1천도가 넘는 고온으로 가동되고 수리 시 화상의 위험이 있다고 하지만 출구지역 이외 나머지 구역은 특별히 가혹하지도 않고 원고들도 제품운반을 위해 수시로 드나들며 남성근로자들도 소성실 내 사무실 냉방구역에서 휴식을 취할 수 있기 때문에 차이를 인정하지 않았다. 기술에 대해서도 남성근로자들이 하는 전기로의 온도설정작업은 사전에 자격, 학위, 경험이 필요 없고 소성실 배치 후 현장교육으로 충분히 할 수 있기 때문에 역시 차이를 인정하지 않았다. 그러나 책임에 대한 판단에서는 원고들의 정렬 작업과 남성근로자의 전기로 관리작업은 1994년경부터 각기 운영된 작업규정과 원고들의 경력서 기재에 비추어 각기 본연의 업무로 판단되고 원고들은 온도관리업무에 관여하지 않은 것으로 보이며 남성근로자들이 정렬작업에 동원된 이유는 정렬실 여성근로자들을 위한 호의적인 업무로 보이고 정렬실 업무 담당자가 아닌 남성근로자가 정렬실 업무를 하는 점을 고려하면 정렬실 업무가 단순노동일 여지가 있고 전기로 온도관리가 잘못되면 큰 피해를 입지만 정렬업무의 하자는 그렇지 않고 전기로 작업은 모든 제품에 적용되는 공정이지만 손으로 하는 정렬작업은 전체 제품의 20%~25% 정도이기 때문에 동일가치노동으로 볼 수 없다고 했다. 또, 남성근로자의 전기로 1회 공정은 12시간가량의 장기간이고 오작동으로 인한 손해가 크고 24시간 3교대제로 운영하는 것을 보면 원고들의 업무와 정신적 노력과 긴장에 차이가 있어 동일가치노동이 아니라고 판단했다. 이렇게 여성근로자와 남성근로자의 노동은 책임과 직무 면에서 동일가치노동으로 볼 수 없어서 원고의 청구를 기각한다는 판결을 하였고 원고들은 1심 판결에 불복하여 항소[1]하였다.

Ⅱ. 동일가치노동의 평가

동일한 사업장 내에서 행해지는 두 가지 노동의 가치를 동일한 것으로 판정할 수 있다면 그 노동을 수행하는 두 부류의 근로자에 대해서 동일한 임금을 지급하여야 한다는 점에는 이의가 없을 것이다. 그러나 같은 혹은 유사한 노동을 하고 있다고 하여도 사용자는 근로자의 경험이나 숙련도 등을 이유로 임금에 차등을 둘 수 있고 서로 다른 노동을 하는 경우에는 사용자가 정한 기준에 따라 또 다른 임금의 차등을 둘 수 있다. 현재까지 우리나라가 가지는 '유권적 기준'은 아래에서 살펴보는 노동부예규와 대법원 판결이다.

1. 노동부예규 제422호와 대법원 판결

구 남녀고용평등법[2] 제8조 제1항은 사업주에게 동일한 사업장 내의 동일가치의 노동에 대해서는 동일한 임금을 지급하도록 규정하고 제2항에서 동일가치 노동의 기준으로 "직무수행에 요구되는 기술, 노력, 책임 및 작업조건 등"을 제시하고 있다. 노동부예규 제422호 제5조는 그 기준을 좀 더 자세하게 규정하고 있는데 먼저 동일가치노동의 범주를 세 가지로 분류하고 있다.[3] 즉, ① 서로

---

1) 현재 이 사건은 서울남부지방법원 제2 민사부(2008나8329)에 배당되어 심리 중에 있다.

2) 이 법률은 현재 남녀고용평등과 일·가정 양립 지원에 관한 법률로 명칭을 변경하고 일·가정 양립에 관한 내용이 대폭 추가되었다.

3) 견해에 따라서는 동일가치노동이라는 명칭을 비교대상자가 되는 근로자의 업무가 서로 다른 경우만을 지칭하기도 한다(박은정, "동일노동 동일임금의 판단에 관한 소고", 『노동정책연구』 (제5권 제1호). 한국노동연구원, 2005, 208쪽).

비교되는 남녀 간의 노동이 동일한 경우, ② 서로 비교되는 남녀 간의 노동이 거의 같은 성질의 노동인 경우, ③ 서로 비교되는 남녀 간의 업무가(노동이) 다소 다르더라도 직무평가 등의 방법에 의해 본질적으로 동일한 가치가 있다고 인정되는 노동이다.

이 세 가지 범주 중 특히 평가에서 문제가 되는 것이 3번째 것이다. 그리고 예규는 동일가치노동을 판정하는 기준으로서 법률이 규정하는 기술을 자격증, 습득된 경험 등 업무수행 능력 또는 솜씨의 객관적 수준으로 노력을 업무수행에 필요한 육체적·정신적 힘의 작용으로 책임을 업무에 내재한 의무의 성격·범위, 사업주가 당해 직무에 의존하는 정도로, 작업조건을 소음, 열, 물리적·화학적 위험의 정도 등 당해 업무에 종사하는 근로자가 통상적으로 처하는 작업환경으로 정의(제5조 제3항)하고 나아가 네 가지 기준 외에 당해 근로자의 학력, 경력, 근속연수 등을 종합적으로 고려하여야 한다고 규정한다(제5조 제4항).

노동부 예규의 내용은 대상판결이 인용하고 있는 대법원 판결에 그대로 반영되었다. 즉, 대법원도 '동일가치의 노동'이라 함은 당해 사업장 내에 서로 비교되는 남녀 간의 노동이 동일하거나 실질적으로 거의 같은 성질의 노동 또는 그 직무가 다소 다르더라도 객관적인 직무평가 등에 의하여 본질적으로 동일한 가치가 있다고 인정되는 노동에 해당하는 것을 말하고, 동일가치의 노동인지 여부는 같은 조 제2항 소정의, 직무 수행에서 요구되는 기술, 노력, 책임 및 작업조건을 비롯하여 근로자의 학력·경력·근속연수 등의 기준을 종합적으로 고려하여 판단하여야 하며, '기술, 노력, 책임 및 작업조건'은 당해 직무가 요구하는 내용에 관한 것으로서, '기술’은 자격증, 학위, 습득된 경험 등에 의한 직무수행능력 또는 솜씨의 객관적 수준을, ‘노력’은 육체적 및 정신적 노력, 작업수행에 필요한 물리적 및 정신적 긴장 즉, 노동 강도를, ‘책임’은 업무에 내재한 의무의 성격·범위·복잡성, 사업주가 당해 직무에 의존하는 정도를, ‘작업조건’은 소음, 열, 물리적·화학적 위험, 고립, 추위 또는 더위의 정도 등 당해 업무에 종사하는 근로자가 통상적으로 처하는 물리적 작업환경을 말한다고 판단했다.

그런데 대법원 판결에서 언급되는 회사의 업무내용을 살펴보면 남녀 모두 하나의 공장 안에서 연속된 작업공정에 배치되어 협동체로서 함께 근무하고 있었기 때문에 동일가치노동을 평가하는 데 큰 어려움이 없었던 것으로 보인다. 게다가 회사의 취업규칙 제53조는 ‘종업원에 대한 임금은 성별, 학력, 연령, 경력, 기술 정도에 따라 결정한다.’고 규정하고 있어 이미 성별을 임금결정의 중요한 기준으로 삼고 있었고 실제로 일용직 근로자를 신규채용하면서 학력, 경력, 기술 등 다른 조건에 별다른 차이가 없는 남녀근로자에 대해서 성별에 따라 미리 일률적으로 책정된 일당을 지급하였기 때문에 직관적으로 보아도 성별을 기준으로 남녀를 차별하고 있다는 사실을 쉽게 확인할 수 있었다. 따라서 법원은 특별히 직무평가라는 복잡한 과정을 거치지 않고 다소 두루 뭉실하게 사건을 해결할 수 있었다. 그러나 이 사건은 대법원 판례의 사안과는 달리 남녀 근로자가 담당하는 업무에 차이가 있고 회사의 취업규칙에 명시적으로 여성근로자를 차별하여 임금을 지급하는 규정도 없다. 따라서 본격적인 직무평가가 수반되지 아니하면 여성근로자와 남성근로자가 담당하는 노동이 동일가치인지 여부를 판정하기 어렵고 판정한다고 하여도 그 객관성을 보장할 수 없다.

2. 동일가치노동의 평가방식

그렇다면 동일가치노동을 어떤 기준으로 평가하여야 하는가? 서로 다른 업무에 대해 어떤 평가요소에 어떤 비중을 두어야 하는가? 서로 다른 업무를 어떤 보정지표를 사용하여 그 가치를 평가할 수 있을까? 이 문제에 대한 고민을 위 대법원 판결에 대한 평석에서 엿볼 수 있다.

조상균 교수는 전혀 다른 직무에 종사하는 근로자의 노동을 동등 혹은 동가치의 노동으로 인정하려면 일정한 기준으로 그 직무를 비교하여 평가할 필요가 생기는데, 대법원 판결은 동일가치노동을 판단하면서 명확한 직무평가에 의해 비교되는 남녀 근로자의 업무가치를 객관적으로 계량화시키지 않고 있다는 비판을 하고 있다.4) 그러면서 남성과 여성의 직무가치를 평가하고자 캐나다 온타리오 주의 평등임금법(Pay Equity Act, 1987)의 기준에 의한 분석적 직무평가방법을 사용한 일본의 판례5)를 소개하고 있다. 박은정 교수는 영국의 평등임금법(Equal Pay Act)과 영국 평등기회위원회(Employment Opportunities Commission)6)의 평등임금시행지침(Code of Practice on Equal Pay)을 소개하고 있다. 평등임금시행지침 제31

---

4) 조상균, "동일가치노동에 대한 여성임금차별의 위법성: (주)한길사건", 『민주법학』(제24호), 민주주의법학연구회, 2003, 420쪽.

5) 京ガス사건(京都地裁判 2001. 9. 20.).

6) 이후 Equality and Human Rights Commission으로 확대 개편되었다 (http://edit.equalityhumanrights.com).

항은 본질적으로 다른 직무도 동일임금을 요구할 수 있는 기초로 사용될 수 있다는 점을 명확히 하고 그 예로 요리사와 목수, 언어 치료사와 임상심리상담사, 주방보조원과 쓰레기청소원을 들고 있다.

한편 영국 평등과 인권위원회(Equality and Human Rights Commission)는 구체적인 직무평가를 할 때 반드시 고려되어야 할 다섯 가지 요소를 적시하고 있는데 그 내용을 보면, ① 직무의 명칭, ② 해당 직무가 받는 감독의 종류와 정도, 다른 근로자와 함께 작업을 한다면 그 성격과 정도 등의 요소를 포함하는 사업장 내 직무의 위치, ③ 직무의 주된 기능에 관한 요약, ④ 직무가 수반하는 구체적인 의무의 내용(각 의무의 이행에 소요되는 대강의 시간과 각 의무에 대한 책임 혹은 재량의 정도를 기술하고 있어야 한다), ⑤ 자격요건(자격요건은 기술, 책임, 정신적 노력, 육체적 노력 등 세부적인 직무평가절차에서 사용되는 요소들로 구성된다) 등이다.[7]

위와 같은 평가 요소들 중 특히 자격요건은 우리의 노동부예규나 대법원이 제시하고 있는 네 가지 기준에 대응되는 것인데 영국은 각 요소를 객관적인 점수로 평가하여 그 총합을 비교함으로써 노동의 가치가 동일한지를 평가한다.[8] 따라서 어떤 항목을 어느 정도 중요시하는가에 따라 총점이 다르게 산출될 수밖에 없는데 이런 이유 때문에 직무평가방식을 결정할 때에는 해당 근로자들의

---

7) Guidance Note4: Job Evaluation Schemes Free of Sex Bias, p 11, Equality and Human Rights Commission(http://edit.equalityhumanrights.com/en/publicationsandresources/Gender/Pages/Employment.aspx)에서 2008. 10. 14. 다운로드한 자료를 사용하였다.

8) 영국에서 직무평가프로그램을 만드는 기본적인 주체는 사용자이고 정부는 이에 대해 가이드라인 정도를 제공한다. 사용자가 만든 프로그램과 평가결과는 임금차별을 주장하는 재판과정에서 사용자의 입증자료로 사용된다.

의견이 반영될 수 있는 절차를 거칠 필요가 있다. 그런데 대법원 판결이나 대상판결은 모두 문제가 되는 직무에 대하여 점수화하는 평가방법은 채택하고 있지 않다. 우리나라의 복잡한 임금체계 때문에 서구식 직무평가를 전제로 노동의 가치를 결정하는 것이 어렵다고 하지만 노동부의 예규나 대법원이 제시하고 있는 기준은 사건을 담당하는 판사의 눈썰미 혹은 직감에 따라 판단하라는 것밖에는 별다른 의미가 없다. 따라서 법원이 낸 판결이라는 결과에 대해서 당사자가 승복하기 위해서는 직무를 객관적으로 평가하는 합의된 틀이 있어야 한다. 이런 합의된 틀의 대표적인 예가 교통사고나 산업재해 사건에서 전문의가 제출하는 노동능력상실률에 대한 감정결과이다. 물론 사건의 당사자 사이에서는 의사 개인이 제시한 노동능력상실에 대한 평가에 여전히 불만이 있고 이 때문에 재감정신청 등이 이뤄지기도 하지만 신체의 손상에 대한 복잡한 평가를 맥브라이드표 등과 같이 수치화된 채점방식에 의존할 수 있다는 점에 대해서는 적어도 사건의 관계 당사자들 사이에 합의가 있다.

이러한 방식을 직무평가에도 도입한다면 1차적인 평가계획 수립자는 사용자가 될 수밖에 없다. 해당 직무를 가장 잘 아는 당사자가 바로 사용자와 근로자이기 때문이다. 따라서 사용자는 노동부의 예규와 대법원 판례가 제시하는 요소를 반영하고, 나아가 해당 직무의 특성을 포괄적으로 고려할 수 있는 개별적인 지표들을 개발하여 사전에 직무를 평가하고 분쟁이 발생하면 법원은 사용자가 제시한 직무평가방식이 합당한가를 판단하는 절차를 통해 해결을 도모하여야 한다. 한편 노동부 또한 현재의 예규가 규정하고 있는 기준을 보다 구체화하여 평가모델을 사용자에게 제시하여야 한다. 시행 초기 단계에 평가기준의 큰 틀을 제시하지 않고 각 사용자가 알아서 만들라고 하면 비슷한 직무에 대해서도 사용자에 따라 천차만별인 기준이 제시될 수 있고 그렇게 되면 직무평가제도 자체에 대한 불신만 증폭시켜 애초의 도입취지를 제대로 실현할 수 없기 때문이다.

Ⅲ. 지난(至難)한 소송과정과 직관적 직무평가의 한계

대상판결에서 문제가 된 소송은 2007. 2. 22. 제기가 되었고 2007. 5. 25. 변론준비기일이 있었다. 원고 측은 업무를 수행하는 현장의 검증을 신청했고 피고 측도 뒤늦게 현장검증을 신청했다. 법원은 2007. 6. 29. 현장검증을 한 후 다시 2007. 7. 20. 제2차 변론준비기일을 열었다. 이후 피고 측의 신청으로 회사의 관리자로 추정되는 2인의 증인신문이 있었고 법원은 2007. 11. 14 판결선고를 하겠다고 고지했다. 그러나 기록을 검토한 결과 이 사건이 쉽게 판결로 결론이 날 수 있는 성질의 것이 아니라는 판단을 한 듯 판결선고를 연기하고 조정에 회부하였다. 2007. 12. 7.과 해를 넘긴 2008. 1. 11. 조정을 시도했으나 조정은 실패하고 만다. 변론이 재개되고 당사 간 서면공방이 오고간 후 변론기일을 열고나서 다시 2008. 4. 23. 판결선고를 하기로 했다. 그러나 2번째 선고기일 지정은 취소되고 변론이 재개된 후 이례적으로 2008. 6. 23. 두 번째 현장검증을 하고 나서 2008. 7. 2. 드디어 판결선고를 하니 그 결과는 원고패소였다. 1심 소송절차만 거의 1년 5개월이 소요되었다. 여성인 원고근로자들의 노동이 남성근로자들의 노동과 동일가치인가를 판정하기 위해 두 번씩이나 현장검증을 해야 했고 판결선고를 연기하고 조정도 시도했다. 소송이 진행된 단순한 일지만 살펴보아도 재판부의 고민이 느껴진다.

이런 복잡한 과정을 통해 낸 법원의 결론은 작업조건과 기술 면에서 여성근로자와 남성근로자의 차이를 인정하기 어렵지만 책임과 노력 면에서는 그 차이를 인정할 수 있어 결국 동일가치노동을 전제로 한 원고의 청구를 기각한다는 것이다. 이 판결에서 중요한 포인트는 차이를 인정한 부분이 비교적 객관적인 지표라고 볼 수 있는 작업조건과 기술부분이 아니라 평가자에 따라서는 다른 결론을 낼 수 있는 책임과 노력이라는 점이다. 그런데 판결서에 나타난 원고들의 주장에는 원고들이 소송을 제기하기 전에는 남성근로자들도 원고들처럼 정렬작업을 하는 등 사실상 동일한 업무를 했다는 것이 포함되어 있다. 만일, 원고들의 주장처럼 소송이 제기되자 사용자가 황급히 남성과 여성근로자가 담당하는 업무를 나눈 것이라면 현장검증은 큰 의미가 없었을 수도 있다. 현장검증은 검증 당시의 현장상황만을 주로 파악할 수 있을 뿐 원고들의 주장처럼 소제기 전 상황을 파악하는 데는 한계가 있기 때문이다.[9] 게다가 소송의 당부를 판단하는 판사 개인은 원고들이 일하는 'Ferrite Core' 제조 공정을 잘 모르는 경우가 대부분일 것이다. 기술적인 사항을 잘 몰라도 노동가치의 동일성이라는 규범적 판단은 할 수

___

9) 이런 점을 고려한다면, 원고들의 입장에서는 1심의 사실인정이 현장의 실제 상황과는 달랐다고 말할 수 있다.

있다고 주장할 수 있겠지만 그 규범적 판단의 근저에는 결국 업무를 기술적으로 정확히 파악하여 분석한 후 각 분석 요소별로 중요도를 평가해야 하는 기술적인 문제가 도사리고 있다.

책임과 노력에 대한 법원의 평가를 좀 더 자세히 검토해 보면 석연치 않은 몇 가지 문제점이 드러난다. 책임을 평가하면서 법원은 원고들이 남성근로자들이 담당하는 온도관리업무에 관여한 사실이 없다는 점을 들고 있는데 이것은 수긍하기 어렵다. 왜냐하면, 그렇게 다른 직무에 대해 같은 가치를 부여할 수 있느냐를 다루는 것이 바로 동일가치노동의 평가이기 때문이다. 직무가 다르면 가치도 당연히 다른 것이 아니냐는 오해를 재판부가 한 것이 아닌가 하는 의심이 든다. 그리고 남성근로자들이 원고의 업무를 할 수 있기 때문에 원고의 업무는 책임의 비중이 작다는 평가를 하지만 남성과 여성이 업무를 서로 교차하여 수행할 것인지는 사용자의 경영방침에 따라 얼마든지 달라질 수 있기 때문에 책임의 요소를 평가하는 데는 적절한 기준이 아니다. 법원은 기술 요소를 평가하면서 원고들의 “어느 누구나 간단히 배울 수 있는 업무로, 고도의 기술적 훈련이 필요하다고 볼 수 없다.”는 주장에 전적으로 공감한다고 판결서에 분명하게 썼다. 그렇다면 이런 정도의 기술을 요구하는 작업에 동일가치를 부정할 정도로 책임의 차이를 인정할 수 있을지 의문스럽다. 법원은 노력에 대한 평가를 하면서 남성근로자들의 장시간 노동, 오작동에 따른 회사의 손해 등을 검토하고 있는데 이것은 육체적 노력 혹은 물리적 긴장이라는 요소만을 고려한 것처럼 느껴진다. 노력에는 정신적 노력과 정신적 긴장이 포함되고 이 요소들은 육체적 노력, 물리적 긴장과 병렬적으로 동일하게 가치를 갖기 때문에 법원의 평가방식은 지나치게 육체적 부담을 강조한 것이다.

그럼, 어쩌라는 것이냐? 충분히 있을 수 있는 반문이다. 이 사건을 담당한 재판부로서는 소송의 일지가 보여주듯 최선을 다해 사건을 판단했을 것이다. 최근 워낙 중요하게 제기되는 노동법의 쟁점을 포함하고 있는 사건인데다 그런 사안의 성격 때문에 향후 상급심의 판단이 나오면 많은 전문가가 한 마디씩 평가를 할 것이기 때문이다. 현실의 여건에서는 어쩌면 최선의 절차를 거친 판단일 수도 있지만 동일가치노동을 평가하는 소위 '글로벌스탠더드'에는 미치지 못했다는 점을 필자는 밝히고 싶은 것이다.

Ⅳ. 결론

동일가치노동인지 여부를 평가한다는 것은 사업장 내에서 행하는 업무에 대해 사용자가 매긴 가치를 제3자가 재평가하여 사용자의 가치부여가 적정하였는가를 판단하는 것이다. 노동에 가치를 매기는 것은 매우 주관적인 작업이 되기 쉽기 때문에 이것을 객관적으로 분석하기 위해서는 사용자와 평가자, 그리고 해당 근로자가 납득할 수 있는 합의된 기준을 필요로 한다. 그러나 현실은 이런 이론적인 당위성과는 거리가 멀다. 아직 사용자인 기업이 제3자를 설득할 객관적 기준을 가지고 업무를 나누고 이것에 터 잡아 해당 업무에 종사하는 근로자 사이에 임금의 차등을 두지 않기 때문이다. 어쩌면 그런 설득력 있는 기준을 만드는 일을 번잡스런 규제 정도

로 여길 수도 있다. 그러나 이 사안처럼 향후 동일가치노동 동일임
금은 노동법의 중요한 화두가 될 것이다. 모두가 먹고살기 힘든 시
절에는 일해서 돈 버는 것으로 만족했지만 이제는 내 일의 질이 저
평가 당하는 것이 중요한 문제가 되었다. 가치를 중요하게 여기고
꼼꼼히 따질 만큼 우리 사회는 더욱 더 건전하게 진보하고 있다.

학력하향사칭과 해고 및 해고된 근로자의 지위

대상판결: 서울행정법원 2008. 4. 3. 선고

2007구합31560판결,

울산지방법원 2008. 6. 26. 선고 2008고정52 판결

I. 대상판결의 개요

1. 사실관계의 요지

원고 주식회사 건영이엔지(이하 '원고 회사')는 상시근로자 72명을 고용하고 있는 B 중공업의 사내하청업체로서 선박제조업 등에 종사하는 사용자이고, 피고보조참가인 근로자(이하 '참가인')는 2002. 8. 27. 원고 회사에 입사하여 용접업무를 담당하는 생산직 근로자였다. 참가인은 원고 회사에 입사하면서 대학교 경영학과 학사과정

을 졸업한 사실을 이력서에 기재하지 않았는데 원고 회사에 생산직 현장 근로자들은 최종학력이 모두 고등학교 졸업이었다. 참가인은 원고 회사에서 배관보조공, 용접공 등으로 일하다가 2003. 8. 30. 전국금속노동조합 B중공업사내하청지회(이하 '금속노조 지회')의 사무국장으로 선임되었다. 금속노조 지회의 조합원들은 이후 노동조합 가입 홍보를 위해 B 중공업 사내의 도로를 점거하거나 식당에 무단으로 들어가기도 하였다. 금속노조는 2006. 7. 20.경 원고 회사를 상대로 단체교섭을 요구하였으나 원고 회사는 교섭에 응하지 않았고 참가인은 그즈음 단체교섭에 응하라는 내용의 1인 시위 및 유인물 배포 등을 하였다. 원고 회사는 2006. 7. 말경 참가인이 대학교 졸업자라는 사실을 학적부 등으로 확인한 후 2006. 8. 21. 징계위원회를 개최하여 학력허위기재 및 복무규율 위반을 이유로 2006. 8. 22.자로 징계해고를 하였다. 참가인은 2006. 11. 17. 부산지방노동위원회에 부당해고구제신청을 하여 구제명령을 받았고 이에 불복한 원고 회사의 재심신청에 대하여 중앙노동위원회는 2007. 7. 2. 기각판정을 하였다. 그러자 원고 회사는 2008. 5. 1. 중앙노동위원회위원장을 상대로 서울행정법원에 재심판정취소소송을 제기하였는데 서울행정법원은 원고청구기각판결을 하였다.[1)

  한편 참가인은 해고된 직후인 2006. 8. 22. 원고 회사 내에서 유인물을 배포하고자 원고 회사의 승낙을 받지 아니하고 출근하는 근로자 틈에 섞여서 회사 안으로 들어갔고, 8. 24.에도 같은 방법으로 회사 안으로 들어갔으며 8. 31.에는 지회의 임단협촉구선전전에 참여할 생각으로 역시 출근하는 근로자들 틈에 섞여서 회사

---

1) 이 사건은 현재 서울고등법원 제3행정부(2008누10999)에 배당되어 심리 중에 있다.

안으로 들어갔다. 이에 대해 검사는 위와 같은 3회의 회사출입행위가 형법 제319조 제1항의 건조물침입죄에 해당한다고 보아 기소하였으나 울산지방법원은 참가인에 대하여 무죄를 선고하였다.

2. 서울행정법원 판결의 요지2)

이 사건에서 원고 회사는, 생산직 근로자는 고졸 이하의 학력자를 주로 채용하고 2년제 대학 졸업자는 원청회사에서 6개월간 직업훈련을 이수한 자에 한하여 채용하는데 참가인은 4년제 대졸학력을 속이고 입사하였으며 4년제 대학 졸업자는 분수에 맞지 않는 고학력자로서 담당업무를 받아들이는 자세가 불량하고 상급자가 업무 지시할 때 부담을 느끼며, 직원 간의 위화감이 조성되는 등 업무의 능률과 직장의 인화단결에 저해가 된다는 주장을 하였다.

재판부는 학력허위기재에 관한 종전의 많은 논의를 고려하여 매우 사려 깊은 판단을 하고 있다. 재판부는 근로자가 취업할 때 그 경력을 은폐하거나 사칭한 것이 징계해고사유가 된다는 대법원 1985. 4. 9. 선고 83다카2202 판결을 언급하면서 경력사칭이 사전에 발각되었다면 사용자가 근로계약을 체결하지 아니하였거나 적어도 동일조건으로는 계약을 체결하지 아니하였을 것이라는 인과관계는 그 근로계약에 비추어 사회적 타당성이 있다고 인정되는 등 중대한 경력사항일 때에만 인정된다고 보면서 경력사칭을 이유로 한 근로계약의 해지에도 정당한 사유가 있어야 한다는 판단을

---

2) 판결 이유의 판단 부분 중 이 평석에서는 학력허위기재에 관한 부분만 언급한다.

하였다. 그러면서 구체적인 정당한 사유로서 사칭된 경력의 내용(학력·다른 기업에서의 근무경력 등), 사칭의 내용(낮은 최종학력을 높게 사칭하는 적극적 사칭, 높은 최종학력을 낮게 사칭하는 소극적 사칭), 경력을 사칭하게 된 동기, 사칭된 경력이 기업의 임금과 근로조건의 체계를 문란하게 하거나 적당한 노무배치를 저해하는 등 기업의 질서를 현실적으로 침해하는 것인지 여부 등을 고려하여 사회통념상 합리성이 인정되는 경우로 제한하고 있다.

더불어 위와 같은 일반론에 보태어 ① 4년제 대학 졸업자가 현저하게 증가한 점, ② 노동시장이 유연화되면서 4년제 대졸 학력자들이 종전 고졸 학력자들이 취업하는 직장에 진입하고 있는 점, ③ 원고 회사가 채용할 때 학력을 조건으로 삼지 않는 점, ④ 업무 적합성에 관한 원고 회사의 주장이 합리적 근거가 없는 점, ⑤ 원고 회사의 주장은 학력에 의한 차별이 될 수 있는 점, ⑥ 비슷한 종류의 사건이 주로 고학력자의 사업장 내 노동운동을 배제하려는 취지에서 발생하여 온 점, ⑦ 생산직 근로자에게 요구되는 근로계약의 이행내용이 학력과는 직접적인 관련성이 없는 점, ⑧ 참가인이 실제로 원고 회사가 주장하는 문제를 일으킨 사실이 없는 점 등을 추가로 언급하고 있다.

3. 울산지방법원 판결의 요지

한편 원고 회사는 해고 직후 참가인이 3회에 걸쳐 회사 내에 진입한 것을 건조물침입으로 보아 형사고소를 하였고 검사도 고소의 취지를 수긍하여 기소하였다. 그러나 법원은 사용자의 근로자에 대한 해고가 정당한 해고로 인정되지 아니하였을 때에는 근로자가 폭력적인 방법을 동원하여 명백하게 사용자의 의사에 반하는 방법으로 침입하였다는 등의 특별한 사정이 없는 한, 근로자가 평소 출입이 허용되는 사업장에 들어간 행위가 건조물침입죄에 해당한다고 볼 수 없다고 판단하였다. 그러면서 피고인이 된 참가인에 대한 행정소송의 판결문의 취지와 동일한 판단을 하면서 해고가 부당한 것으로 판단되는 이상 그 정당성을 전제로 한 건조물침입죄는 성립할 수 없다고 보았다.

또한, 2006. 8. 31.자 건조물침입의 경우, 참가인은 사내하청지회의 임단협촉구선전 전이라는 노동조합활동에 참여하기 위하여 회사 내로 들어간 것인데 노동조합 및 노동관계 조정법 제3조 제4호에서 "해고의 효력을 다투고 있는 자를 근로자가 아닌 자로 해석하여서는 아니 된다."라고 규정하고 있는 점에 비추어 볼 때 해고된 근로자라도 상당한 기간 내에 그 해고의 효력을 다투고 있는 경우에는 해고의 효력이 확정될 때까지 최소한 조합원으로서의 지위는 상실하는 것이 아니라고 해석되기 때문에 조합활동을 위해 회사 내에 진입한 행위는 건조물침입죄를 구성하지 않는다고 보았다.

재판부는 예비적 판단으로 정당행위에 의한 위법성조각도 인정하고 있다. 즉, 건조물침입죄의 구성요건을 충족한다고 하더라도 피고인이 부당해고를 주장하며 출근을 계속하고 있었고 징계에 대하여 노동위원회에 구제신청을 하여 다툼을 지속하고 있었으며 행위시점이 모두 징계 후 10일 이내에 이루어진 점, 회사 출입이 평화적인 방법으로 이루어진 점을 고려하면 해고의 효력을 다투는 과정에서 이뤄진 근로자의 행위에 대한 위법성 평가는 엄격하게 하여야 하는데 이 사건을 살펴보면 피고인인 근로자의 행위는 사회상규에 위배되지 아니하는 행위로서 위법성이 조각된다는 것이다.

II. 경력사칭(학력사칭)과 관련된 대법원 판결

1. 대법원 판례의 경향

경력 사칭과 관련한 주요판결로 언급되는 것은 서울행정법원의 판결문에도 나타나는 대법원 1985. 4. 9. 선고 83다카2202 판결이다. 이 판결은 원고인 근로자가 봉제공으로 취업하고자 이력서를 제출하면서 노사분규와 관련하여 폐쇄된 반도상사주식회사 부평공장에 근무한 사실이 드러나면 회사에 고용되지 않을지도 모른다는 염려 때문에 해당 경력을 기재하지 않고 대신 근무하지도 아니한 서광산업에 근무하였다고 기재한 것이 문제가 된 사건이다. 이 사건에서 대법원은 근대적 기업에서 사용자가 노동자를 고용하면서 경력 등을 기재한 이력서를 요구한 이유는 노동자의 기능경험 등 노동력 평가의 조사자료로 하기 위해서 뿐만 아니라 그 노동자의 직장에 대한 정착성, 기업질서, 기업규범에 대한 적응성 기타 협조성 등 인격조사자료로 사용함으로써 노사 신뢰관계의 설정이나 기업질서의 유지안정을 도모하고자 하는 데에도 그 목적이 있다 할 것이므로 노동자가 그 이력서에서 그 경력을 은폐하거나 사칭한 내용이 위 두 가지 목적 중 어느 것에 관계되든지 간에 사용자의

노동자에 대한 신뢰관계나 기업질서유지 등에 영향을 주는 것으로
써 그 전력사칭이 사전에 발각되었다면 사용자는 고용계약을 체결
하지 아니하였거나 적어도 동일조건으로는 계약을 체결하지 아니
하였을 것으로 인정되는 정도의 것이라면 그 노동자에 대한 징계
해고사유가 된다고 판단했다. 위와 같은 대법원 판결은 이후 동종
의 사건에 큰 영향을 주어 이력서 허위기재는 기재 사실 자체로
징계사유가 되는 결과를 가져왔다.

이 사건과 같이 학력을 낮게 기재한 것을 해고의 정당한 사유로
삼은 사례만 언급하면, 공업고등학교와 공업전문대학 2학년 중퇴
의 학력을 은폐하고 중학교만을 졸업한 것처럼 기재한 경우[3], 고
등학교를 졸업하고 대학교에 입학하여 수학하던 중 4학년 2학기만
을 남기고 휴학하였다가 자퇴하였고 좌익 성향이 있는 대학생들이
조직한 단체의 조직지도책으로 지명수배되었다가 대통령의 특별사
면으로 수배가 해제된 바가 있음에도 이력서에 대학의 입학, 수학
과 자퇴의 전 과정을 누락시키고 고등학교 졸업사실만 기재한 경
우[4], 고의로 대학교 졸업사실을 누락하고 고등학교를 졸업한 후
트럭조수 등으로 근무하다가 군에 입대한 것처럼 경력을 기재하였
는데 회사가 그 사실을 안 지 1년 3개월이 지나서 해고한 경우[5],
대학교 경제학과에 입학하여 학생운동, 노동운동을 전개하는 한편
다른 회사에 학력을 은폐한 채 취업한 사실이 있고 대학교 3학년
2학기 재학 중에 군에 징집된 사실이 있음에도 이러한 경력을 누

---

3) 대법원 1989. 3. 14. 선고 87다카3196 판결.
4) 대법원 1992. 6. 23. 선고 92다8878 판결.
5) 대법원 1994. 1. 28. 선고 92다45230 판결.

락한 경우[6] 등이 있다.

다만 일부 판례에서는 이력서의 허위기재를 곧바로 해고의 정당
한 사유로 인정하지 않은 예가 보이기는 하는데 그중 학력을 낮게
기재한 사례로는 근로자가 4년제 인문사회과학대학 철학과를 졸업
하였음에도 불구하고 이력서에 고등학교 졸업사실만 기재한 후 생
산직 사원으로 취업하였으나 회사가 조합원들에게 노조해산을 종
용하면서 조합 간부였던 근로자의 뒷조사를 하는 과정에서 학력의
하향기재 사실이 드러나자 이력서 허위기재를 이유로 해고한 사건
에서 부당노동행위 및 부당해고를 인정한 예가 있다.[7]

2. 경력사칭(학력사칭)을 정당한 징계사유로 본 판례에 대한 비판들

경력사칭(학력사칭) 자체를 해고의 정당한 사유로 판단하는 대법
원의 판례 경향에 대해서는 경력사칭이 진실고지의무에 위반된다
고는 할 수 있으나 기업질서위반에 대한 추상적 위험성을 보유한
다고 하는 것은 부당하므로 근로자가 중요한 경력을 사칭하고 그
결과 근로계약이 체결된 경우에는 사용자가 이 때문에 직장의 규
율유지와 관련하여 구체적 피해를 본 경우에만 징계사유가 인정되
어야 한다는 비판이 있다.[8] 같은 취지로 근로계약관계는 어디까지

---

6) 대법원 1994. 8. 12. 선고 93누21521 판결.

7) 대법원 1996. 2. 9. 선고 94누9771 판결. 이 판결에 대한 평석으로는 김도형, "이력서 허
위기재를 이유한 해고와 부당노동행위의 관계", 『노동법연구』, 서울대학교 노동법연구회,
1997, 571쪽 이하 참조.

8) 김형배, 『노동법』(신판 제4판), 박영사, 2008, 648쪽.

나 계약관계이고 신분관계가 아니므로 대법원의 일반적인 입장은 근로계약관계를 중세적인 신분관계로 보는 시대착오적 발상이고 따라서 노동력 평가와 무관한 사항은 이를 허위로 기재하였다고 해서 그 자체만으로 곧바로 정당한 해고사유가 되는 것으로 보아서는 안 된다는 비판도 있다.[9]

3. 모호한 정당성 판단 기준 - 노사의 신뢰관계 혹은 기업질서의 유지

학력사칭이 문제가 된 사안에서 리딩케이스로 언급되는 85년 대법원 판결은 학력사칭에 관한 판례가 아니라 타 기업에서 근무한 경력을 누락한 후 해당 기간에 일하지도 않은 다른 기업에서 근무한 경력을 이력서에 기재한 사례이다. 따라서 위 판결의 취지를 학력사칭의 사례에서 그대로 인용하여 해당 사안을 판정하는 것은 다소 문제가 있다고 생각한다. 왜냐하면, 채용요건에 해당 분야 혹은 관련 분야의 경력직을 요구하는 경우에는 경력이 중요한 채용 결정 요소가 될 수 있지만 대상판결과 같이 대졸의 학력만을 숨겨 고졸이라고 하는 채용요건을 만족시키는 경우는 그것이 채용의 결정적인 요소가 된다고 쉽게 단정할 수 없기 때문이다. 어쨌든 85년 판례는 경력을 이력서에 기재하게 하는 이유를 두 가지로 요약하고 있다. 하나는 근로자의 기능경험 등 노동력 평가의 조사자료로 하려고 경력자료가 필요하다는 것이고 다른 하나는 그 근로자

---

9) 민주사회를 위한 변호사 모임, 『변호사가 풀어주는 노동법』(개정3판), 2006, 203쪽.

의 직장에 대한 정착성, 기업질서, 기업규범에 대한 적응성 기타 협조성 등 인격조사자료로 사용함으로써 노사 신뢰관계의 설정이나 기업질서의 유지안정을 도모한다는 것이다. 그런데 학력의 하향사칭이 문제가 된 사안에서 85년 판결은 사안별로 일반적인 경력사칭 문제인지 아니면 학력사칭의 문제인지를 구분하지 않고 그 취지가 그대로 반영되었는데 특히 해고의 정당성을 부여하는 기능을 한 요소는 후자의 것이다. 즉, 근로계약이 요구하는 기능을 해당 근로자가 갖고 있지 않다는 이유가 해고의 정당한 사유가 된 것이 아니라 노사 신뢰관계의 설정이나 기업질서의 유지안정에 방해가 되었다는 점이 해고를 정당화한 사유가 되었다. 이러한 기준은 무엇보다 지나치게 추상적이라는 문제점이 있다. 노사의 신뢰관계라든가 안정적인 기업질서라는 기준은 경우에 따라서는 사용자의 선택에 따라 얼마든지 근로관계를 종결할 수 있는 수단이 될 수 있다. 앞서 언급했듯이 학력사칭에서 해고의 정당성을 부여하는 실질적인 역할을 한 것도 바로 위와 같은 모호한 기준, 주관적인 기준이었다. 기업의 노무관리에서 정성적인 평가를 무시할 수는 없지만 적어도 근로자의 처지에서 가장 중요한 문제라고 할 수 있는 근로관계의 종결에는 보다 객관적인, 일반적으로 수긍할 수 있는 기준이 제시되어야 한다고 생각한다. 그것이 어렵다면 적어도 근로자가 근로를 제공하면서 학력을 숨긴 것이 구체적으로 어떤 문제를 일으키고 있는지 입증을 요구하고 이를 바탕으로 추상적 기준을 구체적으로 판단하는 노력이 있어야 한다. 종전의 판례들이 보여주는 경향은 이런 중간단계의 연결구조가 생략된 채 "고학력의 은폐＝해고"라는 공식만을 반복하는 것이었다.

한편 노사의 신뢰관계라든가 안정적인 기업질서의 유지라는 기준은 해고의 실질적인 이유를 은폐하는 기능을 하는 것이 아닌가 하는 의문이 든다. 왜냐하면 이 사안처럼 대학졸업 학력을 알리지 않고 입사하여 생산직 근로자로 일하는 것이 노사 간의 신뢰관계를 깨뜨리고 나아가 기업질서의 유지안정까지 위협한다고는 보이지 않기 때문이다. 대학졸업 학력을 숨긴 것은 거칠게 표현하면 입사할 때 거짓말을 한 번 했다는 것, 자신의 경력에 대해 솔직하지 않았다는 것이다. 이런 1회의 행위가 지속적으로 형성되고 발전하는 노사의 신뢰관계 혹은 기업질서에서 차지하는 부분은 미미하지 않을까 하는 생각을 하게 된다. 비록 근로계약을 체결하고 일을 시작하는 단계에서는 어떤 사정 때문에 고학력을 숨길 수밖에 없었지만 이후 성실한 근로계약의 이행을 통해 계약체결단계에 존재했던 흠은 어느 정도 치유될 수 있는 것이 아닐까 하는 의문이다. 게다가 없는 학력을 가짜로 만들어 입사하는 경우와 달리 일을 하려고 높은 학력을 낮추어서 입사하는 경우에는 더욱더 그러한 하자치유의 가능성이 큰 것은 아닐까? 나아가 85년 판례는 경력을 근로자의 직장에 대한 정착성, 기업질서, 기업규범에 대한 적응성 기타 협조성 등을 판단하는 인격조사자료라고 보고 있는데 과연 대학을 졸업했다는 것이 기업에 정착할 수 있는지 여부, 기업의 규범에 적응할 수 있는지 여부 등에 그렇게 큰 영향을 미치는 요소일까? 85년 판례는 이런 의문에 대해 적절한 대답을 주기보다는 노조활동에 대한 혐오 등 사용자가 내심 갖고 있을 수 있는 실질적인 의사를 적법하게 포장해 주는 역할을 한다. 법적 정당성이라는 잣대로 평가하면 옳다고 평가받을 수 없는 해고의 실질적 이유를 숨겨 피상적인 해고 사유가 실체를 갖는 것처럼 보이게 한다. 이것은 정직한 방법이 아니다.

대상판결 중 행정법원 판결의 전문을 살펴보며 근로자에게 징계사유가 없다고는 말하지 않았다. 사용자가 주장한 여러 가지 징계사유 중 일부에 대해서는 그 정당성을 인정했다. 다만 그것만으로 해고를 하기에는 부족하다는 것이 결론이었다. 그런데 사용자는 해당 근로자를 해고하고 싶었고 그래서 뒷조사를 해서 학력 문제를 거론하여 자신의 의사를 관철하려 했던 것이다. 이것은 노무관리의 정격이라고 할 수 없다. 현행법은 개별적 근로관계 혹은 집난석 노사관계 등에 노사가 따라야 할 룰을 구체적으로 정해 놓고 있다. 그것이 다소 시간이 걸리고 근로자 혹은 사용자의 조급한 성격에 맞지 않는다고 할지라도 따라주어야 한다. 노사가 이것을 무시하고 힘만으로 의사를 관철하려고 하면 오히려 더 많은 시간과 비용이 든다. 이 사건의 근로자가 승소해서 직장에 복귀하게 되면 그때는 노사관계를 어떻게 풀어나갈 것인가? 이런 의미에서 대상판결은 종전 대법원 판결의 형식적 판단방식을 극복하려는 시도일 뿐만 아니라 근로자 징계와 관련하여 해고로 사안을 정리하려는 기업 오너의 조급한 의사결정에 제동을 가하는 의미도 있다.

Ⅲ. 해고된 근로자의 조합원 지위

1. 노동조합 및 노동관계조정법 제2조 제4호 라목 단서

노동조합 및 노동관계조정법 제2조 제4호 라목 단서는 해고된 자가 노동위원회에 부당노동행위의 구제신청을 하였으면 중앙노동위원회의 재심판정이 있을 때까지는 근로자가 아닌 자로 해석하여서는 아니 된다고 규정하고 있다. 이 규정은 익히 아는 것과 같이 노조설립을 주도한 근로자를 해고하여 사실상 노동조합의 설립을 방해하는 사용자의 행위를 막으려고 입법된 것인데 구 노동조합법 제3조 제4호 단서가 해고의 효력을 다투고 있는 자를 근로자가 아닌 자로 해석하여서는 아니 된다고 규정했던 것을 노동조합 및 노동관계조정법을 제정하면서 현재와 같이 근로자의 지위를 인정하는 기간을 대폭 줄여 놓은 것이다.

어쨌든 현행 규정에 의하더라도 해고된 근로자가 노동위원회에 부당노동행위구제신청을 하면 재심판정이 있을 때까지는 근로자의 지위를 인정할 수 있게 되어 적어도 노동조합 및 노동관계조정법이 인정하는 조합원의 권리를 향수할 수 있게 된다. 따라서 조합 활동을 하려고 사내 건물에 들어갈 수 있는데, 문제는 이 사건처럼 근로자가 부당해고만을 다투었지 부당노동행위를 다투면서 구제신청을 하지 않았다는 점이다.[10] 아마도 검사가 해고된 근로자

---

10) 이런 방식으로 구제신청을 한 이유에 대해서는 정확히 알 수 없지만 통상 노동조합에서 적극적으로 활동했던 근로자들은 부당해고뿐 아니라 부당노동행위를 다투어서 조합원 지위가 상실되는 것을 막는 것이 실무례인데 이 사건은 그런 면에서 매우 이례적이라고 할 수 있다.

를 건조물침입죄로 기소한 것은 부당노동행위를 다투지 않았기 때문일 것이다. 즉, 부당노동행위를 다투지 않고 부당해고만을 다투게 되면 노동조합 및 노동관계조정법 제2조 제4호 라목의 반대해석상 근로자의 지위를 보유할 수 없고 따라서 해고 이후 회사 내로 3회 들어간 행위는 건조물침입죄가 될 수밖에 없다는 것이다. 형식적인 해석으로는 흠잡을 데가 없다. 그러나 법원은 다르게 판단했다.

2. 해고된 근로자의 사업장 출입문제

울산지방법원의 재판부가 해고된 근로자의 작업장 출입에 대해 구성요건해당성 자체를 배척하는 판결을 한 것은 무엇보다 서울행정법원에서 진행되었던 부당해고구제재심판정취소소송에서 근로자가 승소했기 때문일 것이다. 근로자는 지방노동위원회 및 중앙노동위원회 그리고 1심 소송에 이르기까지 계속 해고의 부당성을 인정받아 왔기 때문에 이런 사정이라면 형사법원도 형식적으로 근로자의 지위를 부정하기는 어려웠을 것이다. 이것은 중앙노동위원회 재심판정 시기까지만 근로자의 지위를 제한적으로 인정하려는 현행법의 경직된 태도를 완화하는 해석으로 사실 노동조합의 조직원리에 비추어 보면 매우 타당한 판결이다.[11]

해고된 근로자가 사업장에 출입하는 것은 노동조합의 조합원으로서 보유하는 지위에 근거한 것이지 개별적 근로계약관계에 근거

---

11) 한편 대상 형사판결은 해고의 효력을 다투고 있는 자를 근로자가 아닌 자로 해석하여서는 아니된다는 구 노동조합 제3조 제4호 단서의 표현을 사용하고 있는데 이것은 착오인 것 같다.

하여 출입하는 것이 아니다. 즉, 근로제공을 위해 사업장에 들어가는 것이 아니라 조합활동을 위해서 사업장에 들어가는 것이다. 따라서 사업장에 들어가서 할 수 있는 행위도 근로제공 및 이에 수반하는 부수적인 행위가 아니라 고유의 조합활동으로 제한된다. 다만 기업별노조를 조직하여 활동할 때 어느 한도까지 해고된 근로자를 조합원으로 인정하여 사업장의 출입을 허용할 것인가 하는 한계설정의 문제가 남기는 한다.[12] 따라서 그 한계설정에 대해서 여러 가지 의견이 있을 수 있는데 내 생각엔 이 사건과 같이 행정소송 1심까지 지속적으로 구제명령 및 승소판결을 받아온 근로자라면 설혹 기업별노조의 조합원이라고 하더라도 그 지위를 인정하여 출입을 허용하여도 사용자의 시설관리권의 본질적 내용을 침해하는 것은 아니라고 생각한다.

이렇게 따지면 노동조합 및 노동관계조정법 제2조 제4호 라목 단서 조항은 매우 부당한 조항이다. 이 조항은 검사의 기소내용에서도 볼 수 있듯이 해고되면 일단 사내 조합활동은 불가능한 것처럼 해석될 수 있는 근거를 만들어 주기 때문이다. 원칙이라면 삭제하는 것이 바람직하지만 현실적으로는 그래도 이 조항 때문에 부당노동행위구제신청을 하면 일정기간 동안은 노동조합 및 노동관계조정법상의 근로자 지위는 인정받을 수 있기 때문에 존치의 이익을 부정할 수 없다. 해고된 조합원의 지위를 인정하는 법원의 적극적인 해석론이 전개되지 않는 한 현상유지를 할 수밖에 없다.

---

12) 산별노조의 조합원인 경우에는 해고가 되어도 산별노조의 조합원이라는 지위는 계속 유지될 수 있기 때문에 이런 경우에는 해고 근로자의 사업장 출입문제뿐 아니라 산별노조의 조합원의 일반적인 산하 사업장 출입의 가부가 문제되기 때문에 문제를 다루는 측면이 달라질 수 있다.

Ⅳ. 결론

대상 행정법원 판결은 고학력을 누락하고 입사한 경우 이를 곧바로 해고의 정당한 사유로 인정해 온 대법원의 주류적인 판례를 겨냥하여 많은 고심 끝에 만들어진 결론이다. 판결문 구구절절, 고민을 한 재판부의 숨결이 느껴지는 듯하다. 여전히 소송이 계속되고 있는 상황에서 상급심 법원의 사려 깊은 판단을 기대하고 싶다.

형사판결은 일부 법률 인용에 착오가 있기는 하지만 사업자의 줄입이 노조의 자주성을 바탕으로 하여 유지되는 조합원의 지위에 터 잡아 이루어진다는 점을 고려한다면 마땅히 무죄의 취지는 상급심법원에서도 유지되어야 한다고 생각한다. 오랜 시간 동안 많은 이들이 어쩌면 당연하다고 생각해 왔던 판결이 선고되었다. 1심 법원의 판단이 존중되는 판결을 기대한다.

18

사립대학교 교원의 재임용 심사신청권

대상판결: 광주지방법원 2007. 12. 13. 선고
2006가합2003 판결

I. 대상 판결의 개요

1. 사건의 개요

피고 학교법인 서호학원(이하 '피고 법인')은 한려대학교를 설치·운영하는 학교법인이고 원고는 1995. 3. 17.부터 1997. 8. 31.까지 피고 산하 한려대학교에 석유화학공학과 전임강사로 임용된 이래 1997. 9. 1. 다시 2년간 재임용되어 1999. 8. 31.까지 전임강사로 근무하였다. 피고 법인의 이사장은 1999. 7. 31. 원고에게 1999. 8. 31. 기간제 임용자 임용기간 만료 통지서를 보냈고, 한려대학교 교원인사위원회는 1999. 8. 23. 원고를 비롯하여 재임용 임기가 만료한 전임강사 39명 전원에 대하여 재임용 제청을 하지 않기로 결의하였으며, 피고 법인 이사회는 1999. 8. 31. 원고를 비롯한 전임강사 39명 전원에 대한 재임용불가를 결의(이하 '이 사건 결의')하였다. 한편 피고 법인은 그 직후인 1999년 2학기에 위 39명 중 32명을 한려대학교의 시간강사로 임용하고, 다시 그중 31명을 2000년 1학기 전임강사로 임용하였으며 산업체 겸임교원으로 26명의 교수를 신규 임용하였다. 교육인적자원부 교원소청심사특별위원회는 '대학교원 기간임용제 탈락자 구제를 위한 특별법'에 따라 원고가 2006. 3. 20. 정구한 재임용 심사 청구에 대하여 2006. 8. 16. 피고 법인의 1999. 8. 31.자 원고에 대한 재임용거부결정은 원고에 대한 재임용심사를 하지 않고 재임용거부결정을 한 것이므로 부당하여 이를 취소한다는 결정을 하였다. 한편 원고는 2006. 3. 3. 피고 법인을 상대로 이 사건 결의의 무효 확인을 구하는 소송을 광주지방법원에 제기하였다.

2. 광주지방법원 민사 제3부 판결의 요지[1]

이 사건은 계약기간의 만료와 함께 근로관계가 당연히 종료하고 재임용 여부는 피고 법인의 자유재량에 속하기 때문에 원고에게 이 사건 결의의 무효 확인을 구할 법률상 이익이 없다는 피고의 주장이 중요한 쟁점이 되었다. 이에 대해 광주지방법원 민사 제3

---

[1] 대상 판결의 이유 부분 중 이 사건 결의의 실체적 무효 여부를 판단한 부분 및 재임용이 거부된 기간에 대응하여 손해배상을 청구한 부분은 평석대상에서 제외하였다. 한편 피고 법인은 1심 판결에 불복하여 광주고등법원에 항소를 하였고 현재 사건은 광주고등법원 민사 제2부에 배당되어 사건(2008나107)이 계속되고 있다.

부는, 재임용거부절차, 재임용 여부 심의 기준 및 의견진술 기회 부
여, 재임용의 거부에 대한 불복절차 등을 상세하게 규정한 현행 사
립학교법 제53조의2 제4항 및 제5항 내지 제8항[2])은 이 사건

결의가 있은 후인 2005. 1. 27. 개정되었고 위 개정에 영향을 미
친 헌법재판소의 헌법불합치결정[3])은 이 사건 소가 제기되기 전에
이루어졌기 때문에 현행 사립학교법상의 재임용심사와 재임용 거
부 시 불복방법에 관한 절차적 규정은 곧바로 이 사건에 적용되지
아니하나 다음과 같은 논리를 통해 원고의 재임용 심사신청권을
인정하면서 피고의 주장을 배척하였다. 즉, 국·공립대학 조교수의
재임용과 관련하여 기간제로 임용되어 임용기간이 만료된 국·공

---

2) 2005. 1. 27. 법률 제7352호

　　제53조의2 (학교의 장이 아닌 교원의 임면)

　　　④제3항의 규정에 의하여 임용된 교원의 임면권자는 당해 교원의 임용기간이 만료되는 때에는 임용기간 만료일 4월 전까지 임용기간이 만료된다는 사실과 재임용 심의를 신청할 수 있음을 당해 교원에게 통지(문서에 의한 통지를 말한다. 이하 이 조에서 같다)하여야 한다.

　　　⑤제4항의 규정에 의하여 통지를 받은 교원이 재임용을 받고자 하는 경우에는 통지를 받은 날부터 15일 이내에 재임용 심의를 임면권자에게 신청하여야 한다.

　　　⑥제5항의 규정에 의한 재임용 심의를 신청 받은 임면권자는 제53조의3의 규정에 의한 교원인사위원회의 재임용 심의를 거쳐 당해 교원에 대한 재임용 여부를 결정하고 그 사실을 임용기간 만료일 2월 전까지 당해 교원에게 통지하여야 한다. 이 경우 당해 교원을 재임용 하지 아니하기로 결정한 때에는 재임용하지 아니하겠다는 의사와 재임용 거부사유를 명시하여 통지하여야 한다.

　　　⑦교원인사위원회가 제6항의 규정에 의하여 당해 교원에 대한 재임용 여부를 심의함에 있어서는 다음 각 호의 사항에 관한 평가 등 객관적인 사유로서 학칙이 정하는 사유에 근거하여야 한다. 이 경우 심의과정에서 15일 이상의 기간을 정하여 당해 교원에게 지정된 기일에 교원인사위원회에 출석하여 의견을 진술하거나 서면에 의한 의견제출의 기회를 주어야 한다.

　　　1. 학생교육에 관한 사항

　　　2. 학문연구에 관한 사항

　　　3. 학생지도에 관한 사항

　　　⑧재임용이 거부된 교원이 재임용 거부처분에 대하여 불복하고자 하는 경우에는 그 처분이 있음을 안 날부터 30일 이내에 교원지위 향상을 위한 특별법 제7조의 규정에 의한 교원소청심사위원회에 심사를 청구할 수 있다.

3) 헌법재판소 2003. 2. 27. 2000헌바26 헌법소원사건 및 2003. 12. 18. 2002헌바14, 32 (병합) 사건.

립대학의 조교수는 교원으로서의 능력과 자질에 관하여 합리적인 기준에 의한 공정한 심사를 받아 위 기준에 부합되면 특별한 사정이 없는 한 재임용되리라는 기대를 하고 재임용 여부에 관하여 합리적인 기준에 의한 공정한 심사를 요구할 법규상 또는 조리상 신청권을 가진다는 대법원 2004. 4. 22. 선고 2000두7735 전원합의체 판결의 취지를 사립대학의 교원에 대하여도 동일하게 적용하였다. 따라서 단지 개정 전의 사립학교법에 앞서 본 재임용 및 거부와 관련한 절차적 규정이 없다고 하여 달리 해석할 아무런 근거가 없다고 보았다. 기간임용제의 입법취지와 헌법 제31조 제6항의 교원지위법정주의 정신에 비추어 볼 때, 입법자가 법률로 정하여야 할 교원지위의 기본적 사항에는 무엇보다 교원의 신분이 부당하게 박탈되지 않도록 하는 최소한의 보호의무에 관한 사항이 포함되고 그 한도 내에서 학교법인의 교원의 임면에 관한 자율권은 제한을 받을 수밖에 없으므로(헌법재판소 2003. 2. 27. 2000헌바26 결정 참조) 개정 전 사립학교법이 적용되는 경우에 있어서도 기간을 정하여 임용된 교원은 재임용 여부에 관하여 합리적인 기준에 의한 공정한 심사를 요구할 조리상 신청권을 가진다는 것이다.

따라서 현행 사립학교법이 원고에게 소급하여 적용되지 않고 개정 전 사립학교법이 적용되는 이 사건의 경우에 있어서도 기간을 정하여 임용된 교원은 재임용 여부에 합리적인 기준에 의한 공정한 심사를 요구할 조리상 신청권을 가지므로 계약기간이 만료되고 재임용이 거부된 원고는 임용권자인 피고 법인과의 사이에 그 재임용결정의 무효 확인을 구하는 소의 이익이 있다는 것이다.

II. 대상 판결에 중요한 영향을 미친 2000두7735 대법원 전원합의체 판결

1. 2000두7735 전원합의체 판결의 요지

대상판결에서 직접 인용되어 판결에 중대한 영향을 미친 것으로 보이는 2000두7735 대법원 전원합의체 판결은 세간의 큰 이목을 받았던 서울대학교 미술대학 김민수 교수 사건이다. 당시 사건은 계약기간이 만료한 국립대학 교수에게 재임용 당부의 심사를 요구할 권리가 있는지, 그러한 심사를 거부한 대학교 총장의 행위가 행정소송의 대상이 되는 처분인지가 쟁점이 되었다. 주지하는 바와 같이 대법원은 종전 판례의 태도를 변경하여 국립대학교 교수가 조리상의 재심용에 관한 심사를 신청할 권리를 가진다고 인정하였고 총장의 재임용 거부행위도 처분성이 있다고 보면서 김민수 교수의 청구를 인용하였다.

2. 2000두7735 대법원 전원합의체 판결에 대한 평가[4]

위 전원합의체 판결은 무엇보다 국립대학교 교수에게 재임용의 당부에 관한 심사를 신청할 권한을 인정하였다는 점에서 큰 의의

---

4) 관련 판례 평석으로는 이경운, "교수재임용에 관한 대법원판례의 변경과 그 의의", 『행정판례연구』(10집) (2005. 6.), 박영사, 2005: 이선희, "기간제로 임용된 국립대학교 교원에 대한 재임용거부행위의 처분성", 『21세기사법의 전개』: 송민최종영대법원장재임기념논문집 (2005. 9.), 박영사, 2005: 도재형, "국·공립대학 교원의 재임용 심사신청권", 『노동법연구』(17호) (2004. 12.), 서울대학교 노동법연구회, 2004 등 참조.

가 있다. 만일 그러한 권한을 인정하지 아니한다면 국립대학교 교수는 재임용에 관한 실체적인 당부의 심사를 받는 것은 고사하고 재임용에 관한 재판상 다툼에서 본안판단 전에 청구 각하를 당하기 때문이다. 대법원 1997. 6. 27. 선고 96누4305 판결과 같은 종전의 법원의 입장 아래에서 국립대학 교수의 신분이라는 것은 그러했다. 그런데 전원합의체 판결은 매우 과감하게도 '조리'를 근거로 국립대학교 교수에게 재임용 심사신청권을 인정하였다. 재판규범으로서 조리란 매우 예외적이거나 보충적으로 적용되는 법원(法源)이기 때문에 실제 소송에 있어서 독립적으로 조리를 근거로 원고의 청구를 인용하는 것은 매우 보기 드물다.5) 그런 일반적인 선례를 깨뜨리고 대학교수의 재임용이 거부된 사례에서 조리를 근거로 한 신청권을 인정한 것은 그만큼 대학교수의 재임용에 관련하여 벌어지고 있는 부당한 현실을 법원이 종전의 형식적인 법해석의 잣대만을 들고 지켜볼 수는 없었기 때문이 아닐까?

Ⅲ. 사립대학교 교수에게도 인정되는 조리상의 재임용 심사신청권

대상판결은 사립대학교 교수에 대해서도 조리상의 재임용 심사신청권을 인정하고 있다. 대상판결은 기간임용제의 입법취지, 헌법 제31조 제6항의 교원지위법정주의의 정신, 그리고 국립대학교 교

---

5) 관련 사례로서 검사의 임용 거부에 대해 다투어졌던 대법원 1991. 2. 12. 선고 90누5826 판결 참조.

수와 사립대학교 교수에 관해 심사신청권을 달리하여 인정할 해석론적 근거가 없다는 점을 조리상의 재임용 심사신청권의 인정이유로 제시하였다. 기간임용제는 원래 한 번의 임용으로 정년을 보장하면 임용된 교수가 제대로 연구나 교육을 하지 않을 수 있다는 인식을 바탕으로 도입된 제도이다. 그러나 현실적으로는 정부나 재단에 비판적인 입장을 취하는 학자들을 대학에서 제거하는 수단으로 악용되기도 했고 최근에는 대학구조조정에 있어 인건비 절감 수단[6]으로 이용되고 있는 실정이다. 이런 문제 때문에 '기간임용제 탈락자 구제를 위한 특별법'까지 만들어서 재임용과 관련하여 발생하는 문제를 해결하고자 하였다. 이 사건에 있어서도 피고 법인은 전임교원의 재임용을 거부하면서 그중 다수를 시간강사로 임용한 사실을 알 수 있다. 이 사건을 담당한 재판부 또한 그런 현실을 직시하고 많은 고민을 했으리라 본다. 비록 국립대학교 교수에 대하여 조리상의 재임용 심사신청권이 인정된다고 하더라도 어느 정도 신분이 더욱 두텁게 보장되는 국립대학교 교수의 사례에 대한 판단을 상황이 그렇지 아니한 사립대학교 교수까지 확대하여 적용하는 데는 법리적인 판단의 당위성을 넘어 결단이 필요했으리라 생각된다. 이런 의미에서 대상판결은 더욱 의의가 있다. 한편 대상판결이 언급하고 있는 교원지위법정주의의 취지는 통상 교원이 교육이라는 직무를 수행함에 있어 자주적·전문적·중립적으로 학생을 교육하기 위해서 필요한 교원의 신분보장 및 각종 처우를 법률로서 보장하여야 한다는 것이다.[7] 따라서 대학 교수의 재임용 여부에 대

---

6) 즉, 전임교원의 재임용을 거부한 후 해당 과목을 시간강사에게 맡기면서 인건비를 절감한다는 것이다.

한 공정한 심사를 보장할 수 없다면 이는 곧바로 교원법정주의의 기본적인 내용을 위반하는 것이다. 이런 의미에서도 대상판결은 교원법정주의의 취지를 적절히 반영하는 결론을 내고 있다.

IV. 결론

대학은 전 세대가 남긴 혹은 현 세대가 남기고 있는 유·무형의 유산을 집약하고 발전시켜 다음 세대에게 전달하는 중요한 기능을 수행한다. 이 집약과 발전의 과정을 학문의 진보라고 부른다. 학문의 진보는 무한한 상상력에서 비롯된다. 그런데 먹고사는 걱정에 시달리면서 무한한 상상을 하기는 매우 힘들다. 신분이 보장되지 않는 현실에서는 당장에 돈이 되는 일만 하려 하지 먼 장래를 염두에 둔 사려 깊은 창의나 비판이 나올 수 없는 법이다. 그래서 헌법은 교원의 지위를 법률로서 보장하라고 명령하는 것이다. 대상판결은 이를 확인한 매우 의미 있는 판결이다. 이 사건은 현재 항소심에 계속 중이다. 1심의 진전된 결론에 대해 항소심의 진지한 고려가 있어야 할 것이다.

---

7) 헌법재판소는 교원법정주의의 내용에 국민의 교육을 받을 기본권을 실효성 있게 보장하기 위한 것까지 포함시키는데(헌법재판소 1991. 7. 22. 89헌가106) 이것은 교원법정주의의 내용이라고 볼 수 없다.

정리해고의 효력요건으로서 근로자대표에 대한 사전 통보기간

대상판결: 대법원 2003. 11. 13. 선고 2003두4119판결[1]

I. 대상판결의 개요
II. 서울고등법원과 중앙노동위원회의 판단
III. 문제의 소재
IV. 근로기준법을 어떻게 해석할 것인가?
V. 60일전 통보 규정은 정리해고의 효력요건이다.
VI. 결론

I. 대상판결의 개요

1. 사건의 경위

피고는 금융업을 경영하는 J신용협동조합(이하 J신협)이고 원고는 위 신협에 1993. 12. 6. 입사하여 근무하던 중 2000. 3. 23. 정리해고[2]된 자이다.

---

1) 관여대법관: 이규홍(재판장), 조무제(주심), 이용우, 박재윤.

2) 근로기준법은 근로자의 귀책사유에 의한 해고가 아니라는 점을 고려하여 "경영상 이유에 의한 해고"라고 규정되어 있는데 이 글에서는 "정리해고"라는 용어를 사용하고자 한다. 정리해고라

금융감독위원회는 J신협의 경영실태조사를 한 후 1999. 4. 14. 신용협동조합중앙회에 J신협의 경영정상화를 위한 제반 대책의 수립·추진을 위한 지도를 통보하였다. 이에 J신협 이사회는 1999. 10. 15. 이사회를 소집하여 우량신협인 K신협과 합병추진을 결의하였고 J신협 조합원 총회는 1999. 12. 4. 합병을 결의하였다.

한편 원고가 위원장으로 있던 J신협 노동조합의 조합원들은 2001. 1. 17. 모두 노조를 탈퇴 하여 노조에는 원고만 남게 되었고 원고를 제외한 나머지 근로자들은 J신협의 제안에 따라 2000. 2. 8. 직장협의회를 구성하여 직원 대표 2명을 선출하였다. 이후 2000. 2. 16.부터 2. 29.까지 총 4회에 걸쳐 J신협 임원진과 직원대표가 정리해고의 절차와 기준에 관하여 협의를 하였고 그 결과 정리해고 기준을 만들었다. 이 기준에 의하여 원고는 해고대상자 중 가장 낮은 점수를 받아 2000. 3. 23. 정리해고가 되었다. 원고는 위 정리해고가 무효라면서 노동위원회를 거쳐 대법원까지 상고하였다.

2. 대상판결의 요지

대법원은 두 가지 논거를 제시하며 원고의 상고를 기각하였다.

첫째, 근로기준법 제31조 제1항 내지 제3항에서 정한 각 요건의 구체적 내용은 확정적·고정적인 것이 아니라 구체적 사건에서 다른 요건의 충족 정도와 관련하여 유동적으로 정해지는 것이므로, 구체적 사건에서 경영상 이유에 의한 당해 해고가 위 각 요건을

는 용어가 오히려 현장 노동자들의 감각을 제대로 전달하고 있다고 보기 때문이다.

모두 갖추어 정당한지 여부는 위 각 요건을 구성하는 개별사정들을 종합적으로 고려하여 판단하여야 한다.

둘째, 근로기준법 제31조 제3항이 해고를 피하기 위한 방법과 해고의 기준을 해고실시 60일 이전까지 근로자 대표에게 통보하게 한 취지는, 소속근로자의 소재와 숫자에 따라 그 통보를 전달하는 데 소요되는 시간, 그 통보를 받은 각 근로자들이 통보 내용에 따른 대처를 하는 데 소요되는 시간, 근로자대표가 성실한 협의를 할 수 있는 기간을 최대한으로 상정·허여하자는 데 있는 것이고, 60일 기간의 준수는 정리해고의 효력요건이 아니어서, 구체적 사안에서 통보 후 정리해고 실시까지의 기간이 그와 같은 행위를 하는 데 소요되는 시간으로 부족하였다는 등의 특별한 사정이 없으면, 정리해고의 그 밖의 요건이 충족되었다면 그 정리해고는 유효하다.

II. 서울고등법원과 중앙노동위원회의 판단3)

이 사건의 원심인 서울고등법원과 중앙노동위원회에서도 원고는 패소를 하였는데 그렇다면 하급심에서는 60일 전 사전통보 규정을 어떻게 이해하였을까.

먼저 중앙노동위원회 재심판정4) 해당부분을 인용해 본다. "또한, 근로자대표와 경영상 해고에 대하여 협의한 결과, 경영상 해고에

---

3) 1심 서울행정법원 2001. 12. 6. 선고 2000구40892 판결은 이 글에서 다루고자 하는 사전통보 규정에 대하여 명확하게 언급하지 않아서 평석 대상에서 제외하였다.

4) 중앙노동위원회 2000. 8. 7. 2000부노29, 44, 부해128, 163 사건.

대하여 합의에 도달한 때에는 60일이 경과하지 않아도 해고는 가능한 것이다."

다음으로 서울고등법원 판결[5]의 해당 부분 판단을 인용하여 본다. "정리해고의 유효요건인 인원삭감을 하여야 할 긴박한 경영상의 필요성이 있고, 해고회피를 위한 노력을 하였고, 합리적이고 공정한 기준에 의하여 해고대상자를 선정하였고, 근로자들을 대표한 직장협의회와 협의를 거쳤다면, 사전협의절차에서 기간을 준수하지 않았다고 하더라도 전체적으로 고려하여 볼 때 정리해고는 유효하다고 할 것이다." 한편 서울고등법원은 위와 같은 판단을 하면서 대법원 1992. 8. 14. 선고 93다16973 판결을 참조 판례로 언급했다. 참조 판례를 간단하게 요약하면 다음과 같다. "비록 회사가 노동조합원이 아닌 일부 정리해고 대상자들과 해고에 앞서 성실한 협의를 거치지 않았다고 하더라도 조합원들을 대표한 노동조합과 협의를 거쳤으며, 나머지 정리해고의 유효한 요건인 인원삭감을 하여야 할 긴박한 경영상의 필요성이 있어야 하고, 해고회피를 위한 노력을 하였어야 하며, 합리적이고 공정한 정리기준에 의하여 해고대상자를 선정하여야 한다는 요건을 충족시키고 있다면 회사가 사전협의를 거치지 아니하였다고 하더라도 전체적으로 고려하여 볼 때 정리해고는 유효하다."

---

5) 서울고등법원 2003. 4. 10. 선고 2002누556 판결.

Ⅲ. 문제의 소재

정리해고제도가 근로기준법에 입법되기 전에도 대법원은 일본의 판례 법리를 원용하여 사안을 해결하여 왔고 처음에는 엄격하게 4요건설을 견지하다가[6] 1991년 이후부터 그 요건을 완화하여 적용하기 시작하였다.[7]

그러던 중 1996. 12. 26. 국회에서 노동관계법이 변칙 처리[8]되면서 정리해고가 근로기준법에 명문화되었고 학계와 실무계에서는 기존의 4요건설을 명문으로 규정한 것에 대하여 대법원이 어떤 태도를 취할 것인가 관심을 가지고 지켜보았다. 그런데 대법원은 기존의 태도를 그대로 유지하는 판결[9]을 선고하였다. 더 나아가 대법원은 2003. 11. 13. 대상판결을 통하여 근로자대표에 대한 정리해고실시 60일 전 사전통보 규정이 아예 정리해고의 효력요건이 아니라는 판단까지 하였다.

이 글에서는 정리해고 사전통보 요건의 취지와 법적 성격이 과연 무엇인지 살펴보고 대상판결의 부당성을 지적하고자 한다.

---

6) 예를 들어 대법원 1989. 5. 23. 선고 87다카2132 판결.

7) 예를 들어 대법원 1991. 12. 10. 선고 91다8647 판결.

8) 정리해고 입법은 김영삼 정부가 만든 노사관계개혁위원회에서 논의된 바 있다. 그러나 여기 모인 노사정은 합의에 이르지 못했다. 정부는 독자적으로 안을 만들어 국회에 제출하였고 야당이 배제된 새벽에 법안이 통과되었다. 법안이 통과되자 민주노총을 중심으로 총파업이 시작되었다.

9) 대법원 2002. 7. 9. 선고 2001다29452 판결.

Ⅳ. 근로기준법을 어떻게 해석할 것인가?

헌법 제32조 제3항은 "근로조건의 기준은 인간의 존엄성을 보장하도록 법률로 정한다."라고 규정하고 있다.

허영 교수는 제32조 제3항 내지 제5항을 해석하면서 이 조항들은 합리적인 근로조건의 보장을 요구할 수 있는 권리이며 또 합리적인 근로조건에 관한 헌법적 기준으로서 계약자유의 원칙에 따라 근로계약을 체결하는 데 있어서의 헌법적 한계라고 해석한다. 그러나 현행 근로기준법은 이러한 헌법정신에 미치지 못하는 점이 많다고 지적하면서 그 예로 탄력적 근로시간제나 연·월차 휴가 대체제도를 들고 있다.[10][11] 또한, 국가는 해고의 공포로부터 근로자들을 해방시켜 주어야 할 의무가 있고 따라서 경영상의 이유에 의한 해고제도는 엄격한 제한이 필요하다고 해석한다.[12]

김형배 교수는 헌법 제32조 제3항이 노동보호법의 기본취지가 근로자의 "인간의 존엄성"을 기초로 해야 한다는 것을 선언한 것으로 보면서 근로기준법 등 근로조건에 관한 법률규정들은 "인간의 존엄성"의 보장에 반하여 해석되거나 시행될 수 없다는 견해를 밝히고 있다.[13]

근로기준법 제1조는 근로기준법의 목적이 근로조건의 기준을 정함으로써 근로자의 기본적 생활을 보장, 향상시키는 깃이라는 점을

---

10) 허영, 『한국헌법론』, 박영사, 2001, 482쪽부터 483쪽.

11) 현행 근로기준법의 문제점과 개선방안에 대해서는 박홍규, 『고용법·근로조건법』, 삼영사, 2002, 141쪽부터 150쪽.

12) 허영, 『한국헌법론』, 박영사, 2001, 483쪽.

13) 김형배, 『노동법』, 박영사, 2001, 153쪽.

밝히고 있다. 근로조건에는 해고 역시 포함된다.[14] 결국, 근로기준법은 근로자인 인간의 존엄성을 확보하기 위한 최저기준을 설정한 노동보호법(근로기준법 제2조)이다. 최저기준이기 때문에 최저기준을 하회하는 내용의 근로계약은 무효이고 근로자가 이를 승인하였다고 하더라도 유효가 되는 것이 아니다.[15] 근로자가 인간으로서 존엄성을 지키면서 일할 수 있는 환경을 조성하라고 명령하는 것이 노동헌법이다. 근로자의 꿈이 무엇인가, 그리고 이것을 실현하기 위해 입법, 사법, 집행의 국가권력기관이 무엇을 해야 하는가를 알려주는 기준이 바로 노동헌법의 노동보호조항이다. 그래서 노동법은 노동보호를 위해 있어야 할 근로관계를 실현하기 위해 존재한다고 설명된다.[16]

최근 개별적 근로관계에 대해서 노사당사자들의 자율적 결정과 형성에 맡기며, 이에 대해서는 노동법이 독자적 입장을 갖거나 개입·강요하지 않는 것이 바람직하다는 인식이 있다. 소위 신보수주의 영향 아래 노동법을 자유주의 노동시장법칙의 한 부속품으로 이해하려는 입장[17]이다. 그러나 우리 헌법과 노동법은 이런 태도를 전제로 하고 있지 않다.[18] 물론 우리의 경제 상황과 노동관계는 노동법이 최초 입법될 때와 비교하면 많이 변화했다. 경제는

---

14) 대법원 1992. 6. 23. 선고 91다1210 판결.

15) 대법원 1990. 12. 21. 선고 90다카24496 판결.

16) 김형배, 『노동법』, 박영사, 2001, 6쪽.

17) 예를 들어 채호일, "고용에 대한 노동법의 영향관계에 관한 연구", 고려대학교 대학원 박사학위 논문, 2000: 김희성, "노동형태의 변화와 노동법의 유연화에 대한 연구", 고려대학교 대학원 박사학위 논문, 2003.

18) 이영희 교수도 노동법이 과연 이런 태도를 적극적으로 취하고 있는 것인지는 의문이라고 했다. 이영희, 『노동법』, 법문사, 2001, 365쪽.

세계 경제 질서로 편입되어 과거에 볼 수 없었던 경쟁을 요구받고 있다. 국내 노동시장은 비정규직 근로자가 전체 근로자의 과반수를 넘는 왜곡된 구조로 변형되었고. 이제 노동법을 다루는 사람들은 이러한 변화된 상황을 직시하고 이것을 어떻게 규율할 것인가 고민을 할 수밖에 없다. 그런데 그 고민을 해결해 나가는 방향은 역시 노동보호다. 전환기의 노사관계에서 적어도 '노동법'이 추구해 나가야 할 방향은 근로자 개인을 고립시킨 후 네가 알아서 대응하라는 식의 자유방임 논리로부터 근로자들을 보호하는 것이다. 그 중심에 근로기준법이 서 있다. 노동조합 조직률 12%의 나라에서 현재 있는 근로기준법이 제대로 지켜지는지부터 검토해 보고 나서 근로기준법의 미래를 이야기해도 늦지 않다.

Ⅴ. 60일전 통보 규정은 정리해고의 효력요건이다.

1. 학계의 해석론

김형배 교수는 사전협의를 거치지 않았다고 해서 정리해고가 곧바로 무효는 아니라는 대법원 판례를 언급하면서 현행 근로기준법은 노동조합 또는 근로자대표에게 60일 전에 해고회피방법과 해고기준을 통보하고 성실하게 협의할 것을 규정하고 있으며 이런 사용자의 협의의무가 경영상의 이유에 의한 해고의 유효요건임을 명백히 규정하고 있다고 판단했다.[19]

박홍규 교수는 기존의 판례[20]에 대해서 그 위반의 경우 민법상 무효가 인정되는 신의칙을 오해한 것이고 사전협의의무 내용이나 성격에 비추어 보면 잘못된 것이라는 취지의 비판을 하면서 현행 근로기준법상 위 판례는 더 이상 유지될 수 없다고 말한다.[21]

이병태 교수도 근로자대표에 대한 통보와 성실한 협의는 근로기준법 제31조 제3항을 통해 유효요건으로 정하였다고 보고 있다.[22]

이상윤 교수는 60일 전 사전 통보 기간은 이를 수당으로 대체하거나 단축할 수 없으며 이를 준수하지 아니하는 경우 정리해고는 무효가 된다고 명시적으로 언급했다.[23]

박종희 교수는 60일 전의 협의기간의 설정은 절차요건으로서 강행적인 성질을 지니며 이를 위반한 경우에는 경영상 해고 자체의 정당성을 탈락시키는 것으로 해석함이 타당하다고 보면서 그 이유로 사전 협의기간의 법적 의미는 경영상 해고 절차와 관련하여 근로자대표와 성실한 협의가 요건으로 되어 있고 이를 구체적으로 실현하기 위하여 적어도 60일간의 협의기간을 확보해 주려는 의도로 해석되기 때문이라는 견해를 표명한다.[24]

정재성 변호사도 근로기준법이 각각 별도의 조항을 규정하고 있으므로 이 중 어느 요건을 충족시키지 못하는 경우에는 그 자체로 해고는 무효가 되는 것으로 해석하는 것이 타당하다고 한다.[25]

---

19) 김형배, 『노동법』, 박영사, 2001, 448쪽.

20) 대법원 1992. 11. 10. 선고 91다19463 판결.

21) 박홍규, 『고용법·근로조건법』, 삼영사, 2002, 120쪽.

22) 이병태, 『노동법』, (주)중앙경제, 2002, 659쪽부터 660쪽.

23) 이상윤, 『노동법』, 법문사, 1999, 444쪽부터 445쪽.

24) 박종희, "경영상 해고 제도의 법리와 법정책적 운영방안", 연구보고서, 한국노동연구원, 1998, 51쪽.

25) 민주사회를 위한 변호사 모임 노동위원회 편저(정재성 집필 부분), 『변호사가 풀어주는 노동법』, 민주사회를 위한 변호사 모임, 2002, 220쪽부터 221쪽.

다만 임종률 교수는 요건 결여의 효과에 대하여 네 가지 요건을 갖추지 못하면 정당한 이유가 없는 해고로서 사법상 무효라고 판단하면서도 근로자 측과 협의하여도 별다른 효과를 기대할 수 없는 특별한 사정 아래서는 협의를 거치지 않았더라도 정리해고가 무효로 되는 것은 아니라고 한다.[26]

2. 외국의 입법례

'사용자 주도에 의한 고용종료에 관한 협약'(ILO 협약 제158호) 제3절 '경제적·기술적·구조적 또는 이와 유사한 이유로 인한 고용종료에 관한 보충규정' F. '근로자대표와의 협의' 제6조 제1항 (가)목은 "고려 중인 고용종료에 소요되는 이유, 그로 인하여 영향을 받을 우려가 있는 근로자의 종류 및 고용종료에 소요되는 예상 기간을 포함한 관련 정도를 관련 근로자 대표에게 충분한 시간을 두고 제공하여야 한다."라고 규정하고 있다.[27]

영국의 경우 인정된 노동조합이 없는 경우 정리해고를 하려는 사용자는 종업원 대표자와 협의를 하여야 하는데 이 협의는 해고 예정인원이 20~99명인 경우에는 첫 해고가 이루어지기 최소 30일 이전, 그 인원이 100명 이상일 경우에는 최소 90일 이전에 시작되어야 한다.[28]

---

26) 임종률, 『노동법』, 박영사, 2002, 497쪽.

27) 노동부, 『ILO주요협약집』, 노동부, 2000, 384쪽. 협약의 형식과 내용의 해석은 위 책의 내용을 그대로 따랐다.

28) 박덕재, "영국의 고용조정: 정리해고를 중심으로", 연구보고서, 한국노동연구원, 2002, 17쪽.

포르투갈의 경우, 경제적 해고의 경우 특히 집단해고에 대해서는 추가적인 해고예고기간이 정해져 있으며 이 기간은 정보제공 및 협의의무가 충족된 후 1~2개월이 주어져야 하며 최장 90일까지 가능하다고 한다.[29]

룩셈부르크는 근로자 대표 협의시기와 해당 근로자들에 대한 해고 통보 사이에는 최소한 10일간의 기간을 두도록 하고 있다.[30]

아일랜드의 경우 최초 해고 실시 예정일로부터 적어도 30일 전에 근로자 대표에게 통보해야 한다.[31]

3. 중앙노동위원회와 고등법원의 태도 비판

중앙노동위원회 재심판정서를 읽어보면 한 마디로 말해서 근로자대표가 정리해고를 하겠다고 합의했으면 사전통보기간은 아예 지킬 필요가 없는 것이라는 취지로 이해된다.

그러나 이것은 사전통보기간의 의미를 잘 모르는 주장이다. 사전통보규정은 형식적으로 근로자대표와의 협의만을 위해서 만들어진 것이 아니라 협의가 이루어지는 동안 정리해고될 수 있는 근로자들이 해고 이후에 어떻게 먹고살아야 하는가를 궁리하라고 만들어 놓은 규정이기도 하다. 근로기준법 제32조 제1항은 30일의 해고예고기간을 정하고 있는데 그 취지는 정당한 해고라고 하더라도 해고된 근로자에게 새 직장 등을 구할 수 있는 경제적, 시간적 여

---

29) 노동부, 『유럽연합의 근로기준』, 2001, 241쪽.
30) 노동부, 『유럽연합의 근로기준』, 2001, 240쪽.
31) 노동부, 『유럽연합의 근로기준』, 2001, 240쪽.

유를 주기 위해서라고 해석된다.[32) 60일이라는 사전통보기간도 해고예고기간과 비슷한 기능을 수행하는 것이다. 이상윤 교수도 비슷한 취지로 60일이라는 사전통보기간은 해고예고기간이 포함된 것이라고 해석하고 있는 것으로 보인다.[33)

필자는 서울고등법원의 판결문 속에서 입법이 된 정리해고제도를 어떻게 해석할 것인지에 대한 고민을 읽을 수 없었다. 인용하고 있는 판례는 입법 전에 학계와 실무계에서 무수한 비난을 받았던 것이다.

4. 사전 통보기간이 최대협의기간이라는 해석론의 근거가 무엇인가?

앞서 외국의 입법례에서 살펴보았듯이 정리해고제도를 입법하면서 근로자 대표에게 사전통보를 규정한 나라들은 "적어도" 그 기간은 확보하여 충분히 그리고 성실히 근로자대표와 협의하라는 취지로 규정하고 있다. 물론, 덴마크처럼 최대한 빠른 시일 내에 협상을 실시하라고 하거나 그리스처럼 적정시간 내에 근로자 대표에게 해고사유 등을 통보하도록 규정하고 있는 경우도 있다.[34) 그리고 주지하다시피 일본처럼 정리해고가 아직 판례의 법 이론에 맡겨져서 운영되는 나라도 있다. 이처럼 판례법으로 정리해고제도가 운용되거나 혹은 기간에 대해서 유연한 해석을 할 수 있도록 입법

---

32) 임종률, 『노동법』, 박영사, 2002, 501쪽.
33) 이상윤, 『노동법』, 법문사, 1999, 445쪽.
34) 노동부, 『유럽연합의 근로기준』, 2001, 238쪽부터 239쪽.

이 되었으면 몰라도 명백하게 입법으로 그 기간을 정하면서 그것이 최대기간이라고 정한 입법례가 있을까? 필자는 아직까지 그런 예를 보지 못했다. 정리해고의 입법기조는 한 마디로 말해서 귀책사유 없이 억울하게 해고되는 근로자들을 어떻게 보호할 수 있느냐이다. 그러니 사물논리상 해고통보기간은 최소한 그 정도는 확보해서 노사 간에 자주적으로 문제를 해결해 보라는 취지로 해석하지 않을 수 없다.

대상판결처럼 통보기간이 최대협의기간이라고 해석하면서 그것이 강행규정이 아닌 것으로 보면 도대체 기간을 특정해서 입법을 할 이유가 없다. 그 기간을 넘어서서 사전통보를 하고 협의를 해도 그만이고 그 기간에 훨씬 못 미치는 단기간 전에 통보를 하고 협의를 해도 법적으로 문제가 없다면 왜 하필 60일이라고 규정했을까? 30일은 안 되나? 그냥 하나의 기준을 제시한 것이라고 주장할 것인가? 과연 그럴까? 우리의 입법에 관여한 정부 관료와 국회의원들은 어떤 생각을 하였을까?

정부는 1998. 2. 7. 긴박한 경영상의 필요성 요건을 더욱 완화하고 기존의 2년간 시행을 유예한 부칙의 삭제를 골자로 하는 '근로기준법 중 개정 법률안'을 국회에 제출하였고, 1998. 2. 10.부터 제188회 국회 환경노동위원회에서 법률안에 대한 심사가 이루어지기 시작했다. 당시 노동부장관 이기호는 "노동시장의 유연성을 제고를 위해 IMF에서 요구한 사항인 동시에 우리 경제의 구조개혁을 위해" 법안을 제출했다고 설명했다.[35] 그리고 안택수 의원이 IMF와의 약속은 2월 중에 꼭 지켜야 하는지와 관련 법률의 제·개정을 3월에

---

35) 제188회 국회 『환경노동위원회 회의록』(제1호), 국회사무처, 1998, 19쪽.

하면 안 되는지에 대하여 서면질의를 하자 이기호 장관은 우리 경제의 신인도를 높이고 현재의 경제난을 하루빨리 벗어나기 위해서는 IMF와의 약속은 지켜야 한다고 생각한다는 답변을 하였다.36) 그리고 당시 회의에서는 긴박한 경영상의 필요성의 요건을 너무 완화한 것이 아니냐는 지적이 있었다.37) 이에 대해서 이기호 장관은 판례도 그 요건을 완화하고 있고 기업의 구조조정 필요성 등을 고려할 때 개정이 불가피하다는 뜻을 밝히면서 대신 해고가 남용될 수 있으므로 절차적 요건을 강화하여 해고의 남용을 방지하고자 하였다고 설명했다.38)39) 그러면서 해고통보기간을 60일로 징한 이유를 근로기준법 제32조의 규정에 의한 해고예고기간 30일과 노사 간 충분한 협의기간을 감안하여 해고일 60일 전에 근로자 대표에게 해고회피방법, 해고기준 등을 통보하도록 하였다고 서면답변을 하였다.40) 더 나아가 환경노동위원회 전문위원 정성수는 환경노동위원회에 출석하여 60일 전 사전 통보의 취지는 이해하나 소규모 사업체의 경우 그 기간을 줄이는 방안을 검토해 볼만하다는 의견을 제시했다.41) 필자가 보기에는 국회 전문위원도 60일 사전통보 요건을 꼭 지켜야 하는 규정으로 이해하고 있는 것으로 보인다.

이상의 입법과정을 살펴보면 소위 입법자의 의도에 대해 필자가 내린 결론은 이것이다. 사전통보 조항은 경영상의 긴박한 필요성

---

36) 『환경노동위원회 회의록』의 부록, 6쪽.

37) 예를 들면 『환경노동위원회 회의록』, 19쪽부터 21쪽.

38) 『환경노동위원회 회의록』의 부록, 6쪽.

39) 제188회 국회 『환경노동위원회 회의록』(제2호) 부록, 국회사무처, 2쪽.

40) 『환경노동위원회 회의록』부록, 2쪽부터 3쪽.

41) 『환경노동위원회 회의록』, 5쪽.

요건을 완화하면서 그 대신 해고의 남용을 줄이기 위해 도입된 조항이다. 즉 사용자가 심사숙고하여 정리해고를 실시하도록 절차적 요건을 약간 더 까다롭게 만든 것이다. 결국 대상판결은 사전통보 조항의 취지를 잘못 해석하였다.

5. 효력요건이 아니라는 해석론의 근거는 또 무엇인가?

대법원은 사전통보기간은 정리해고의 효력요건이 아니라고 판시했는데 이것은 위 규정이 이른바 강행규정 중 효력규정이 아니라는 의미[42]로 파악된다.

만일 그 논거로 사전통보기간이 최대협의기간이라고 판시한 것이라면 이것은 위에서 살펴보았듯이 잘못된 해석론이다.

한편 논거의 제시 없이 그렇게 대법원이 보겠다고 판시한 것이라면 효력규정과 단속규정을 구분하는 기준은 무엇인가 생각해 보아야 한다.

먼저 임의규정과 강행규정의 구분기준에 대해서 곽윤직 교수는 구체적으로 각 법규마다 그 종류, 성격, 입법목적 등을 고려하여 개인의 의사에 의한 적용의 배제를 허용하는 것이냐 여부에 따라 결정된다고 설명한다.[43] 그리고 효력규정과 단속규정의 판단기준은 그 법률행위를 유효·무효로 함으로써 생기는 사회경제적 영향

---

42) 민사법학에서는 통상 법률규정을 법률효과를 기준으로 분류할 때 강행규정과 임의규정으로 나누고 강행규정은 사법상의 효력을 부인하는 효력규정과 그렇지 않은 단속규정으로 구분하는데 이 글도 이러한 분류방식을 따랐다. 자세한 내용은 곽윤직, 『민법총론』, 박영사, 1996, 360쪽부터 361쪽.

43) 곽윤직, 『민법총론』, 박영사, 1996, 360쪽.

을 고려하여, 그 법규의 입법취지가 법규가 규정하는 내용 그 자체의 실현을 금지하고 있는가, 또는 단순히 그러한 행위를 하는 것을 금하고 있는가에 따라서 결정하는 수밖에 없다고 한다.[44]

　그러면, 근로기준법은 어디에 속하는가? 근로기준법이 노동보호를 위해서 만든 민사법의 수정법으로 강행성을 가지고 있다는 점은 의문의 여지가 없다.[45] 더 나아가 이제는 노동법을 고유한 영역으로 이해하고 독자적인 법 이론을 구축해 나가려는 움직임도 있다. 한편 기존의 해고법제 유연화 논리도 최소한 이런 강행성은 인정하고 이를 비판하고 있다.[46] 우리 근로기준법은 강행성을 강력하게 관철하기 위해서 부당해고의 경우를 포함하여 사용자의 여러 근로기준법위반행위에 대해서 형사처벌하는 규정까지 두고 있다. 또 사전통보 조항의 규정 형식이나 체계를 보아도, 사전통보를 성실협의 규정 앞에 위치시켜 병렬적으로 규정하고 있다. 그래서 제31조 제5항도 사용자가 제1항 내지 제3항의 요건을 갖추어 근로자를 해고한 때에는 제30조 제1항의 규정에 의한 정당한 이유가 있는 해고로 보겠다는 것이다. 대상판결을 보면 적어도 협의규정은 효력규정으로 이해하고 있는 것으로 보이는데 협의규정을 효력규정으로 보면서 이것의 전제가 되는 통보규정을 효력규정이 아니라고 부인하는 것은 기이한 논리이다. 결론적으로 사전통보 규정이 효력요건이 아니라는 대상판결의 해석론은 근거가 없다.

---

44) 곽윤직, 『민법총론』, 박영사, 1996, 360쪽부터 362쪽.
45) 김형배, 『노동법』, 박영사, 2001, 190쪽.
46) 김영문, 앞의 글, 157쪽 이하.

Ⅵ. 결론

최근 노동법원 도입 논의가 강력하게 제기되었다.[47] 노동법원을 도입하자는 논의의 근저에는 대법원이 그동안 노동사건을 처리하면서 보여 준 태도에 대한 불신이 놓여 있다. 대상판결은 그 같은 불신을 더 깊게 만들었다. 근로기준법의 취지를 고려하고 외국의 입법례와 사전통보 조항의 입법과정을 살펴보면 대법원의 해석론에는 정당성을 부여할 수 없다. 대상판결의 태도는 속히 변경되어야 한다.

---

47) 자세한 내용은 『노동과 법』(제4호) －노동법원론－, 금속법률원, 2004 참조.

퇴직금 명목으로 매월 금원을 지급하는 행위의 효력

대상판결: 대법원 2007. 11. 16. 선고 2007도3725 판결

I. 대상 판결의 개요

1. 사건의 개요

상시근로자 20여 명을 고용하여 P 엔지니어링이라는 전문건설업체를 경영하는 피고인 A는 근로자들과 근로계약을 체결하면서 매월 지급하는 임금을 일급 70,000원으로 하되, 이 일급은 노임 64,600원, 퇴직적립금 5,400원으로 하고, 근로자들은 위 퇴직적립금을 매월 임금지급일에 수령함에 동의하며 이에 대해 일체의 이의를 제기하지 않기로 근로자들과 약정하였다. 이와 함께 피고인 A는 근로자들로부터 '매월 급여 수령 시 퇴직금을 정산하여 지급받기를 희망하며 퇴직 시 회사에 퇴직금에 관한 일체의 이의를 제기하지 않을

것을 확약합니다.'라는 내용으로 '퇴직금 중간정산 신청서'를 받았으며, 노임과 퇴직적립금을 구분하여 기재한 노무비 명세서를 교부하였다. 한편 P 엔지니어링에 입사일을 달리하여 근로계약을 체결한 근로자 5명은 모두 2006. 6. 30. 일제히 회사를 퇴직하며 퇴직금의 지급을 요구하였으나 피고인 A는 위 5명의 근로자에 대하여 총 19,841,290원의 퇴직금을 지급하지 아니하였다. 검사는 벌금 100만 원의 약식기소를 하였고 이에 대해 피고인 A는 정식재판을 청구하였으나 1심 법원은 벌금 100만 원을 선고[1]하였고 항소심도 피고인 A의 항소를 기각[2]하자 대법원에 상고하였다.

2. 대법원 판결의 요지

대법원은 근로자퇴직급여 보장법(이하 '법'이라고 한다) 제4조, 제8조 제1항은, 사용자는 퇴직하는 근로자에게 급여를 지급하기 위하여 퇴직급여제도 중 하나 이상의 제도를 설정하여야 하고, 퇴직금제도를 설정하고자 하는 사용자는 계속근로기간 1년에 대하여 30일분 이상의 평균임금을 퇴직금으로 퇴직하는 근로자에게 지급할 수 있는 제도를 설정하여야 한다고 규정하고 있는바, 퇴직금이란 퇴직이라는 근로관계의 종료를 요건으로 하여 비로소 발생하는 것으로 근로계약이 존속하는 동안에는 원칙으로 퇴직금지급의무는 발생할 여지가 없는 것이므로, 사용자와 근로자 사이에 매월 지급

---

1) 수원지방법원 안산지원 2007. 1. 23. 선고 2006고정1687 판결.
2) 수원지방법원 2007. 4. 26. 선고 2007노571 판결.

받는 임금 속에 퇴직금이란 명목으로 일정한 금원을 지급하기로 약정하고 사용자가 이를 지급하였다고 하여도 그것은 법 제8조 제1항에서 정하는 퇴직금지급으로서의 효력이 없다는 종전 대법원 판례 법리[3]를 다시 한 번 확인했다.

이를 바탕으로 비록 피고인 A가 앞서 인정한 바와 같이 퇴직적립금이라는 명목의 돈을 노무비 명세서에 기재하고 근로자들로부터 향후 퇴직금에 관하여 이의제기를 하지 아니하겠다는 내용의 퇴직금 중간정산 신청서를 받았다고 하더라도 그와 같은 명목의 금원 지급에 대해서는 퇴직금지급의 효력을 인정할 수 없고 나아가 법 제8조 제2항이 규정한 퇴직금 중간정산에 관한 약정으로도 볼 수 없다고 하여 피고인 A의 상고를 기각, 원심을 확정하였다.

Ⅱ. 퇴직금의 법적 성격과 지급 방식에 따른 효력

1. 후불적 임금으로서의 퇴직금

퇴직금의 법적 성격에 관하여 학설 중에는 계속근로를 통한 기업에의 공로를 보상하기 위한 급여로 보는 견해, 퇴직 후의 생활 안정을 보장하기 위한 급여로 보는 견해 등이 있었으나 통설은 재직 중의 전체 근로에 대하여 퇴직 시에 일시에 지급하는 임금으로 보고 있다.[4] 대법원은 근로기준법상의 퇴직금제도는 근로자가 1년

---

3) 대법원 2002. 7. 12. 선고 2002도2211 판결: 대법원 2006. 9. 22. 선고 2006도3898 판결 등.
4) 김유성, 『노동법』, 법문사, 2005, 109쪽: 김형배, 『노동법』(신판 제2판), 박영사, 637쪽:

이상의 기간 계속 근로를 제공하고 퇴직할 경우에, 사용자가 근로자의 근로 제공에 대한 임금 일부를 지급하지 아니하고 축적하였다가 이를 기본적 재원으로 하여 근로자가 퇴직할 때 이를 일시금으로 지급하는 것으로서, 퇴직금은 본질적으로는 후불적 임금의 성질을 지닌 것으로 본다.[5] 퇴직금의 법적 성격에 대한 판례의 태도는 논리적으로 퇴직을 원인으로 하지 않고 계속근로기간 중 지급된 금원을 퇴직금으로 볼 수 없도록 한다. 따라서 근로계약이 존속하는 한 퇴직금지급의무는 발생할 여지가 없는 것이므로, 매일 지급받는 일당임금 속에 퇴직금이란 명목으로 일정한 금원을 지급하였다고 하여도 그것은 법에서 정하는 퇴직금지급으로서의 효력은 없다.[6] 더 나아가 근로자와 사용자 간에 근로계약존속 기간 중 퇴직금 명목으로 금원을 교부받고 최종 퇴직시 발생하는 퇴직금청구권을 사전에 포기하는 약정은 법(구 근로기준법 제34조 제1항)에 위반되어 무효이다.[7]

2. 근로계약존속 기간 중 퇴직금을 지급하는 실례와 그 효력

일부 사용자의 경우 소위 연봉제를 실시하면서 1년의 연봉을 근로자와 계약하고 이를 13분한 후 12는 매월 임금으로 지급하고 연말 혹은 다음해 년 초에 퇴직금 명목으로 나머지 1을 지급하는 예

임종률, 『노동법』(제5판), 박영사, 2006, 399쪽.

5) 대법원 1975. 7. 22. 선고 74다1840 판결: 1990. 5. 8. 선고 88다카26413 판결: 1998. 3. 27. 선고 97다49732 판결: 2005. 10. 13. 선고 2004다13755 판결 등.

6) 대법원 1998. 3. 24. 선고 96다24699 판결.

7) 대법원 1998. 3. 27. 선고 97다49732 판결.

가 있다. 그러나 이와 같은 퇴직금 제도의 운영은 퇴직금을 후불적 임금으로 보는 한 법이 허용하는 것이 될 수 없고 따라서 근로계약 종료 후 별도의 퇴직금을 지급하지 아니하면 이 사건과 같이 형사 책임을 부담할 수 있다. 이렇게 근로계약존속 기간 중 지급된 금원은 보통 통상임금으로 처리되어 사용자의 부당이득반환청구도 배척되고 있는 것이 실무이다. 하급심 판례 중에는 퇴직금 명목으로 지급된 돈을 부당이득금으로 반환하여야 한다고 본다면, 근로기준법에 위배되는 퇴직금 선지급 약정을 체결한 근로자로서는 퇴직금 청구를 할 수 없게 되므로 퇴직금 선지급에 관한 약정의 효력을 인정하는 것과 다름이 없는 결과가 되어 사용자에 대하여 퇴직하는 근로자에게 퇴직금을 지급할 수 있는 제도를 마련할 것을 규정하고 있는 근로기준법상의 퇴직금제도의 입법취지를 몰각하게 되므로, 근로자에게 퇴직금 명목으로 지급된 금원 상당의 부당이득반환의무가 있다고 할 수 없다는 구체적인 이유를 설시한 예도 보인다.[8]

한편 퇴직금 제도와 관련하여 1년 단위로 근로계약을 갱신하면서 근로계약 효력기간 만료 후 계속근로연수 1년치에 해당하는 퇴직금을 지급하고 다시 연속하여 근로계약의 체결을 반복하는 예도 있을 수 있다. 이에 관하여 대법원은 근로계약이 만료됨과 동시에 근로계약기간을 갱신하거나 동일한 조건의 근로계약을 반복하여 체결한 경우에는 갱신 또는 반복한 계약기간을 모두 합산하여 계속근로연수를 계산하여야 한다고 보고 있다.[9] 따라서 계속근로연

---

8) 부산지방법원 2007. 7. 13. 선고 2006나2534 판결.

9) 대법원 1975. 6. 24. 선고 74다1625, 1626 판결; 1979. 4. 10. 선고 78다1753 판결; 1995. 7. 11. 선고 93다26168 전원합의체 판결 등.

수가 통산되는 기간에는 근로계약이 중단 없이 존속된다고 보아야 하고 해당 기간 중 지급된 퇴직금 명목의 금원은 퇴직금으로서의 효력을 인정할 수 없게 된다. 더 나아가 판례는 근로계약 기간이 형식적으로는 1년이 되지 아니하는 계약을 반복 갱신한 경우에도 갱신되거나 반복 체결된 근로계약 사이에 일부 공백 기간이 있다 하더라도 그 기간이 전체 근로계약기간에 비하여 길지 아니하고 계절적 요인이나 방학 기간 등 당해 업무의 성격에 기인하거나 대기 기간·재충전을 위한 휴식 기간 등의 사정이 있어 그 기간 중 근로를 제공하지 않거나 임금을 지급하지 않을 상당한 이유가 있다고 인정되는 경우에는 근로관계의 계속성은 그 기간 중에도 유지된다고 보고 있다.[10] 이러한 판례의 입장은 계약 형식의 변경을 통해 퇴직금 제도의 취지를 탈법하려는 의도를 봉쇄하겠다는 의지가 반영된 것으로 평가된다.

Ⅲ. 퇴직금 중간정산의 방식과 효력

대상 판결에서 인정한 사실관계를 살펴보면, 피고인 A는 앞서 언급한 대법원의 퇴직금에 대한 태도를 어느 정도 이해하고 있었던 것으로 보인다. 즉 근로계약존속 기간 중 지급된 퇴직금 명목의 금원은 원칙적으로 퇴직금이 될 수 없다는 점을 알고 근로기준법상 퇴직금 중간정산제도를 변형하여 사용하려는 의도가 있었던

---

10) 대법원 2006. 12. 7. 선고 2004다29736 판결.

것으로 보인다. 그러나 피고인 A의 그와 같은 시도는 역시 법원에 의해 정당성을 인정받지 못했다.

퇴직금 중산정산 제도는 근로자퇴직급여 보장법 제8조 제2항에 규정되어 있는데[11] 이 제도는 일시에 많은 퇴직금을 지급함으로써 발생할 수 있는 사용자의 비용부담을 완화하고 급전을 필요로 하는 근로자의 필요를 고려하여 근로계약존속 기간 중에도 퇴직금을 지급할 수 있도록 도입한 것인데 실제에 있어서는 사용자의 비용부담 완화라는 목적만을 고려하여 사용자에 의하여 일방적으로 시행될 가능성이 큰 제도이기도 하다. 따라서 하급심 판례 중에는 최초의 근로계약 체결 시에 매월 전월 또는 전년도 근로기간에 대한 퇴직금을 중간정산하기로 약정한 후, 퇴직금 명목으로 일부 금원을 월 급여에 포함시켜 지급함으로써 실질적으로 근로자퇴직급여 보장법상의 퇴직금지급의무를 면탈하는 것을 방지할 필요가 있는 점에 비추어 보면, 근로자퇴직급여 보장법 제8조 제2항에 의한 중간정산이 적법 · 유효하기 위해서는 과거의 계속근로기간에 대한 각 중간정산 시마다 근로자의 명시적인 중간정산 요구가 있어야 한다고 판단한 예가 있다.[12] 피고인 A는 매월 임금을 지급하면서 '매월 급여 수령 시 퇴직금을 정산하여 지급받기를 희망하며 퇴직 시 회사에 퇴직금에 관한 일체의 이의를 제기하지 않을 것을 확약합니다.'라는 내용으로 '퇴직금 중간정산 신청서'를 근로자들로부

---

11) 제1항의 규정에 불구하고 사용자는 근로자의 요구가 있는 경우에는 근로자가 퇴직하기 전에 당해 근로자가 계속 근로한 기간에 대한 퇴직금을 미리 정산하여 지급할 수 있다. 이 경우 미리 정산하여 지급한 후의 퇴직금 산정을 위한 계속근로기간은 정산시점부터 새로이 기산한다.

12) 인천지방법원 2007. 4. 5. 선고 2006나12992 판결.

터 일괄하여 받았다. 이렇게 일괄적으로 퇴직금 중간정산 신청서를 받는 방식은 과연 근로자들에게 퇴직금을 중간정산 여부를 결정할 자유로운 선택권이 부여되고 있었는지에 관하여 의구심을 갖게 한다. 게다가 이 사건의 고소인뿐만 아니라 해당 사업장의 모든 근로자들에게 그와 같은 방식으로 임금을 지급하였다면 근로자의 요구에 의하여 중간정산이 이루어졌다는 확신을 재판부에 심어주기는 어려웠을 것이다. 왜냐하면, 대개의 경우 매년 임금이 인상되기 마련이고 퇴직금은 퇴직 시의 임금 수준에 따라 결정되는 것이므로 퇴직금의 중간정산은 금전적으로 해당 근로자에게 불이익하기 때문이다. 재판부는 그런 불이익을 감수하고 매월 중간정산을 할 근로자가 몇이나 될까 의문을 갖는 것이다. 매월 일정액을 퇴직금 명목으로 지급하는 방식이 위와 같이 이해될 가능성이 크다고 한다면 결국 사용자로서는 위와 같은 방식으로 퇴직금 제도를 운영하지 않는 것이 바람직하다. 어차피 퇴직금 제도의 취지를 근로관계의 종결을 원인으로 발생하는 임금으로 이해하는 한, 그 제도의 취지에 맞게 운영하는 것이 정도일 것이다. 대상 판결은 이와 같은 퇴직금 제도의 취지를 다시 한 번 확인한 전형적인 판례이다.

IV. 결론

피고인 A의 주장대로 근로자들이 정말로 원해서 퇴직금을 매월 지급한 것이라면 피고인 A는 형사처벌에 대하여 매우 억울하게 생각할 것이다. 그래서인지 벌금 100만 원을 선고받고 대법원까지 상

고한 것일 수도 있다. 게다가 대상판결의 1심에서 인정한 사실관
계를 살펴보면 근로자들이 지급을 요구한 퇴직금은 1인이 약 1,100
만 원이고 나머지 4인은 모두 200만 원 내외의 소액이었으며 퇴직
일은 모두 2006. 6. 30.이었다. 정황상 영세업체가 도산하면서 발
생한 사건일 가능성이 크고 그래서 더욱 피고인 A는 억울할지도
모른다. 그러나 대상판결과 같은 사례에서는 결국 퇴직금 제도의
본래 취지를 고려하여 제도가 운영되었는지를 살필 수밖에 없다.
대법원은 원칙을 존중하고 이를 되도록 이행하려고 노력하라는 촉
구를 하고 있는 것이다.

임금상당액 지급명령과 이행강제금의 부과

대상판결: 서울행정법원 2008. 12. 19. 선고 2008구합19598 판결[1]

I. 대상판결의 개요

1. 사실관계의 요지

원고 진정실업 주식회사는 서울에서 상시근로자 130여 명을 고용하여 택시운송사업을 하는 법인으로서, 원고 회사 소속근로자들인 A, B가 택시운송수입금 전액관리제에 따라 운송수입금의 전부를 원고 회사에 납입하기로 근로계약을 체결하였음에도 운송수입금 중 일부를 납부하지 아니하였다는 것을 이유로, A에 대하여는 2007. 9. 4. 승무정지, 2007. 9. 30. 해고의 각 징계처분을 하는 한

---

1) 이 사건은 현재 서울고등법원 제3특별부(2009누3837)에 배당되어 심리 중에 있다.

편 B에 대해서는 2007. 10. 27. 승무정지의 징계처분을 하였다. A
는 2007. 10. 25. B는 10. 31. 피고 서울지방노동위원회에게 부당
해고구제신청을 하였고 이에 피고는 2007부해1600 부당해고구제
신청 사건과 2007부해1650 부당해고구제신청 사건에서, 원고가 취
업규칙에 정하여진 징계절차를 준수하지 아니하고 위와 같은 승무
정지와 해고의 각 징계처분을 하였다는 이유로, 2007. 12. 18. A,
B에 대한 승무정지와 해고의 각 징계처분이 모두 부당한 징계 및
해고임을 인정함과 동시에, 원고에 대하여 판정서를 송달받은 날로
부터 30일 이내에 A, B를 원직에 복직시키고 A, B에게 부당한 징
계 및 해고기간 동안 정상적으로 근무하였다면 받을 수 있었던 임
금상당액을 지급할 것을 명하는 구제명령을 하였다.

위 구제명령이 2008. 1. 9.와 2008. 1. 10. 각 원고에게 송달되었
음에도 원고가 위 구제명령에 정한 이행기간인 2008. 2. 11.까지 A,
B에게 구제명령이 정한 임금상당액을 지급하지 아니하자, 피고는
원고가 구제명령을 이행하지 아니하였다는 이유로 2008. 3. 20. 원
고에 대해서 각 이행강제금 500만 원의 부과처분을 하였다. 이에
대하여 원고는 A, B가 정상적으로 근무하지 아니하여 원고가 A, B
에게 지급할 임금을 계산할 수 없어서 구제명령에서 정한 "부당징
계 및 해고기간 동안 정상적으로 근무하였다면 받을 수 있었던 임
금상당액"을 지급할 수 없었던 것이므로 원고에게 구제명령에 따른
임금상당액지급의무를 불이행한 책임을 물을 수 없다고 주장하면서
2008. 5. 9. 이행강제금부과처분취소 소송을 제기하였다.

2. 판결의 요지

    사건을 심리한 서울행정법원 제1행정부는 이행강제금부과처분은 사용자에 대하여 일정한 금원으로 납부하게 하는 침익적 행정행위에 해당하므로 이러한 이행강제금부과처분의 전제가 되는 구제명령은 그 내용이 구체적으로 특정되어 구제명령의 상대방인 사용자가 이행 가능한 것이어야 하다고 전제하였다. 그리고 난 후 만약 노동위원회가 단지 "부당한 징계 및 해고기간 동안 정상적으로 근무하였다면 받을 수 있었던 임금상당액"이라고만 기재하여 지급을 명한다면 구체적인 사건에 있어서 사용자로서는 구제명령을 이행하려고 노력하더라도 임금상당액의 액수를 산정할 수 없어 이를 이행하지 못하는 결과를 낳을 수 있다고 판단했다. 따라서 구제명령의 이행여부를 확인하기 위하여 구제명령상 사용자에게 이행하도록 한 임금상당액의 액수는 특정되어 확정되어야 한다고 보았다. 게다가 이행강제금을 부과한 피고 또한 변론기일에 출석해서 이 사건에서 A는 입사한 첫 달에 해고를 당하여, B는 수입금 전액을 입금하지 아니하고 일부 금원을 유용하다가 해고를 당했기 때문에 모두 그 임금상당액을 계산할 수 없다고 자인하고 있으니 이처럼 구체적인 액수를 특정하지 아니하여 구제명령의 상대방인 사용자에게 이행할 수 없는 의무를 부과하는 것은 위법하다고 판단했다.

II. 이행강제금제도의 개요

징계, 특히 해고와 관련하여 노동위원회가 구제명령을 한다고 해도 재심이나 행정소송을 통한 불복절차가 진행되면 해고 자체가 아무리 부당하다고 해도 불복절차가 진행되는 동안에는 근로자의 복직은 어렵게 된다. 만일 분쟁이 대법원 재판까지 이어진다면 근로자는 적어도 2년 정도의 시간을 송사에 매달려야 한다. 이 기간 중 타처에 취업을 하여 생계문제를 해결할 수 있다면 소송을 진행하는 데 따르는 부담을 많이 줄일 수 있지만 그렇지 아니하면 승소는 고사하고 소송의 진행조차 어렵게 되기 일쑤다. 이에 따라 근로자의 권리구제를 강화한다는 취지에서 도입된 것이 이행강제금제도이다.

노동위원회는 구제명령을 받은 후 이행기한까지 구제명령을 이행하지 아니한 사용자에게 2천만 원 이하의 이행강제금을 부과할 수 있는데 이행기간은 구제명령을 한 날로부터 30일 이내가 된다.[2] 또한 이행강제금을 부과하기 30일 전까지 이행강제금을 부과·징수한다는 뜻을 사용자에게 미리 문서로써 알려 주어야 하는데 이때 10일 이상의 기간을 정하여 구술 또는 서면으로 의견을 진술할 수 있는 기회를 준다.[3] 이행강제금의 액수, 부과 사유, 납부기한, 수납기관, 이의제기방법 및 이의제기기관 등을 명시한 문서로써 하여야 한다.[4] 이행강제금의 부과기준은 다음과 같다.[5]

---

2) 근로기준법 제33조 제1항, 시행령 제11조.

3) 근로기준법 제33조 제2항, 시행령 제12조 제3항.

4) 근로기준법 제33조 제3항.

위반행위	해당 법조문	금액
정당한 이유 없는 해고에 대한 구제명령을 이행하지 아니한 자	법 제33조 제1항	500만 원 이상 2,000만 원 이하
정당한 이유 없는 휴직, 정직(停職)에 대한 구제명령을 이행하지 아니한 자	법 제33조 제1항	250만 원 이상 1,000만 원 이하
정당한 이유 없는 전직(轉職), 감봉에 대한 구제명령을 이행하지 아니한 자	법 제33조 제1항	200만 원 이상 500만 원 이하
정당한 이유 없는 그 밖의 징벌(懲罰)에 대한 구제명령을 이행하지 아니한 자	법 제33조 제1항	100만 원 이상 500만 원 이하

노동위원회는 중앙노동위원회의 재심판정이나 법원의 확정판결에 따라 노동위원회의 구제명령이 취소되면 직권 또는 사용자의 신청에 따라 이행강제금의 부과·징수를 즉시 중지하고 이미 징수한 이행강제금에 '국세기본법 시행규칙 제13조의 2'에 다른 국세환급가산금의 이율을 합한 금액[6]을 반환하여야 한다.[7]

이행강제금과 관련된 가장 큰 이슈라고 한다면 아직 확정되지 아니한 해고의 부당성 판단에 기초하여 경제적 손해를 줄 수 있는 이행강제금을 부과하는 것이 적정한가라는 문제라고 할 수 있다. 사용자의 입장에서 보면, 비록 행정심판 절차에서 구제명령이라는 행정처분을 받았다고 할지라도 그것은 아직까지 사법(司法)적으로 확정된 의무라고 할 수는 없는 것이고 게다가 행정처분의 취지에 따라 관련 근로자를 복직시켰다가 나중에 해당 처분이 취소되는 경우에는 다시 해고를 하여야 하는 번거로운 인사관리의 문제가 생기며

---

5) 시행령 제13조, 별표3.

6) 제13조의 2(국세환급가산금의 이율) 영 제30조 제2항에서 "시중은행의 1년 만기 정기예금 평균 수신금리를 감안하여 기획재정부령이 정하는 이자율"이라 함은 「은행법」에 의한 은행업의 인가를 받은 금융기관으로서 서울특별시에 본점을 둔 금융기관의 1년 만기 정기예금 이자율의 평균을 감안하여 국세청장이 정하여 고시하는 이자율을 말한다. 전자관보에서 검색 가능한 가장 최근 게시된 국세청 고시에 따르면 2007. 10. 15.부터 적용되는 이자율은 1일 10만분의 13.7의 율이다(국세청 고시 제2007-32호).

7) 시행령 제15조 제1항.

기업 내 업무분위기가 안정화되지 않는다는 규범외적인 상황도 무시할 수 없다. 이런 점을 고려하여 근로기준법 시행령은 구제명령을 이행하기 위하여 사용자가 객관적으로 노력하였으나 근로자의 소재불명 등으로 구제명령을 이행하기 어려운 것이 명백한 경우나 천재·사변, 그 밖의 부득이한 사유로 구제명령을 이행하기 어려운 경우에는 노동위원회의 직권 혹은 사용자의 신청에 따라 그 사유가 없어질 때까지 이행강제금의 부과를 유예할 수 있도록 하고 있다.[8] 결론을 짓자면 일반적으로 행정행위의 공정력이라는 효력을 노동위원회의 구제명령에도 인정하는 것은 행정처분의 효력에 대한 일관된 입법정책이라는 측면 외에 구제명령을 신청한 근로자가 받는 불이익이 회사의 부담과 비교할 때 훨씬 더 클 수 있다는 노동보호법적 관점을 중시하기 때문이다. 따라서 이행강제금 제도와 관련된 분쟁을 해결할 때에는 위와 같이 이행강제금이 갖는 노동보호적 기능을 충분히 고려하여 사용자가 그러한 노동보호적 의무를 성실하게 충분히 이행하려는 자세가 있는지를 검토하여야 한다.

Ⅲ. 임금상당액의 특정방식

1. 전액관리제와 근로조건인 임금지급의 내용

판결서의 이유에 의하면 원고 회사는 전액관리제로 임금을 지급하는 택시운송사업체이다. 전액관리제란 이전에 완전월급제를 주장

---

8) 시행령 제14조.

하던 택시운전기사 근로자들의 요구를 입법한 것이다. 이것은 도급제와 대응되는 제도인데 일반적으로 알려진 도급제란 근로자가 하루 동안 발생한 총 운송수입금 중 회사가 정한 사납금만을 회사에 지급하고 나머지 금액은 근로자가 취득하는 방식을 말한다. 언뜻 보기에는 근로자의 능력에 따라 많은 금액을 근로자의 수익으로 가져갈 수 있으므로 나쁘지 않은 제도라고 오해할 수 있으나 근로자에게 지급되는 퇴직금, 산업재해보상보험법에 따라 지급되는 휴업급여 등은 대부분 사납금을 기준으로 지급되기 때문에 근로자들을 보호하는 데는 문제가 많다. 게다가 회사의 입장에선 실제 수입보다 적은 금액을 수입으로 계산하기 때문에 탈세의 방법으로 사용되기도 한다.

여객자동차운수사업 제21조 제1항은 운전업무 종사자격을 갖추고 여객자동차운송사업의 운전업무에 종사하고 있는 자가 이용자에게서 받은 운임이나 요금의 전액을 그 운수종사자에게서 받아야 한다는 운송사업자 준수사항을 규정하고 있는데 이것이 운송수입금 전액관리제의 근거규정이다. 위 규정은 일반택시운송사업자에 한하여 적용된다.[9] 위 의무를 위반할 경우 1,000만 원 이하의 과태료부과 대상이 된다.[10] 한편 여객자동차운수사업법 시행규칙 제44조는 운송사업자 및 운수종사자의 준수사항에 관하여 국토해양부장관에게 위임입법을 하고 있는데 이에 따라 제정된 택시운송수입금전액관리제시행요령(2000. 9. 14. 건설교통부훈령 제292호)은 전액관리제를 운수종사자가 여객을 운송한 대가로 여객으로부터

---

9) 여객자동차운수사업법 시행령 제12조 본문.
10) 여객자동차운수사업법 제94조 제1항 제1호.

수령한 운임과 요금의 전액을 운송사업자에게 납부하고, 운송사업
자는 운수종사자가 이용자로부터 수령한 운송수입금의 전액을 당
해 운수종사자로부터 수납하는 것이라고 정의하고 있다. 또한 운송
사업자의 전액관리제위반행위를 열거하고 있는데, ① 1일 근무시
간 동안 미터기(운송수입금 관리를 위하여 설치한 확인 장치를 포
함한다)에 기록된 운송수입금의 전액을 운수종사자의 근무종료 당
일 수납하지 않는 행위, ② 일정금액의 운송수입금 기준액을 정
하여 수납하는 행위, ③ 차량 운행에 필요한 제반경비(주유비, 세
차비, 차량수리비, 사고처리비 등을 포함한다)를 운수종사자에게
운송수입금이나 기타 금전으로 충당시키는 행위, ④ 운송수입금
확인기능을 갖춘 운송기록출력장치를 갖추지 않는 행위 또는 운송
기록을 출력하지 않거나 보관(보관기간은 1년으로 한다)하지 않는
행위, ⑤ 운송수입금 수납 및 운송기록을 허위로 작성하는 행위
등이 그것이다.

위 훈령의 취지에 따르면, 결국 택시회사는 급여의 기본체계가
월급제인 시스템을 도입할 수밖에 없다. 왜냐하면 사납금제도나 차
량유지 경비 등의 납입 혹은 근로자에 대한 전가를 금지하면서 운
송수입의 전액을 회사가 관리하려면 매월 근로자에게 지급할 근로
의 대가인 금원이 확정되지 않으면 아니 되기 때문이다. 노동현장
에서는 위 제도를 다소 변형하여 일정금액은 정액, 즉 월급형식으
로 근로자에게 매월 지급하고 그 이상을 넘는 운송수입금에 대해
서는 노사가 합의한 비율로 나누어 일정비율의 금액을 성과금 명
목으로 근로자에게 추가로 지급하는 예가 많다. 따라서 전액관리제
를 시행하고 있는 택시회사라면 근로계약이나 단체협약 등에 매월

근로자가 받은 표준적인 임금의 액을 정할 수밖에 없다. 법원이 원고 회사를 전액관리제로 임금을 지급하는 사업장이라고 판단한 것이 정당한 사실인정이라면 원고 회사는 위와 같은 규정과 제도를 적용받고 시행한다는 의미가 된다. 만일 원고 회사에 노조가 조직되어 있다면 임금협약에 매월 택시운전기사 근로자들에게 정액으로 지급되는 임금액이 산정되어 있었을 것이다. 바로 이 금액이 사용자가 지급하여야 할 임금액의 하한이 된다.

2. 사용자의 적극적 지급의무

위와 같은 전액관리제의 취지와 내용을 전제한다면 "해고기간 동안 정상적으로 근무하였다면 받을 수 있었던 임금상당액"은 충분히 특정 가능한 금액이 된다. 물론 앞서 잠시 살펴본 바와 같이 노동현장에서는 상여금 명목으로 추가적인 급여지급형태를 인정하고 있어 매월 지급되는 임금의 액이 변동될 가능성을 부정할 수는 없다. 하지만 적어도 성실하게 지급하려는 의지가 있는 사용자라면 임금협약이나 취업규칙에서 정한 전액관리제에 따른 월 기본임금을 기준으로 해고기간 동안 정상적으로 근무하였다면 받을 수 있었던 임금상당액을 지급하였어야 옳다. 만일 이것마저 산정이 불능하다고 주장하면, 해고 대상이 되었던 근로자는 임금지급청구소송을 제기하여도 결코 승소할 수 없다는 결론에 이르게 된다. 왜냐하면 해고기간 동안 발생한 임금상당액을 주장하고 입증하여야 할 책임이 원고인 근로자에게 있는 이상, 임금지급의 주체인 사용자도 산정할 수 없는 임금의 구체적인 액수를 근로자가 특정하는 것은 불가능하기 때문이다. 그러나 개인적인 경험에 비추어 보면, 임금의 액수를 산정하지 못해서 임금소송을 제기하지 못하거나 소송을 유지하지 못한 적은 한 번도 없으며 그런 경우가 있었다는 이야기도 들은 바가 없다. 심지어 출근 첫날 업무상 부상을 당한 경우에도 평균임금을 산정할 수 있다는 것이 대법원 판례의 태도다. 즉, 근로자가 회사에 착암공으로 입사한 첫날 연장근로를 하다가 업무상 부상을 입은 경우, 평균임금은 근로자에 대한 여러 가지 급여금을 산정하는 기준이 되고, 근로기준법의 각종 법정수당 및 보상 등에 관한 규정의 취지는 어디까지나 근로자의 생활을 보장하고자 하는 데 있으므로, 그 산정의 기준으로서의 평균임금은 근로자의 통상의 생활임금을 사실대로 산정하는 것을 그 기본원리로 하고, 이는 산업재해보상보험법에 의한 각종 보험급여의 산정기준으로서의 평균임금에 관하여도 동일하게 해석하여야 한다고 한다. 따라서 근로기준법 및 같은 법 시행령의 규정에 의하여 평균임금을 산정할 수 없을 경우에는 근로자의 통상의 생활임금을 사실대로 산정할 수 있는 방법에 의하되 그와 같은 방법이 없을 때에는 당해 근로자가 근로하고 있는 지역을 중심으로 한 일대에 있어서 동종의 작업에 종사하고 있는 상용근로자의 평균임금의 액을 표준으로 삼아야 한다.[11]

대법원 판례는 임금산정의 최후 기준으로 당해 근로자가 근로하고 있는 지역을 중심으로 한 일대에 있어서 종동의 직업에 종사하고 있는 상용근로자의 평균임금액까지 제시하고 있다. 원고 회사가

---

11) 대법원 1997. 11. 28. 선고 97누14798 판결.

근로자들에게 진정한 의사를 가지고 임금을 지급하려고 했다면 위와 같은 기준까지 검토를 하는 것이 마땅하다. 그러나 판결서에 나타난 원고 회사의 태도는 서울지방노동위원회가 액수를 정해 주지 않으니 임금을 지급하지 않는다는 것인데 이것은 원고 회사의 근로자들에 대한 불성실하고 심지어 적대적이기까지 한 태도를 엿보이게 할 뿐이다.

3. 피고 서울지방노동위원회 소송수행자의 자인행위 평가

이런 상황에서 피고 서울지방노동위원회 소송수행자의 변론태도는 원고가 승소판결을 이끌어 내는 데 결정적인 역할을 한 것으로 보인다. 즉, 재판장의 석명 혹은 상대방의 주장에 대한 인부에서 A는 입사한 첫 달에 해고를 당하여, B는 수입금 전액을 입금하지 아니하고 일부 금원을 유용하다가 해고를 당했기 때문에 모두 그 임금상당액을 계산할 수 없다고 자인한 것이다. 소송수행자의 이런 소송행위는 기본적으로 사건의 전체 내용을 조망하지 못한 채 형식적인 변론을 하는 것이 얼마나 위험한 것인지를 보여 주는 전형적인 예라고 할 수 있다. 만일 피고를 소송대리한 사람이 공무원인 소송수행자가 아니라 상당한 수임료를 받고 소송을 수행하는 변호사라면 어떻게 되었을까? 내 생각엔 분명히 전액관리제가 무엇인지를 설명하고 임금을 계산할 수 있는 자료를 수집하여 그 액수가 충분히 특정가능하다는 사실을 주장·입증했을 것이다.

근로기준법 제17조는 근로계약을 체결할 때, 근로조건을 명시하도록 하고 있다. 즉, 사용자는 근로계약을 체결할 때에 근로자에게 임금, 소정근로시간, 제55조에 따른 휴일, 제60조에 따른 연차 유급휴가, 그 밖에 대통령령으로 정하는 근로조건을 명시하여야 한다. 이 경우 임금의 구성항목·계산방법·지급방법, 소정근로시간, 제55조에 따른 휴일 및 제60조에 따른 연차 유급휴가에 관한 사항은 서면으로 명시하고 근로자의 요구가 있으면 그 근로자에게 교부하여야 한다는 것이다. A, B가 근로자임에 틀림없고 이들이 원고 회사에 입사하면 위 규정에 따라 근로계약을 체결하게 되며 나아가 그 계약 안에는 임금에 관한 사항이 명시되어야 한다. A, B가 실제로 어떤 임금을 받게 되는지 신중하고 사려 깊은 검토를 하지 않고 막연하게 임금의 액수를 산정할 수 없다고 자인한 것은 소송수행자의 과실이라고 평가할 수도 있다.

IV. 결론

1심 법원의 판단은 해고무효확인소송에서 임금의 지급을 명하는 판결 주문이 갖는 구체적 특정을 노동위원회의 구제명령에도 요구하는 인상을 준다. 그러나 이런 판단은 노동위원회 제도의 취지나 이 사건이 갖는 전액관리제 사업장이라는 특성에 비추어 볼 때 부당하다. 노동위원회의 심판제도는 재판절차와는 달리 신청인에게 해고기간 동안 받을 수 있는 임금상당액의 특정을 요구하지 않는다. 이것을 요구하는 것이 적법한 심판제도 운영방식이라면 이에 불응하는 신청은 기각할 수 있다는 논리가 되지만 그런 경우는 지금까지 한 번도 없었고 그럴 필요도 없다. 구제명령을 하면 이에 따르는 임금상당액은 사용자와 근로자가 이미 체결한 근로계약, 혹은 취업규칙이나 단체협약에 따라 지급할 수 있기 때문이다. 임금의 특정을 요구한다면 오히려 신속하고 공정한 심판제도의 취지를 살리기 어렵고 오히려 불성실한 사용자에게 면죄부를 주는 기능만 하게 된다. 항소심에서 피고 서울지방노동위원회의 적절한 대응을 기대한다.

22

행정기관의 지침에 의한 기관 통폐합과 근로관계의 승계여부

대상판결: 대법원 2007. 12. 27. 선고 2007다51017 판결[1]

I. 대상판결의 개요

1. 사건의 개요

재단법인 한국문화정책개발원(이하 '개발원')의 연구원으로 근무하던 원고는 1999. 12. 31. 개발원으로부터 재임용 탈락 통보를 받았고 이에 2000. 3. 30. 서울지방노동위원회에 부당해고구제신청을 하여 구제명령을 받았는데 개발원이 위 구제명령에 불복하여 중앙

---

1) 관여 대법관: 안대희(재판장), 김영란, 김황식(주심), 이홍훈.

노동위원회에 재심을 신청하자 중앙노동위원회는 2000. 12. 12. 구
제명령을 취소하였다. 이에 원고는 서울행정법원에 중앙노동위원회의
재심판정의 취소를 구하는 소를 제기하였고 서울행정법원은 2001.
7. 20. 위 재심판정을 취소하는 판결을, 서울고등법원은 2002. 8. 29.
중앙노동위원회위원장의 항소를 기각하는 판결을, 대법원은 2005.
7. 8. 피고 보조참가인 개발원의 상고를 기각하는 판결을 하였다.

한편 문화관광부는 위 소송이 계속 중이던 2002년경 개발원과
재단법인 한국관광연구원(이하 '연구원')을 피고 재단법인 한국문
화관광연구원(이하 '피고 재단법인')으로 통·폐합하기로 방침을
정하고 이에 따라 개발원은 이사회의 해산결의 후 2002. 12. 4. 해
산 등기를 마쳤다. 개발원은 해산과 함께 원고를 제외한 개발원의 연
구원 23명의 사직서를 받아 면직 처리하고 피고 재단법인은 2002.
12. 5. 개발원의 연구원 21명과 관광연구원의 연구원 21명을 기존
직급을 인정하여 같은 직급으로 특별채용하고 개발원의 연구원 2
명은 계약직 직원으로 채용하였다. 행정소송에서 승소한 원고는 피
고 재단법인에 복직을 요구하였으나 피고 재단법인은 개발원의 근
로관계의 승계를 부정하며 복직을 거부하였다. 그러자 원고는 피고
재단법인을 상대로 "원고는 2002. 12. 5.부터 피고의 근로자임을
확인한다."라는 근로자지휘확인의 소를 서울남부지방법원에 제기하
였고 1심 법원은 원고에 대해 승소판결[2]을 하였으나 항소심법원은
원고에 대한 근로관계의 승계를 부정하고 1심 법원의 판결을 취소
하였다.[3] 원고가 대법원에 상고하자 대법원은 원심법원의 판결을

---

[2] 서울남부지방법원 2006. 9. 15. 선고 2005가합16462 판결.
[3] 서울고등법원 2007. 7. 6. 선고 2006나97148 판결.

취소하고 사건을 서울고등법원으로 환송하였다.[4]

2. 원심판결의 요지

원심법원이 인정한 사실관계를 좀 더 구체적으로 인용한다. 개발원과 연구원의 통폐합에 관한 결정을 한 문화관광부는 피고 재단법인을 신설함에 있어 새로운 법률의 제정이나 개정에 의하지 아니하고 민법 제23조에 의하여 피고 재단법인을 설립하기로 정부산하기관 경영공시를 하였다. 피고 재단법인의 정관은 부칙 제3조에서 '피고 법인은 설립 등기를 한 날에 개발원 및 관광연구원이 기부하는 업무, 재산 및 권리 의무를 승계한다. 다만 그 내용은 약정에 의한다.'라고 규정하고 있으나 개발원과 연구원 소속근로자의 근로관계 승계에 관하여 아무런 규정을 두고 있지 않았다. 피고 재단법인의 인사규정은 '피고 법인의 설립 당시 개발원 및 관광연구원에 근무한 직원으로서 피고 법인에 채용된 경우에 경력은 개발원 및 관광연구원 최초 임용일 또는 해당직급 임용일을 적용한다.'(부칙 제3조 제1항), '피고 법인 설립 당시 개발원 및 관광연구원에 근무한 직원으로서 피고 법인에 채용될 경우 제20조의 해당직급별 승진 소요기간이 미달한 경우에는 직종별 차하위 직급부터 승진 소요기간을 합산하여 계산할 수 있다.'(부칙 제3조 제2항)라고 규정하고 있다. 또 피고 재단법인의 보수규정은 부칙 제2조 제1항에서 '제17조(초임연봉) 및 제28조(기본연봉)의 규정에도 불구하고, 피고 법인 설

---

4) 이 사건은 현재 서울고등법원 제15민사부로 배당되어(2008나6610) 심리 중에 있다.

립 당시 개발원 및 관광연구원에 근무한 직원으로서 피고 법인에 채용된 경우에는 이전의 보수를 기준으로 하여 기본연봉을 조정할 수 있다. 다만 개인별 연봉조정액은 원장이 결정하되, 직종 또는 직급별로 동일한 기준에 의하여야 한다.'라고 규정하고 있다. 이러한 사실관계를 바탕으로 원심법원은 피고 재단법인이 개발원 및 연구원에 근무한 직원에 대해서 근속연수를 인정하거나 인사규정상의 신규직원 채용절차를 거치지 아니하고 이들을 채용한 것은 개발원 및 연구원에 근무하였던 직원들이 피고 재단법인의 직급별 임용기준을 충족하고 있다고 보고 그들에 대한 정책적 배려의 차원에서 이루어진 것으로 볼 수 있을 뿐, 피고 재단법인의 정관 및 취업규칙상으로 피고 재단법인이 개발원 및 연구원에 근무한 근로자들의 근로관계를 승계하였다고 볼 수는 없다고 판단하였다.

3. 대법원 판결의 요지

대법원은 개발원과 연구원의 통·폐합은 법률의 제정 혹은 개정에 의하지 아니하고 문화관광부에 의한 행정조치에 의하여 이루어진 것에 불과하므로 새로 설립된 피고 재단법인의 정관 등 규정에 해산되는 개발원 및 연구원에 소속된 근로자들과의 근로관계가 승계되는지 여부에 관하여 별도의 규정을 두지 아니하였다고 하여 그 근로관계가 새로 설립되는 피고 재단법인에 당연히 승계되지 아니하였다고 확정적으로 해석할 수 없고 그 승계 여부는 정관의 규정 외에 여러 가지 제반 사정을 종합하여 결정하여야 한다고 판단했다. 그런데 피고 재단법인은 개발원 및 연구원으로부터 업무, 재산 및 권리를 승계함으로써 문화와 관광분야의 조사·연구에 관한 종전 사업에 필요한 물적 조직을 그 동일성을 유지하면서 일체로서 인수한 것으로 보이는 한편 피고 재단법인이 개발원 및 연구원의 근로자들에 대한 근로관계를 승계하지 아니하는 것을 전제로 면직 및 특별채용의 절차를 거쳐 새로 채용하는 형식을 취하였지만, 실제로는 신규직원 채용절차를 거치지 아니한 채 종전 법인에 근무한 직원들을 대부분 다시 채용하였을 뿐만 아니라 종전 직급에 상응하는 직급을 부여하여 그 이전의 업무를 그대로 수행하도록 하고 있는 제반 사정에 비추어 종전 법인의 사업에 관한 인적 조직 역시 그 동일성을 유지한 채 피고 재판법인에게 승계되었다고 봄이 상당하므로 결국 개발원과 연구원에 소속된 근로자들의 근로관계를 피고 재단법인이 포괄적으로 승계하였으므로 원고와 피고 재단법인 사이의 근로관계 역시 피고 재단법인에게 그대로 승계되었다고 판단하였다.

Ⅱ. 법률의 제·개정으로 인한 특수법인의 설립과 근로관계의 승계문제

1. 대법원 판례의 경향

이 사건의 3개 심급별 판결문에는 모두 대법원 2002. 5. 14. 선고 2001두6579 판결(한국보건산업진흥원 사건)이 언급되고 있고 피고 재단법인은 주로 위 판결의 이유를 방어논리로 내세웠던 것으로 보인다. 한편 위 2001두6579판결문을 살펴보면 다시 1995. 7. 25. 선고 95다14404 판결(석탄산업합리화사업단 사건) 및 1998. 10. 23. 선고 98다33932판결(한국국제교류재단 사건)을 참고하고 있다. 따라서 위 3개 판결을 먼저 검토하고자 한다.

위 3개 판결의 기본적인 요지는 법률의 제정이나 개정 등으로 새로운 특수법인이 설립되어 종전에 동일한 기능을 수행하던 법인 등 단체의 기능을 흡수하면서 그 권리의무를 승계하도록 하는 경우에 있어서, 해산되는 종전 단체에 소속된 직원들과의 근로관계가 승계되는지의 여부에 관하여 별도의 규정을 두지 아니한 채, 단순히 새로 설립되는 법인이 종전 단체에 속하였던 모든 재산과 권리·의무를 승계한다는 경과규정만 두고 있다면, 이러한 경과규정은 해산되는 단체의 재산상 권리의무를 새로 설립되는 법인이 승계하도록 하여 그 해산에 따른 절차를 용이하게 함으로써 해산되는 종전 단체의 해산 및 청산절차를 특별히 규율할 목적으로 규정된 것일 뿐이고 해산되는 단체의 직원들의 근로관계를 당연히 새로 설립되는 법인에 승계하도록 하기 위한 것은 아니므로, 위 경과규정의 문언만으로는 당해 법률에 따라 종전 단체에 소속된 직원들의 근로관계가 새로 설립되는 법인에 당연히 승계된다고 볼 수는 없다는 것이다. 따라서 정부기관 주도의 특수법인의 설립에 해당하는 이 사건의 경우도 위 3개의 판례이론에 따라 근로자들의 근로관계 승계를 인정할 수 없다는 것이 원심판결의 논리였다.

2. 종전 대법원 판례이론의 문제점

종전 대법원 판례는 결국 법률에 근로관계의 승계를 명확히 규정한 경우에만 이를 인정하고 있다. 예를 들어 대법원 1994. 8. 26. 선고 93다58714 판결(한국무선국관리사업단 사건)에서 대법원은 재단법인 한국무선국관리사업단은 1989. 12. 30. 법률 제4193호로 개정된 전파법 제71조의 2 제1항에 근거하여 설립된 법인으로서 같은 법 부칙 제7조 제1항, 제2항에 따라 개정 전의 전파관리법 제71조의 2에 의히여 설립된 한국무선종사자협회의 총회 결의에 의한 권리의무승계신청에 대한 체신부장관의 승인을 얻음으로써 협회는 사업단의 설립과 동시에 해산된 것으로 보며 아울러 사업단이 협회의 모든 권리의무를 승계하고 이에 따라 협회에 소속된 근로자의 근로관계는 당연히 사업단에게 승계된다고 보았다. 위 판결은 이후 법률에 승계규정이 없으면 특수법인의 경우 신설법인에 근로관계가 승계되지 아니하고 설혹 근로관계의 승계를 인정할 수 있는 여러 가지 제반 사정이 인정되더라도 이를 근거로 승계를 인정할 수 없다고 판시한 다음의 판례에서 기본 법리처럼 인용되었다.

즉, 한국보건산업진흥원 사건에서는 한국식품위생연구원이 피고보조참가인들을 포함한 직원들과의 근로관계를 청산하지 아니하였다고 하여 한국보건산업진흥원과 한국식품위생연구원의 직원들 사이에 새로운 근로관계가 형성되었다고 볼 수도 없으며, 또 한국보건산업진흥원이 한국식품위생연구원의 권리와 의무를 승계하면서 업무 인수인계와 행정처리상의 편의 등을 위하여 그 직원들에게 한국보건산업진흥원 명의로 의료보험자격증을 발급하는 등 근로관

계가 단절되지 아니한 듯한 태도를 보였다는 사정만으로는 한국보
건산업진흥원이 피고 보조참가인들과 묵시적으로 고용계약을 체결
한 것으로 볼 수 없다고 판단했다.

또한, 한국국제교류재단 사건에서도 한국국제교류재단의 인사규
정 부칙 제2조 제1항에서 '사단법인 한국국제문화협회'(이하 '협회')
해산 당시의 직원으로서 재단에 임시발령된 직원의 경우 '전원 신
규발령한다.'라고 규정하고 있고, 해산 당시 협회 직원 총 55명 중
협회의 광고대행업무가 한국언론회관으로 이관되면서 그 해당업무
담당자 8명이 한국언론회관으로 전출된 것 외에, 원고를 포함한
나머지 직원은 모두 한국국제교류재단에게 임시발령 된 후 위 규
정에 따라 전원 정식직원으로 신규발령하고 한국국제교류재단의
인사규정 부칙 제2조 제2항, 보수규정 부칙 제2조 제2항 등에서
협회의 직원에 대하여는 협회근무 당시의 호봉 및 장기근속수당
지급 시 그 근속연수를 그대로 인정하도록 규정하고 있더라도 신
설 특수법인으로의 근로관계 승계를 부정했다.

마지막으로 석탄산업합리화사업단 사건을 보면, 해산되는 한국
석탄품질검사소의 이사회에서 그 소속 임·직원들의 근로관계를
석탄산업합리화사업단이 승계하도록 결의하고 이에 대하여 주무부
처의 장에게 그 승인신청을 하여 이에 따라 동력자원부장관이 1987.
4. 2. 석탄사업법 부칙(1986. 1. 8.) 제6조 제1항에 따른 위 검사소
의 권리·의무승계 및 해산을 승인한 경우까지도 신설 특수법인으
로의 근로관계 승계를 부정하였다.

이와 같은 대법원의 태도는 행정기관이 주도하는 기관 통·폐합
의 경우에는 통·폐합에 따른 근로관계의 승계를 인정할 수 있는

실질적인 제반 요소를 고려하지 않고 단순히 법률에 승계 여부를 규정하였는가라는 형식적인 지표만을 가지고 근로관계의 승계 여부를 결정하는 문제점을 가지고 있다. 즉, 이러한 법원의 태도는 고용승계에 관하여 법원이 유지하고 있는 원칙적 승계설에 정면으로 반하는 것으로 단순히 근로조건의 승계 문제를 넘어 고용승계 자체가 문제가 된 경우에도 그대로 적용되고 있다.[5]

그러나 행정기관이 주도하는 기관 통·폐합의 경우 사기업의 통·폐합에 따른 근로관계의 승계 법리를 배제할 합리적인 이유는 보이지 아니한다.[6] 공기업이든 사기업이든 어차피 통·폐합을 하는 이유는 비용절감 등 업무의 효율성을 높이고자 하는 것이고 그 과정에서 일부 근로자의 해고 문제는 인건비 절감 차원에서 거의 필연적으로 논의가 되기 때문이다. 게다가 특수법인의 경우 설립 자체가 법률에 근거하여 이루어지기 때문에 많은 경우 통·폐합 또한 법률의 제·개정을 수반할 수밖에 없는데 이렇게 되면 특수법인에 소속된 근로자는 법률의 경과규정에 근로관계의 승계규정을 두고 있느냐라는 매우 형식적인 기준에 따라 고용 여부가 결정되는 부당한 차별을 받게 된다.[7] 통·폐합이 이루어지는 기본적인

---

5) 김진, "공기업 등에서의 노사관계에 관한 몇 가지 문제", 『노동법연구』(제12호), 서울대학교 노동법연구회, 2002, 319쪽.

6) 이에 대해 대법원 1995. 7. 25. 선고 95다14404 판결은 이와 같은 경우에 종전 단체는 새로운 법의 시행으로 인하여 사실상 존속하기가 어려워 해산될 수밖에 없는 터이므로 위와 같은 경과규정은 해산되는 단체의 재산상 권리·의무를 신설법인이 승계하도록 하여 그 해산에 따른 절차를 용이하게 함으로써 해산되는 종전 단체의 해산 및 청산절차를 특별히 규율할 목적으로 규정된 것일 뿐이고, 해산되는 단체의 직원들의 근로관계를 당연히 새로이 설립되는 특수법인에 승계하도록 하기 위한 것이 아니기 때문이라고 이유를 설명하고 있다.

7) 공기업 등의 노사관계에 있어 사기업 근로자와 비교하여 공기업 근로자가 받은 불합리한 차별에 관한 분석으로 김진, "공기업 등에서의 노사관계에 관한 몇 가지 문제", 『노동법연구』(제12호), 서울대학교 노동법연구회, 2002, 319쪽. 이 논문에서 김진 변호사는 공기업 등에서의 노사관계의 특징을 ① 현행 헌법이나 노동관계법상, 공무원·방위산업체·공익사업 등

방식이 법률에 의해서인가 아니면 당사자의 합의에 의해서인가에
따라 근로관계의 승계 여부를 결정하는 것은 매우 형식적인 판단
으로 해고제한의 법리에도 부합하지 않는다.

III. 행정조치에 의한 특수법인의 설립과 영업양도 이론

1. 이 사건 사실관계의 특수성

이와 같이 종전 대법원 판례는 법률에 근로관계의 승계에 관한
명시적인 규정이 없으면 신설법인은 소멸하는 법인의 근로관계를
승계하지 않는 것으로 보았다. 그 때문인지 대상판결은 판결 이유
서두에 개발원과 연구원의 통·폐합이 법률에 의해서 이루어진 것
이 아니라 문화관광부의 행정조치에 근거하여 이루어졌다는 점을
매우 강조하고 있다. 이는 종전 대법원 판례의 태도가 갖는 문제
점을 인식하고 있었기 때문으로 보인다. 게다가 대부분의 근로자의
근로관계가 승계되고 있는 이 사건의 경우, 같은 기간 중 소송을
통해 사실상 해고의 부당성을 인정받은 원고에 대한 근로관계의
승계를 부정한다면 매우 구체적인 타당성이 없는 결론에 이르게
되는 문제에 봉착하게 된다. 이에 따라 대상판결은 종전 대법원
판례의 태도에 대하여 눈에 띄는 비판을 하지 않으면서도 원고의

과는 달리 노동 3권을 제한하는 규정이 전혀 없고, ② 따라서 공무원 등과는 달리 노동 3권
이 완전히 보호되고 일반 근로자들과 마찬가지로 노동관계법의 적용을 받아야 함에도 불구하
고, ③ 실제로는 각 사업장을 규율하는 별도의 법률에 의해 노동 3권(특히 단체교섭권)이 제
한되거나 노동법 법리의 적용을 받지 못하는 것으로 파악하고 있다.

권리를 보호하는 결론을 내리고 있는 것으로 보인다. 그렇다면 향후 법률에 의하여 기관의 통·폐합이 되는 사건이 다시 문제가 될 경우 과연 대법원이 대상판결을 인용하여 근로관계의 승계를 인정할지는 알 수 없다.

2. 영업양도 이론의 채용

이렇게 대상판결은 종전 대법원 판결이 갖는 경직성을 회피하면서 근로관계의 승계 문제를 영업양도 법리에 의하여 처리하고 있는 것으로 보인다. 영업양도에 관해서는 당연승계설, 특약필요설, 원칙적 승계설 등이 논의되어 왔고 대법원 판례의 태도는 초기에 당연승계설을 전제하는 듯한 태도를 보이다가 1994. 6. 28. 선고 93다33173판결(동진금속 사건)이 영업양도 당사자 사이에 근로관계의 일부를 승계의 대상에서 제외하기로 하는 특약이 있는 경우에는 그에 따라 근로관계의 승계가 이루어지지 않을 수 있으나, 그러한 특약은 실질적으로 해고나 다름이 없다 할 것이므로, 근로기준법 제27조 제1항 소정의 정당한 이유가 있어야 유효하다 할 것이며, 영업양도 그 자체만을 사유로 삼아 근로자를 해고하는 것은 정당한 이유가 있는 경우에 해당한다고 볼 수 없다고 판단한 이후 원칙적 승계설을 취한 것으로 해석하고 있다.[8]

대상판결은 명시적으로 '영업양도'라는 표현을 쓰지는 않고 있으나 이유에서 2002. 3. 29. 선고 2000두8455 판결(한국오므론전장

---

8) 김형배, 『노동법』(신판제4판), 박영사, 2007, 494쪽부터 497쪽 참조: 임종률, 『노동법』(제4판), 박영사, 2004, 494쪽부터 495쪽 참조.

사건)을 언급하고 있으며 사실상 영업양도 여부를 판단하는 기준을 가지고 이 사건 근로관계의 승계 여부를 판단하고 있다. 즉, 행정기관 내부의 업무처리방침 또는 행정조치 등에 의하여 새로운 법인이 설립되어 종전에 동일한 기능을 수행하던 법인 등 단체의 기능을 흡수하면서 그 권리의무를 승계함과 아울러 동일성을 유지하면서 일정한 사업 목적을 위한 인적·물적 조직을 일체로서 이전받는 등의 종래의 사업조직이 유지되어 그 조직이 전부 또는 중요한 일부로서 기능할 수 있다면 반대의 특약이 없는 한 종전 단체에 소속된 직원들과의 근로관계는 원칙적으로 새로 설립되는 법인에게 포괄적으로 승계된다고 보았다. 구체적으로는 피고 재단법인이 개발원 및 연구원으로부터 업무, 재산 및 권리를 승계함으로써 문화와 관광분야의 조사·연구에 관한 종전 사업에 필요한 물적 조직을 그 동일성을 유지하면서도 일체로서 인수했고 실질적으로 신규직원 채용절차를 거치지 아니한 채 종전 법인에 근무한 직원들을 대부분 다시 채용하였을 뿐만 아니라 종전 직급에 상응하는 직급을 부여하여 그 이전의 업무를 그대로 수행하도록 하고 있는 점 등 제반사정에 비추어 종전 법인의 사업에 관한 인적 조직역시 그 동일성을 유지한 채 피고 법인에게 승계되었다고 봄이 상당하다는 표현을 쓰고 있다. 이와 같은 대상판결은 영업양도에 관한 판례이론을 적극적으로 공공기관 통·폐합 사건에 적용함으로써 앞서 살핀 법률의 제·개정으로 인한 기관 통·폐합의 경우 해당 근로자들이 받을 수 있는 차별의 가능성을 완화시키고 있다.

Ⅳ. 영업양도 법리의 확대 적용 가능성

이 사건은 종래 공공기관 통·폐합 사건이 법률의 개정 등에 의하여 이루어진 경우와 달리 행정기관의 지침에 의하어 이루어진 특수한 점이 있고 이것이 대법원으로 하여금 영업양도 이론을 적극적으로 활용하여 근로관계의 승계 여부를 판단할 수 있는 계기를 마련하여 준 것으로 보인다. 그러나 종전 대법원 판례나 대상 판결이나 공공기관의 통·폐합은 모두 관련 정부 부처의 일방적인 결정에 의하여 이루이졌다. 해당 특수법인의 이사회는 다만 그러한 행정기관의 결정을 실행하는 역할만을 했을 뿐이었다. 이 사건에서도 문화관광부의 지침이 있자 연구원의 이사회는 곧바로 연구원의 폐지를 결의하였고 이는 이사회의 구성 자체를 해당 정부기관이 장악하고 있는 이상 피할 수 없는 현실이다. 관할 행정기관의 결정이 있으면 해당 법인의 이사회는 그 결정의 집행을 기계적으로 수행하게 되고 집행에 수반되는 종전 법인의 물적 혹은 인적 조직의 처리도 모두 상위 행정기관의 결정에 의하여 이미 확정된 내용을 그대로 따르는 방식으로 수행되는 것이다. 다만 행정기관이 법률의 개폐라는 좀 더 복잡한 형식으로 기관의 통·폐합을 실시할 것인지, 아니면 이 사건과 같이 단순히 행정지침에 근거하여 업무를 처리할 것인지, 그 방식의 차이만 있을 뿐이다. 그런데 법률의 개폐라는 방식으로 업무를 처리한다고 하여도 국가인권위원회처럼 특히 독립적인 지위가 부여된 기관이 아니라 정부 부처에 소속된 하위 기관을 정부 주도로 기관 통·폐합하는 상황에서 해당 법률의 개폐를 국회가 거부하여 업무가 지연되는 경우는 사실상 상정하기 힘들다. 그렇다면 절차 진행에 소요되는 약간의 복잡함이란 것도 실질적으로는 큰 의미가 없다.

결국 기관 통·폐합에서 남는 핵심 쟁점은 기존 기관의 폐지에 따른 업무의 원활한 이관과 이에 따른 물적·인적 조직의 양도 문제인데 여기에 따른 근로관계의 승계 문제는 영업양도 이론을 적용하여 해결할 수밖에 없다. 어차피 경제적 혹은 사회적 환경이 변하여 해당 업무가 완전히 사라지는 것이 아닌 한 조직이 개편되어도 해당 업무에 필요한 시설이나 인력은 필요하기 마련이고 이 것은 해당 업무의 동일성을 유지하면서 인적·물적 시설을 새로운 조직에 양도해야 하는 문제를 야기하기 때문이다. 기관 통·폐합의 형식이 근로관계의 승계 여부를 결정하는 본질적인 요소가 아니라 통·폐합에 수반하는 실질적인 양도 내용이 핵심인 것이다.

V. 결론

종전 대법원 판례는 법률의 개·폐에 따른 특수법인의 설립에 있어서는 근로관계의 승계를 완고하게 부정하여 왔다. 대상판결은 이러한 경직된 태도를 다소 완화하여 판례의 영업양도 이론을 적극 활용, 근로관계의 승계 문제를 다루고 있다는 점에서 의의가 크다. 다만 대상판결은 마치 법률의 개·폐에 의해서가 아니라 행정기관의 지침에 의하여 이루어진 기관 통·폐합이라는 특수한 사정이 있기 때문에 원고에 대한 근로관계의 승계를 인정할 수 있다는 듯한 여운을 남기고 있다. 그러나 기관 통·폐합의 실질적 내용은 결국 종전 업무가 동일성을 가지고 새로운 법인에 양도된다는 것이지 그것이 이루어지는 근거가 법률인가라는 형식에 있지 아니하다. 따라서 대상판결은 향후 법률의 개폐에 의하여 이루어지는 기관 통·폐합에 따른 근로관계 승계의 문제를 처리함에 있어서도 적극 수용되어야 한다고 생각한다.

23

산업안전보건법의 사용자 안전조치의무

대상판결: 대법원 2008. 8. 11. 선고 2007도7987 판결[1]

Ⅰ. 대상판결의 개요

1. 사실관계의 요지

피고인 코오롱건설주식회사는 계룡육교 확장공사의 사업주이고 甲은 현장소장이었는데 2003. 5. 22. 등 4일간 대전 중구 오류동 소재 계룡육교 철거 공사현장에서 강교빔 12개(I빔, 길이 약 36미터, 무게 18톤)를 철거하기 위하여 강교빔 12개 사이에 설치되어 있는 엑스(X)형 브레싱을 산소용접기로 절단·해체하는 작업 등을 하고 있었다. 철거공사는 산업재해의 발생위험이 있는 장소이기 때문에 위와 같은 작업을 할 때에는 산업안전보건법령이 정한 사항

---

1) 관여 대법관: 대법관 양승태(재판장), 박시환, 박일환(주심), 김능환.

에 준수하여 해체건조물 등의 구조, 주변상황 등을 조사하여 그 결과를 기록·보존하여야 하고, 미리 해체의 방법 및 해체도면 순서, 가설설비·방호설비·환기설비 및 삼수·방화설비 등의 방법, 해체작업용 기계·기구 등의 작업계획서 등이 포함된 해체계획을 작성하여야 했다. 특히 철도구간에서의 해체작업은 열차운행 등으로 철거작업시간의 제약이나 열차진동 등을 감안하여 안전하고 세부적인 해체방법이 해체계획서에 포함되어야 하고, 이러한 해체계획에 따라서 작업하여야 한다. 또한 강교빔을 크레인과 결속하는 등의 안전조치를 취하여야 했다. 그러나 현장소장 甲은 이러한 조치를 취하지 않은 채 근로자들을 동원하여 산소용접기로 강교빔 12개 사이에 설치되어 있는 엑스(X)형 브레싱 110개 중 70개를 절단하였는데 2003. 5. 30. 13:45경 위 계룡육교 철거공사 현장에서 강교빔 4개가 자체 하중을 견디지 못하고 도괴하였다. 검사는 비록 근로자들이 상해를 입는 등 인적 손해가 발생하지 않았지만 사업주인 피고인을 산업재해의 발생위험이 있는 장소에서 산업재해 예방을 위한 조치를 취하지 않았다는 이유로 산업안전보건법위반[2]으로 공소제기하였다.

---

2) 산업안전보건법 제29조 제2항, 제67조 제1호, 제71조, 산업안전보건법 시행규칙 제30조 제5항, 제6항.

2. 판결의 요지

가. 항소심 법원 판결의 요지

항소심은 무죄를 선고했는데 이유는 다음과 같다. 피고인 측이 작성한 철거계획에 의하면 계룡육교의 철거시공 공법 및 철거순서, 해체작업용 기계·기구 등의 작업계획 등이 포함되어 있기 때문에 비록 피고인의 피용자인 甲이 열차운행시각, 열차진동 등의 주변상황을 감안하여 세부적인 해체계획을 세우지 않았다고 하여 피고인이 산업안전보건법상의 산업재해예방 조치를 취하지 않았다고 보기는 어렵다. 또 위와 같이 세부적인 해체계획을 세우지 아니한 잘못이 이 사건 사고의 원인이 되었다고 보기 어렵고, 피고인이 해체건조물 등의 구조, 주변상황 등을 조사하여 그 결과를 기록·보존하지 않았다고 인정할 증거도 부족하다. 산업안전보건법 제29조 제2항 위반죄는 산업현장에서의 안전성이 결여된 모든 행위를 처벌하는 규정이 아니라, 노동부령이 정한 산업재해예방조치를 취하지 않은 경우를 처벌하는 규정이므로 피고인이 강교빔을 크레인에 결속시켜 놓지 않은 것이 산업안전보건법이 정한 산업재해예방조치를 취하지 않은 것이라고 볼 수 없다.

나. 대법원 판결의 요지

대법원은 다음의 이유로 원심판결을 파기하고 유죄취지로 원심법원에 사건을 환송했다. 먼저, 안전조치의무의 내용을 실정법[3])에

---

3) 1. 산업안전보건법 제29조 제2항: 사업주는 그의 수급인이 사용하는 근로자가 노동부령이

근거하여 정리하면서 산업안전보건법이 제68조 제1호, 제71조에서 제29조 제2항을 위반한 행위를 처벌하는 것은 산업재해의 결과 발생에 대한 책임을 물으려는 것이 아니라 사업주 등이 산업안전보건법 제29조 제2항 등에 정한 필요한 조치를 이행하지 아니한 것에 대한 책임을 물으려는 것으로 보이고, 따라서 피고인이 위와 같이 관계 법령상의 필요한 조치를 이행하지 아니하였다면 그 자체로 산업안전보건법 제67조 제1호, 제71조 위반죄가 성립한다고 이론적인 정리를 했다.

다음으로 구체적인 사안에 위 이론을 적용하였다. 즉, 계룡육교는 보수·보강을 하더라도 2005년부터는 사용이 불가능하다는 판정을 받은 노후화된 교량인데 이것을 해체·철거하는 과정에서 해체건조물의 붕괴위험 등이 있으므로 그 작업현장은 산업재해 발생위험이 있는 장소이다. 따라서 작업현장의 안전관리 등을 총괄하는 현장소장인 甲은 해체건조물인 육교 등의 구조, 주변상황 등을 조

정하는 산업재해 발생위험이 있는 장소에서 작업을 할 때에는 노동부령이 정하는 산업재해 예방을 위한 조치를 취하여야 한다.
2. 법 시행규칙 제30조 제5항: 법 제29조 제2항에서 산업재해 발생위험이 있는 장소라 함은 다음 각 호의 1에 해당하는 장소를 말한다. 제1호 토사·구축물·공작물 등이 붕괴될 우려가 있는 장소
3. 법 시행규칙 제30조 제6항: 법 제29조 제2항의 규정에 의하여 도급인인 사업주가 하여야 할 조치는 이 규칙에 정한 사항을 제외하고는 안전규칙·보건규칙 및 영 제26조의2 제3호의 규정에 의하여 노동부장관이 고시하는 건설공사표준안전시방서의 내용에 의한다.
4. 산업안전기준에 관한 규칙 제8조의 2: 사업주는 구조물·건축물 기타 시설물이 그 자체에의 무게·하중·적설·풍압 등으로 인하여 붕괴 등의 위험이 있는 때에는 미리 안전진단을 실시하는 등 근로자에게 미칠 위험을 방지하기 위한 조치를 하여야 한다.
5. 산업안전기준에 관한 규칙 제457조: 사업주는 해체작업을 하는 때에는 해체건물 등의 구조, 주변상황 등을 조사하여 그 결과를 기록·보존하여야 한다.
6. 산업안전기준에 관한 규칙 제458조 제1항: 사업주는 해체작업을 하는 때에는 미리 해체건물의 조사결과에 따른 해체계획을 작성하고 그 해체계획에 의하여 작업하도록 하여야 한다. 제2항: 제1항의 해체계획에는 다음 각 호의 사항이 포함되어야 한다.
제1호 해체의 방법 및 해체 순서도면
제7호 기타 안전·보건에 관련된 사항

사하여 그 결과를 기록·보존하여야 한다. 또 해체건조물의 붕괴 등의 위험에 대비하여 미리 안전진단을 실시하거나 해체과정에서 근로자가 철도로 추락하지 않도록 안전성이 확실히 담보되는 공법을 사용하도록 해체계획을 세우는 등 근로자에게 미칠 위험을 방지하기 위한 조치를 하여야 할 의무가 있다. 그러나 甲은 위와 같은 위험발생의 방지에 필요한 조치를 취하지 아니한 사실을 인정할 수 있기 때문에 비록 이 사건 육교의 도괴사고로 사망 또는 부상당한 근로자가 없었다 하더라도 피고인은 산업안전보건법상의 위험발생의 방지에 필요한 안전조치의무의 이행을 다하지 않았다는 것이다.

II. 사용자 안전보장의무의 법적 위치[4]

이 사건은 사용자의 안전보장의무를 직접 다룬 것은 아니고 안정보장의무의 주요 내용을 강행적으로 입법화한 산업안전보건법상 사업주의 안전조치의무를 다룬 것이지만 근로계약관계에 내재된 사용자의 안전보장의무의 법적 지위를 명확히 하는 것이 전체 논의의 구도를 이해하는데 도움이 될 것 같아 먼저 사용자의 안전보장의무를 다루고자 한다.

---

4) 이 부분은 전형배, "산업안전보건에 있어 근로자참여권에 관한 연구", 고려대학교 석사학위논문, 2005, 20쪽~25쪽의 내용을 수정·보완한 것이다.

1. 종래의 논의

사용자의 안전보장의무는 불법행위책임과 채무불이행책임으로 구성할 수 있는데 채무불이행책임으로 구성하는 경우에도 그 내용이 어떠한 의무의 불이행인지에 관하여 의견의 대립이 있다. 불법행위책임으로 구성하는 이론은 실무에서도 일반적으로 받아들여지는데 이것은 민법 제750조가 적용범위를 포괄적으로 규정하고 있기 때문이고 사용자의 안전보장의무를 불법행위책임을 인정하는 법적근거로 삼는 데는 큰 이의가 없는 것 같다. 문제는 채무불이행책임으로 구성할 경우, 그 법적 위치가 어떠한지 여부다.

채무불이행책임론 중 안전보장의무를 근로계약의 부수적 의무로 인정하는 견해가 있다. 이 견해는 사용자가 부담하는 임금지급의무를 주된 급부의무로 전제하고 안전보장의무는 근로관계상의 부수적 의무 혹은 신의칙상의 의무로 이해한다. 다만 안전보장의무는 근로자의 생명·신체·건강을 침해해서는 아니 된다는 소극적인 의무뿐만 아니라 예상되는 생산시설의 위험으로부터 근로자를 안전하게 보호하기 위해 적절한 조치를 강구해야 하는 적극적인 의무도 포함하는 것으로 해석한다.[5] 더 나아가 근로의 제공을 위해 사업장 내에 갖고 들어오는 근로자의 물건에 대하여 적절한 조치를 취할 것과 근로자의 인격이 침해되지 않도록 배려해야 하는 것도 안전보장의무의 내용으로 파악하는 견해도 있다.[6] 이 견해에

---

5) 김형배, 『노동법』(제12판), 박영사, 2002, 298쪽: 임종률, 『노동법』(제7판), 박영사, 2008, 334쪽: 최창렬, "안전배려의무의 체계", 『성균관법학』(제26권), 성균관법학연구소, 2004, 151쪽 이하.

6) Zöllner/Loritz, ArbR, 5. Aufl., S.204f.: Dütz, ArbR, Rn. 180: Söllner, Grundriß, 10.

따르면 안전보장의무의 구체적 내용은 당사자의 약정이나 취업규칙·단체협약 등에 의하여 결정되지만, 이러한 규정이 없는 경우에는 개별적 근로관계와 관련하여 거래통념상 타당한 범위 내에서 인정되어야 한다고 주장한다.[7]

한편 안전보장의무를 급무의무로서의 성격을 갖는 안전확보의무와 부수의무 혹은 보호의무로서의 성격을 갖는 안전배려의무로 나누려는 입장이 있는데 이 입장은 안전확보의무를 위반하면 근로의 제공을 거부할 수 있고 안전확보의무의 이행도 청구할 수 있지만 안전배려의무는 그렇지 않다고 설명한다.[8]

청구권경합설을 인정하는 판례의 태도와 변론주의를 택하고 있는 현행 민사소송법 체계 아래에서 산재 손해배상소송의 법적구성을 채무불이행책임으로 할 것인지 아니면 불법행위책임으로 할 것인지 여부는 소송 당사자에게 맡겨져 있다. 이에 따라 산재 손해배상소송 중에는 민법 제750조에 터 잡아 사용자의 책임을 추궁한 것[9]이 있는가 하면 근로계약상의 보호의무위반을 이유로 소구한 것[10]이 있다. 한편 채무불이행책임을 인정하는 경우에는 신의칙상

Aufl., S.269(김형배, 『노동법』(제12판), 박영사, 2002, 298쪽 각주 2번에서 재인용).

7) 김형배, 『노동법』(제12판), 박영사, 2002, 298쪽.

8) 유재남, "민법상 안전배려의무에 관한 연구", 동아대학교 박사학위논문, 1992, 353쪽∼359쪽.

9) 대법원 2000. 3. 10. 선고 99다60115 판결(근로계약에 수반되는 신의칙상의 부수적인 의무로서 근로자에 대한 보호의무를 부담하는 사용자에게 근로자가 입은 신체상의 재해에 대하여 민법 제750조 소정의 불법행위책임을 지우기 위해서는 사용자에게 당해 근로로 인하여 근로자의 신체상의 재해가 발생할 수 있음을 알았거나, 알 수 있었음에도 불구하고 그 회피를 위한 별다른 안전조치를 취하지 않은 과실이 있음이 인정되어야 하고, 위와 같은 과실의 존재는 손해배상을 청구하는 근로자에게 그 입증책임이 있다).

10) 대법원 2002. 11. 26. 선고 2000다7301 판결(건설기계의 조종사를 지휘·감독할 사용자의 지위에 있다고 인정되는 경우 사업신고대표자는 그 조종사에 대하여도 직접 근로계약상의 책임을 지는 사용자로서 그 조종사가 근로를 제공하는 과정에서 생명·신체·건강을 해치는 일이 없도록 물적 환경을 정비하고 필요한 조치를 강구할 보호의무 내지는 산업안

인정되는 계약관계의 부수적 의무인 보호의무로 파악하고 있다.[11]

2. 근로계약상 주된 급부의무로서 안전보장의무

안전보장의무를 근로계약상의 부수적 의무로 파악하는 견해는 근로계약의 주된 급부의무를 근로제공의무와 임금지급의무로 구성하고 그 이외의 의무를 모두 부수적 의무로 처리하고 있다. 임금이 근로의 대상이고 양자가 근로계약의 본질적 내용을 구성한다는 점에는 이의가 있을 수 없다. 그러나 근로의 제공은 근로계약상 의무인 동시에 근로의 권리가 구체적으로 실현되는 역할을 하며 이를 통해 근로자는 인격의 완성[12]을 실현하게 된다. 근로의 권리에는 앞서 살펴보았듯이 안전하게 일할 권리가 포함되어 있다.[13] 안전하게 일할 권리가 보장되어 있지 아니한 사업장에서 근로자에게 성실한 근로제공의무의 이행을 요구하는 것은 오히려 부당하다. 과학기술과 산업기술의 발달로 작업환경의 새로운 유해요소가 등장하고 있는 상황에서 사용자의 안전보장의무는 성실한 근로제공을 수령하기 위한 전제조건이 된다. 이에 따라 헌법 제32조 제3항은 근로조건의 기준은 인간의 존엄성을 보장하도록 법률로서 정하

전보건법 제23조 소정의 안전상의 조치의무를 부담하고, 이러한 보호의무를 위반함으로써 피용자가 손해를 입은 경우 이를 배상할 책임이 있다).

11) 대법원 1997. 4. 25. 선고 96다53086 판결(노무도급의 경우, 도급인은 (재하도급인의) 수급인이 노무를 제공하는 과정에서 생명·신체·건강을 해치는 일이 없도록 물적 환경을 정비하고 필요한 조치를 강구할 보호의무를 부담하며, 이러한 보호의무는 실질적인 고용계약의 특수성을 고려하여 신의칙상 인정되는 부수적 의무이다).

12) 김형배, 『노동법』(제12판), 박영사, 2002, 14쪽.

13) 전형배, "산업안전보건에 있어 근로자참여권에 관한 연구", 고려대학교 석사학위논문, 2005, 18쪽~20쪽 참조.

도록 하고 근로기준법 제2조는 근로기준법이 정한 근로조건이 최저기준임을 명시하면서 근로조건에 산업안전과 보건에 관한 사항을 포함시키고 있는데(근로기준법 제76조) 자세한 사항은 산업안전보건법에서 정하도록 하고 있다. 이를 받아서 산업안전보건법 제5조는 사업주의 안전보장의무를 포괄적으로 규정하고 있다. 이러한 법의 체계는 안전보장의무가 온전한 근로의 권리를 실현하기 위하여 근로계약상 본질적으로 요구되는 주된 급부의무임을 명백하게 하면서 이에 미치지 못하는 근로계약의 내용은 무효로 하고 무효로 된 부분은 강행법규를 통하여 보충하는 것이다(근로기준법 제22조). 결국 사용자는 성실하게 근로를 제공받는 대가로 안전을 보장하고 임금을 지급하는 주된 급부의무를 부담하는 것이다.[14]

3. 용어의 개선 – 안전배려의무에서 안전보장의무로

앞선 논의에서 필자는 계속 안전배려의무라는 용어보다는 안전보장의무라는 용어를 사용했는데 이것은 무엇보다 안전보장의무가 근로계약관계의 본질적 내용을 이루는 주된 급부의무라는 인식이 있기 때문이다. 다른 한편 '배려'라는 용어는 법적 의무보다는 도덕적 혹은 시혜적 의무라는 뉘앙스를 강하게 풍기기 때문에 사용을 자제해야 한다고 생각한다. 이 의무를 주된 급부의무로 파악하

---

14) 이것과 관련해서 민법의 고용계약의 내용을 검토할 필요가 있다. 민법 제655조는 고용계약의 내용으로 노무제공의무와 보수지급의무만을 규정하고 있기 때문에 고용계약과 본질적으로 동일한 내용이 갖는 근로계약의 주된 급무의무로서 사용자의 안전보장의무를 인정하는 것은 현행 법체계에서 무리한 이론구성이라는 주장이 있을 수 있다. 매매, 임대차 등 재산의 거래관계를 규정하는 민법 전형계약 편에 인격과 불가분하게 결속된 노동력만을 독립한 재산으로 억지로 의제한 후, 그 거래관계를 규율하려는 입법 자체가 문제의 본질이라고 생각한다.

든, 부수적 의무로 파악하든 권리에 상응한 법적 의무라는 점에
이의가 없다면 용어의 사용도 그것에 걸맞게 해야 한다.

Ⅲ. 산업안전보건법의 안전조치의무

1. 산업안전보건법의 기본적 목적

 항소심 법원이 피고인에게 무죄판결을 선고한 이유는 표면적으
론 피고인이 강교빔을 크레인에 결속시켜 놓지 않은 것이 산업안
전보건법이 정한 산업재해예방조치를 취하지 않은 것으로 보기 어
렵다는 것이다. 그러나 대법원의 판단을 결부시켜 행간을 읽어보면
근로자의 부상 등 인적손해가 발생하지 않았는데 형사책임을 묻는
것은 가혹하다는 판단을 한 듯하다. 다르게 표현하면, 비록 관리상
다소의 문제가 있어서 강교빔이 떨어지는 사건이 발생했지만 이것
은 해당 사업주가 관련 비용상의 손해를 감수하는 것에 그치는 문
제가 생길뿐, 더 나아가 사업주에게 형사상의 책임을 묻는 것은
곤란하다는 것이다. 이런 항소심 법원의 판단에 대해서 대법원은
산업안전보건법의 기본적 목적이 근로자의 안전을 보장하는 데 있
다는 점에는 이의가 있을 수 없지만 이 법률은 그러한 목적을 실
현하기 위해서 필요한 예방조치의 이행을 강제하는 데에도 그 목
적을 두고 있다고 보았다. 대법원의 해석론은 앞서 살핀 것처럼
현행법의 문리적 해석에 충실한 것으로 타당하다. 산업안전기준에
관한 규칙 제458조 제1항 제7호가 '기타 안전·보건에 관련된 사

항'이라고 포괄적으로 규정하고 있기 때문에 위 규정을 통해 강교범의 추락이 위 사항을 위반한 것으로 해석할 수 있기 때문이다. 게다가 관련 산업안전보건법령이 법령위반사실에 대해 처벌하는 규정을 두면서 근로자의 인신상 피해를 요구하지 않는다.

대법원의 견해에 이론적 보강을 하자면 산업안전보건법 제66조의 2 규정을 언급할 수 있다. 산업안전보건법 제66조의 2는 "제23조 제1항 내지 제3항 또는 제24조 제1항의 규정을 위반하여 근로자를 사망에 이르게 한 자는 7년 이하의 징역 또는 5천만 원 이하의 벌금에 처한다."라고 규정하고 있다. 위 규정은 형법상 소위 결과적 가중범으로 해석할 수 있다. 즉, 산업안전보건법의 각 해당 규정을 고의로 위반하여 행위자가 예견하지 않았던 사망이라는 중한 결과가 발생한 때에는 특별히 형을 가중한 것이다. 규정형식 면에서도 결과적 가중범으로 해석되는 상해치사죄(형법 제259조), 폭행치사죄(형법 제262조) 등과 유사하다. 이렇게 상해 등의 결과에 대해 별도의 규정을 두고 해당 의무이행위반에 대한 처벌의 정도보다 중하게 처벌한다는 점을 반대 해석하면, 법률에 규정된 각종 규정의 위반에 대한 형사처벌은 상해 등의 결과발생을 예정하지 않는다는 것이다. 그리고 제66조의 2가 2006년 신설되기 전, 실무에서도 그렇게 사건을 처리해 왔다.

2. 산업안전보건법의 안전조치의무와 안전보장의무

산업안전보건법령을 자세히 살펴보면, 사업주의 안전조치의무의 세부 내용은 시행령과 시행규칙에 상세하게 규정되어 있고 그 범위 또한 산업별로 방대하게 나뉘어져 있다. 그러나 성문법령에 안전조치의무가 방대하고 자세하게 규정되어 있다고 하더라도 이 의무의 이행이 곧바로 안전보장의무의 완전한 이행이라고 인정할 수는 없다. 산업안전보건법령은 오히려 안전보장의무의 내용을 산업 영역 혹은 업무 영역별로 주된 부분을 구체화시킨 것으로 파악해야 한다. 안전보장의무의 내용이 추상적인 상태에서 사업주에게 무언가 구체적인 작위를 요구하려면 행위목록이 작성되어 있어야 하고 게다가 형사적 제재까지 하려면 죄형법정주의 원칙을 준수하여야 하기 때문에 사업주의 구체적인 작위의무를 일일이 규정할 수밖에 없었던 것이다. 안전조치의무 위반은 안전보장의무 위반을 징표로 한다. 따라서 사업주의 부작위가 때에 따라서는 산업안전보건법령을 위반한 것은 아닐지라도 근로계약상의 안전보장의무를 위반한 것으로 인정할 수도 있다. 이런 경우에는 산업안전보건법이 정한 형사적 불이익을 추궁할 수는 없지만, 근로계약의 불이행에 따른 민사적 책임추궁은 가능하다.

3. 근로자 의무규정의 해석 - 산업안전보건법의 목적 확장

한편 산업안전보건법 제6조는 근로자의 의무라는 제목을 달고 "근로자는 이 법과 이 법에 따른 명령으로 정하는 산업재해 예방을 위한 기준을 지켜야 하며, 사업주나 그 밖의 관련 단체에서 실시하는 산업재해 방지에 관한 조치에 따라야 한다."라고 규정하고 있고 양벌규정인 제71조는 "법인의 대표자나 법인 또는 개인의 대리인,

사용인, 그 밖의 종업원이 그 법인 또는 개인의 업무에 관하여 제
66조의 2, 제67조, 제67조의 2 또는 제68조부터 제70조까지의 어
느 하나에 해당하는 위반행위를 하면 그 행위자를 벌하는 외에 그
법인 또는 개인에게도 해당 조문의 벌금형을 과(科)한다.”라고 규정
하여 근로자인 종업원의 형사처벌도 때에 따라선 가능하다는 취지
로 해석될 여지가 있다. 그런데 산업안전보건법 제1조 목적규정에
는 “이 법은 산업안전·보건에 관한 기준을 확립하고 그 책임의
소재를 명확하게 하여 산업재해를 예방하고 쾌적한 작업환경을 조
성함으로써 근로자의 안전과 보건을 유지·증진함을 목적으로 한
다.”라고 규정하여 법의 목적이 근로자의 책임추궁이 아니라 근로
자의 보호임을 명시하고 있다. 분명히 형식적으론 법률의 목적규정
과 구체적 내용 사이에 모순을 보이고 있다. 이것에 대해서 나는
현대 산업안전보건법령의 목적이 확장되었다고 해석한다. 즉, 원래
는 근로자의 안전과 보건을 보장하는 것이 주된 목적이었으나 대
부분의 사람들이 근로자 혹은 이와 유사한 형태로 노동을 하고 생
활을 하는 현대사회에서 산업안전은 근로자의 안전 문제를 넘어서
안전이 문제된 산업의 관여자를 보호하는 재해방제법의 역할도 수
행하게 되었다는 것이다. 그런 의미에서 전체로서의 재해방제를 위
해선 근로자 개인의 협력이 필요했고 그런 인식이 산업안전보건법
의 구체적 내용으로 입법되었는데 목적 규정이 그 내용을 살피지
못하고 종전의 주된 목적만을 규정하고 있는 것이다.15) 이렇게 해

---

15) 대구지법 2007. 2. 13. 선고 2006고정3671 판결에서 김연학 판사는, 공사에 필요한 작업
  을 위하여 일일임대차계약에 의하여 임차한 카고트럭의 소유자 겸 운전기사가 작업 중 현장
  에서 사망한 사안에서, 산업안전보건법상 사업주가 부담하는 안전상의 조치의무 내지 재해방
  지의무의 보호대상에 근로자 외에 근로자가 아닌 제3자는 포함하지 않고 따라서 임차인인

석한다고 하여 사업주의 안전조치의무가 희석되는 것은 아니다. 그 의무는 그대로 그 효력을 유지하면서 법률의 기능 확대로 인해 추가적인 내용이 법률 안으로 들어온 것뿐이다. 따라서 산업안전보건법의 안전조치의무 위반은 안전보장의무 위반의 주된 표지이다.

IV. 결론

대상 판결은 산업안전보건법의 기본적 목적이 근로자의 안전을 보장하는 데에 있지만 이 법률은 그러한 목적을 실현하기 위해 필요한 예방조치의 이행을 강제하는 데에도 그 목적을 두고 있다고 보았다. 따라서 인신의 피해가 발생하지 않은 사고 자체에 대해서도 사업주에게 형사책임을 인정할 수 있다고 판단했다. 산업안전보건법의 목적, 규범형식이나 내용에 비추어 보면 적절한 판단이라고 생각한다. 나아가 법률에 규정된 근로자 의무규정이나 양벌규정의 규정형식에 비추어 보면, 이 법률은 근로자의 안전보장이라는 전통적인 기능뿐만 아니라 사회 전체의 재해예방이라는 기능도 수행한다는 점을 밝히고 싶다. 이런 점에서 볼 때, 일부 판결에서 보이고 있는 적용 대상의 제한 논리는 극복되어야 할 과제이다.

사업주와 피해자 사이에 실질적인 고용관계가 성립하였다고 보기 어렵기 때문에 사업주가 피해자에 대해 산업안전보건법 제23조에 규정된 안전상의 조치의무를 부담하지 않는다고 판단했다. 산업안전보건법의 실질적 내용을 적절하게 해석하지 못한 판결이라고 생각한다.

산업안전보건법 제33조 제1항의 방호의무자

대상판결: 대법원 2006. 1. 12. 2004도8875 판결[1]

I. 대상판결의 개요
II. 산업안전보건법 제33조 제1항의
   취지와 법적특성

III. 피고인 A를 기소한 정황 및 양형에
   관한 검토
IV. 결론

I. 대상판결의 개요

1. 사건의 개요

피고인 A는 사탕 등을 제조하는 제과업자로서 2003. 6. 30. 사건이 발생한 공장건물의 2층을 임차한 후 2003. 7. 18. 개인공사업자 B에게 2층 작업장의 배수공사를 도급하였고 B는 근로자 C를 비롯한 8명을 고용하여 공사를 시작하였다. 근로자들은 건물에 설치된 화물용 승강기를 이용하여 작업에 필요한 자제를 1층에서 2층으로 운반하였다. 근로자 C는 2003. 7. 19. 위 승강기를 이용해

---

1) 관여 대법관: 고현철(재판장), 강신욱, 양승태, 김지형(주심).

석분이 실린 리어카를 2층으로 올린 후 리어카를 승강기에서 끄집어내던 중 승강기가 갑자기 1층으로 하강하자 급히 밖으로 나오려다 승강기 운반구 천장부위와 벽 사이에 머리와 우측다리가 끼어 사망하였다. 이에 검사는 A를 산업안전보건법위반죄로 벌금 300만 원의 약식기소를 하였다.[2]

2. 원심 판결의 요지[3]

법원으로부터 300만 원의 약식명령이 고지되자 피고인 A는 정식재판을 청구하였으나 1심 법원은 300만 원의 벌금형을 선고하였다.[4] 이에 피고인 A는 무죄를 주장하며 항소를 하였다. 2심 법원은 산업안전보건법상 사업주라 함은 근로자를 사용하여 사업을 행하는 자를 의미한다고 전제한 후 다음의 추가적인 사실관계를 인정했다. 즉, 사고가 발생한 승강기는 공장건물 3층 신발공장에서 사용하던 것으로 피고인 A는 건물주 D에게 승강기의 수리를 요구하여 2003. 7. 12. D는 승강기의 전기장치 및 기계장치보수를 하였으나 승강기 1층에 출입문이 없던 관계로 인터록 장치[5] 등은 하지 않았다. 이러한 사실관계에 비추어 볼 때 피고인 A는 공장가동

---

2) 실제 사건에는 A가 운영하던 식품회사도 양벌규정에 의하여 같이 기소되었으나 본고에서는 이를 생략한다.

3) 부산지방법원 2004. 12. 2. 선고 2004노2765 판결.

4) 부산지방법원 2004. 7. 14. 선고 2004고정1890 판결.

5) 승강기 문의 대표적인 안전장치로서 승강기가 정지하지 않는 층의 문은 비상키를 사용하지 않으면 열리지 않도록 하는 도어록(Door Lock)과 문이 닫혀있지 않으면 안전회로를 차단시켜 승강기가 움직이지 않도록 하는 도어스위치(Door Switch)로 구성되어 있다(http://www.wselevator.com/m6_5.htm 참조).

이 되지 않는 상태에서 임차한 부분이 아닌 1층 화물용 승강기 출입문에 수급자인 B에 대한 사업주로서 인터록 장치를 부착하는 등의 방호조치를 할 책임이 없다고 판단하고 무죄를 선고하였다.

3. 대법원 판결의 요지

항소심 무죄판결에 대해 대법원은 원심을 깨고 유죄 취지의 파기환송 판결을 하였다. 그 이유를 요약하면 산업안전보건법 제33조 제1항의 행위 주체는 사업주일 필요는 없고 해당 조항에서 말하는 '사용'이란 '사용에의 제공'을 뜻하는 것이라고 보아야 하므로 결국, 최초 공사에 대해 도급을 준 피고인 A의 형사책임을 인정할 수 있다는 것이다.

여기에 덧붙여 대법원은 다음의 사실관계를 추가로 인정하였다. 피고인 A는 이 사건 공장 2층 부분을 그 소유자인 D로부터 임차하여 그곳에 입주하기 전에 2층 부분의 바닥 배수로 공사를 B에게 도급하였는데, B가 위 공사를 시공함에 있어 1층에서 2층으로 자재를 운반하기 위해서는 이 사건 화물승강기의 이용이 불가피하였고 피고인 A도 이를 잘 알고 있었던 사실, 피고인 A는 위 공사에 필요한 자재를 직접 공급하였고 수시로 공사현장에 나와 공사를 지켜보기도 하였으며 이 사건 사고 당일에도 13:00경까지 현장에 머무르다가 떠난 사실, 이 사건 화물승강기의 1층 출입문에 인터록 장치 등 방호조치가 설치되어 있지 않았는데 피고인 A는 이를 알고 있으면서도 별다른 안전대책을 강구하지 않았다는 것이다.

이러한 사실관계를 고려하면 피고인 A는 이 사건 화물승강기에 유해・위험방지를 위한 방호조치를 취하지 아니한 상태라는 점을 인식하면서도 이를 사업장에서의 사용에 제공하였으므로 산업안전보건법 제33조 제1항을 위반하였다는 것이다.

II. 산업안전보건법 제33조 제1항의 취지와 법적특성

1. 관련 규정의 분석

이해의 편의를 위해 관련규정을 적용의 순서대로 나열한다. 최초 법 제67부터 시작하여 노동부장관고시 제36조를 끝으로 관련 규정이 하나로 통합된다.

【산업안전보건법】
제67조 (벌칙) 다음 각 호의 1에 해당하는 자는 5년 이하의 징역 또는 5천만 원 이하의 벌금에 처한다.
1. 제33조 제1항의 규정에 위반한 자
제33조 (유해・위험한 기계・기구 등의 방호조치 등) ①유해 또는 위험한 작업을 필요로 하거나 동력에 의하여 작동하는 기계・기구로서 대통령령이 정하는 것은 노동부장관이 정하는 유해・위험방지를 위한 방호조치를 하지 아니하고는 이를 양도・대여・설치 또는 사용하거나, 양도・대여의 목적으로 진열하여서는 아니 된다.

【산업안전보건법 시행령】
제27조 (방호조치를 하여야 할 유해 또는 위험기계・기구 등)

①법 제33조 제1항의 규정에 의하여 유해 또는 위험방지를 위한 방호조치를 하지 아니하고는 양도·대여·설치·사용하거나, 양도·대여의 목적으로 진열하여서는 아니 되는 기계·기구는 별표 7과 같다.

별표 7 유해·위험방지를 위하여 방호조치가 필요한 기계·기구 등

6. 승강기

【산업안전보건법 시행규칙】

제46조 (방호조치) ①법 제33조 제1항 및 영 제27조 제1항의 규정에 의하여 영 별표 7 각 호의 1의 규정에 의한 기계·기구에 설치하여야 할 방호장치는 다음 각 호와 같다.

5. 영 별표 7 제6호의 규정에 의한 승강기에는 과부하방지장치 및 노동부장관이 고시하는 방호장치

【승강기 제작기준. 안전기준 및 검사기준(노동부장관 고시)】

제36조(방호장치 등)

①승강기에는 다음 각 호에 정한 방호장치를 설치해야 한다.

1. 카 또는 승강로의 모든 출입구 문이 닫히지 않았을 때는 카가 승강되지 않는 장치[6]

2. 산업안전보건법 제33조 제1항의 취지

산업안전보건법(이하 '법'이라고 한다)은 산업안전보건에 관한

---

[6] 노동부장관 고시에서 규정한 장치의 대표적인 것이 바로 앞서 언급한 '인터록'이다.

기준을 확립하고 그 책임의 소재를 명확하게 하여 산업재해를 예
방하고 쾌적한 작업환경을 조성함으로써 근로자의 안전과 보건을
유지·증진함을 목적으로 한다(법 제1조). 이러한 입법목적을 달성
하기 위해서는 사업장에서 근로에 종사하는 근로자로 하여금 사업
장에 존재하는 유해·위험요소 자체에 노출되지 않도록 사전에 그
가능성을 차단하는 규제조치가 필요하다. 이러한 점을 고려하면 법
제33조 제1항은 승강기 등 유해·위험한 기계·기구에 대하여 유
해·위험방지를 위한 방호조치를 하여야 할 법령상의 의무가 있는
자가 필요한 방호조치를 하지 아니한 경우뿐만 아니라, 널리 누구
라도 승강기 등 유해·위험한 기계·기구가 유해·위험방지를 위
한 방호조치를 취하지 아니한 상태라는 점을 인식하면서 이를 사
업장에 양도·대여·설치·사용하거나 양도·대여의 목적으로 진
열하는 행위를 금지하는 규정이라고 해석된다.[7]

3. 산업안전보건법의 구조적 특성과 수범자의 범위

법규범을 금지규범(Verbotsnorm)과 명령규범(Gebotsnorm)으로 구
별하면 금지규범은 작위를 금지함에 반하여 부작위는 명령규범을
위반한 것으로 이해할 수 있다.[8] 형법은 대부분 금지규범으로 이
루어져 있는데 현행법의 처벌규정을 형사법적으로 파악하면 그 내
용은 대부분 부작위범으로 분류된다. 즉, 법은 기본적으로 수범자
를 상대로 이들이 지켜야 할 각종 규제목록을 제시하고 이를 시행

---

7) 이 사건 대법원 판결문 참조.
8) 이재상, 『형법총론』(신정판), 박영사, 1998, 105쪽.

하지 아니하면 처벌을 하는 방식으로 구성되어 있다.

이러한 부작위범의 형사정책은 작위범의 그것과 다소 다르다. 작위범의 수범자는 자신이 무엇을 하면 처벌받는가를 비교적 명확하게 인식할 수 있기 때문에, 작위목록을 수범자에게 널리 알리는 형사정책만으로도 어느 정도 효과를 거둘 수 있다.[9] 그러나 부작위범의 형사정책은 단순히 부작위 내용을 알리는 것으로는 부족하고 먼저 누가 수범자인지 알리고 더 나아가 규범이 수범자에게 구체적으로 어떤 행위를 요구하는지 설명하여야 한다. 그런데 구체적인 행동 방식은 사안의 개수만큼 다양하기 때문에 획일적으로 제시할 수 없고 결국 개별적인 사안을 유형화하여 각 경우에 따른 행동방식을 알릴 수밖에 없다.[10]

부작위범의 일반적인 설명은 법의 경우에도 그대로 적용된다. 법은 원칙적으로 사업주를 상대로 각종 규제목록, 즉 작위목록을 제시하고 이를 지킬 것을 요구한다. 그러나 직접적 근로관계를 인정할 수 있는 사업주뿐 아니라 다양한 사업을 서로 다른 기술적 혹은 비용적 기반 위에서 실행하는 사업관여자 또한 법이 종국적으로 목표하는 행위 방식을 이해하고 따라야 할 의무가 있다. 이렇게 해석하지 아니하면 산업재해 예방을 위한 사업관여자의 협력을 유도해 내기 매우 어려워진다. 이런 의미에서 대법원 판결이 사망한 근로자 C의 직접적인 사업주가 아닌 피고인 A를 방호의무라는 명령규범의 수범자로 본 것은 의미가 있다.

---

9) 예를 들어, 사람을 살인하지 말라는 형법 제250조의 살인죄는 살인이라는 작위를 요구하기 하기 때문에 대부분의 사안에서 수범자는 가만히 있는 것만으로도 위 법조문을 지킬 수 있게 된다. 물론 부진정부작위범의 문제가 있으나, 이는 보호의무를 매개로 한 특수한 형태이므로 논외로 한다.

10) 따라서 세밀한 기술적 사항은 노동부고시라고 하는 행정입법형식을 취할 수밖에 없다.

4. '사용의 제공'이라는 해석의 타당성

이렇게 규정의 수범자를 근로자 C의 직접적인 사용자로 한정하지 아니하고 애초 공사의 도급을 준 피고인 A까지 확장하게 되면 법이 규정한 유해·위험한 기계·기구를 사용한다는 의미는 타인으로 하여금 이를 사용하도록 사용에 제공하는 경우까지 포함하는 것으로 해석이 확장된다. 이러한 해석에 대해 죄형법정주의를 위반한 것이라는 반론이 제기될 수 있다. 그러나 유해·위험한 기계·기구의 사용 행위만을 처벌한다고 해석하면 사업의 이익만을 향유하면서 사업에 따른 위험은 부담하지 않는 사업관여자가 생기게 된다. 특히 이러한 사업관여자는 이 사건에서 보듯이 이익의 최종 수익자인 경우가 많은데 결국 최종 수익자만을 빼놓고 나머지 중간 관여자만을 처벌하는 것은 형사 처벌의 형평성에서도 어긋난다. 결국 '사용' 뿐 아니라 '사용에의 제공'까지로 의미를 다소 확장해석 하더라도 이는 업무상 주의의무의 수범자로 예상되는 사업관여자만을 포섭하므로 죄형법정주의 위반이라고 볼 수는 없다.

Ⅲ. 피고인 A를 기소한 정황 및 양형에 관한 검토

1. 직접사용자 C와 건물주 D의 형사책임

한편 3개의 심급을 거치는 동안 확정된 사실관계를 검토하여 보면 근로자 C의 사망사고를 유발한 원인에는 근로자 C의 직접 사용자인 개인공사업자 B와 건물주 D의 과실이 결합되어 있다. 즉 직접 사용자인 B의 경우 근로자 C가 작업을 함에 있어 필요한 방호조치를 취할 업무상의 주의의무를 충분히 인정할 수 있고 건물주 D 또한 자신이 소유한 건물에 설치된 승강기의 안전 상태를 관리하여야 할 주의의무를 인정할 수 있다. 실제로 피고인 A는 건물주 D에게 승강기를 사용하기 전에 방호조치를 하여 달라는 요구를 하였고 건물주 D는 그 요구를 수용하여 일부 조치를 취했다.

그런데 판결문에 나타난 범죄사실을 살펴보면, 직접 사용자 B나 건물주 D는 상피고인 혹은 공소외인으로 등장하지 않는다. 공범으로 분류될 수 있는 사람들을 특별한 이유 없이 분리기소하지 않는 일반적인 관행에 비추어 보면 이 사건의 경우 B나 D는 기소의 대상에서 제외된 것으로 보인다. 만일 사정이 그렇다면 이는 기소범위를 설정하는 데 문제가 있어 보인다. 무엇보다 사망한 근로자 C의 직접 사용자 B는 마땅히 기소의 범위에 포함되어야 한다. 이 사건에서 1차적인 안전배려의무를 인정할 수 있는 사람은 직접 사용자인 B이기 때문이다. 이는 설혹 B가 C의 유가족과 기소 전에 합의를 하였다고 하더라도 사망사고의 중대성에 비추어 정식기소가 필요한 사안이라고 판단된다. 건물주 D 역시 사고가 발생한 현장의 기본적인 안전을 관리할 의무를 부담하는 자로서 기소범위에서 제외된 것은 의문스러운 점이 있다. 이렇게 기소범위가 확대되어야 한다는 점은 애초 고소·고발이 피고인 C로 한정되어 있다고 하더라도 마찬가지이다. 검사 직무의 공익적 성격을 고려하여 보면 이 사건은 적극적인 수사를 통해 사건의 책임자 전부에 대해 조사를 하고 경중에 따른 처리가 필요한 사안이었다.

2. 피고인 A에 대한 벌금 300만 원의 양형의 적절성 문제

한편 기소된 피고인 A에 대하여 법원은 약식명령대로 벌금 300만 원을 선고하였다. 약식명령에 대한 정식재판이라는 제도적 한계 때문에 그 이상의 양형은 불가능하지만 사전에 충분히 예방할 수 있는 인재(人災)였음에도 이를 간과한 부주의에 의하여 발생한 사망사고라는 점을 고려하면 지나치게 낮은 형량이라고 생각한다. 약식명령 사건은 아니지만 일반적으로 산재사고에서 법원이 양형을 지나치게 관대하게 처리한다는 비판이 있었다. 실제로 2000년 통계를 보면 108건의 법위반으로 기소된 사건에서 법원은 2건에 대해서만 징역형을 선고하고 27건은 집행유예를, 나머지는 벌금 이하의 형벌을 선고했다.[11] 높은 형량만이 범죄를 예방할 수 있다는 위하(威嚇) 이론의 문제점에 대해서는 필자도 수긍하지만 과실범의 비슷한 유형 중 특히 산업안전보건 영역의 범죄에 대해 지나치게 낮은 양형을 선고하는 것은 수범자로 하여금 산업안전보건법의 위반이 범죄가 아닌 단순한 교통법규 정도를 위반한다는 잘못된 법의식을 주입할 우려가 있고 결국 처벌의 실효성 논란을 불러올 수밖에 없다.

국가 간 업무상 사고 사망만인율[12]을 비교하면 우리나라는 2001년 기준으로 1.47명인 반면, 일본의 경우 0.33명, 독일은 0.29명, 미국은 0.60명으로[13] 우리나라의 업무상 사고로 인한 사망만인율이 일본을 비롯한 서구 선진국에 비하여 적게는 2.45배에서 많게

---

11) 박두용, 『노동과 건강』(통권 제67호), 2004년 봄호, 노동건강연대, 66쪽의 표4 참조.
12) ILO통계자료(http://laborsta.ilo.org/) 참조.
13) 노동부, 『유럽연합의 근로기준』, 2001, 8쪽.

는 5.00배 정도 높다. 이런 결과는 산업안전보건범죄가 말 그대로 범죄가 아닌 단순히 민사적인 배상차원의 문제로 보는 인식도 큰 역할을 한다고 본다.

결국, 적정한 형벌의 집행도 산업재해 예방을 위해서는 고려하여야 할 요소라는 것이다. 그런 점에서 벌금 300만 원의 약식기소는 불합리한 처분이라고 사료되며 이는 당사자 간의 합의가 있었다고 하더라도 사안의 중대성에 비추어 볼 때 마찬가지이다.

Ⅳ. 결론

판결문의 행간을 읽으면 피고인 A의 기본적인 주장은 억울하다는 것이다. 자신이 설치한 승강기도 아니고 그렇다고 사망근로자의 직접적인 사용자도 아닌데 형사처벌까지 받는다는 것은 지나치다는 것이다. 그러나 본 판결은 산업재해의 예방을 위해서 사업관여자의 총체적인 노력이 필요하다는 판단을 암시하고 있고 이는 재해발생의 현실을 제대로 반영한 견해라고 판단된다. 다만 기소과정에서 직접 사용자와 건물주에 대한 처분이 애매한 점과 낮은 양형에 대해서는 재고가 필요하다고 생각한다.

25

불법체류 외국인근로자 단속과 업무상 재해

대상판결: 대법원 2008. 11. 13. 선고 2008두12344 판결

I. 대상판결의 개요

1. 사실관계의 요지

중국인인 원고는 2005. 3. 5.경 유학비자로 우리나라에 입국하여 경주시에 있는 대학에서 어학연수를 받다가, 2006. 2.경 대학을 무단이탈하여 같은 달 6.경부터 전자회사의 근로자로 근무해 왔다. 그런데 2006. 5. 2. 15:30경 마산출입국관리사무소 단속반이 불법체류자 단속을 위하여 전자회사에 오게 되었고, 이러한 사실을 알게 된 회사의 관리부장은 외근을 하고 있던 사업주에게 이를 보고하자 사업주는 원고를 비롯한 불법체류자들을 모두 피신시키라고 지시했고 관리부장은 원고와 다른 불법체류자 2명을 회사 2층 사무실로 피신하도록 지시하였다. 원고는 관리부장의 지시에 따라 다른 불법체류자 2명과 함께 2층 사무실로 피신하였지만, 때마침 마산출입국관리사무소 단속반이 불법체류자를 수색하기 위하여 2층 사무실로 들어가려고 하였고, 이러한 광경을 본 회사 소속 성명불상의 내국인 근로자가 원고 등에게 수신호로 이를 알려주자, 원고는 다른 불법체류자 2명과 함께 2층 사무실 창문을 통해 외벽의 에어컨 배관을 타고 건물 밖으로 나가려고 하였다. 그러나 원고가 외벽을 타고 건물 밖으로 나가는 도중 에어컨 배관을 고정한 핀이 탈락하는 바람에 8m 아래 1층 시멘트바닥에 추락하였고 이 때문에 두개골 골절, 급성 뇌경막하 혈종, 외상성 뇌지주막하 출혈, 중증 뇌좌상 등의 상병을 입게 되자, 같은 해 5. 8. 피고 근로복지공단에 대하여 위 상병에 대한 요양승인을 신청하였다. 그러나 피고는 2006. 6. 13. 원고에 대하여, 이 사건 재해가 불법체류자 단속을 피하기 위해 도주하는 과정에서 발생한 것이어서 업무상 재해에 해당하지 아니한다는 이유로, 요양을 불승인하는 처분을 하였다. 원고는 이에 불복하여 2006. 11. 9. 창원지방법원에 요양불승인처분취소소송을 제기하였으나 패소하였고[1] 원고의 항소에 대해 부산고등법원은 원심을 취소하고 원고승소판결을 선고했다.[2] 피고의 상고에 대해 대법원은 심리불속행 판결을 선고했다.

---

[1] 창원지방법원 2008. 1. 15. 선고 2006구단3262 판결, 관여 법관: 판사 곽상기.

[2] 부산고등법원 2008. 6. 20. 선고 2008누792 판결, 관여 법관: 재판장 판사 김신, 판사 백태균, 판사 김원수.

2. 판결의 요지

형식적으로 평석의 대상이 되는 대법원 판결은 심리불속행기가 이 되었기 때문에 원고 승소판결을 확정한 구체적인 이유를 알기는 어렵다. 다만 심리불속기각 판결이 부산고등법원의 판단을 지지하는 것이라고 볼 수 있기 때문에 판결의 이유에 대한 요약은 부산고등법원과 창원지방법원의 것으로 대신한다.

가. 1심 창원지방법원 곽상기 판사의 판단

곽상기 판사와 2심의 부산고등법원 제2행정부는 모두 업무상 재해에 대해 사업주의 지배 관리 가능성이라는 척도를 일반론으로 전제했다. 즉, 근로자가 어떠한 행위를 하다가 재해를 입은 경우 그 재해가 업무상 재해로 인정되기 위해서는, 그 행위가 당해 근로자의 본래의 업무행위 또는 그 업무의 준비행위 내지는 정리행위, 사회통념상 그에 수반되는 것으로 인정되는 생리적 행위 또는 합리적·필요적 행위이거나, 사업주의 지시나 주최에 의하여 이루어지는 행사 또는 취업규칙이나 단체협약 기타 관행에 의하여 개최되는 행사에 참가하는 행위 등 그 행위과정이 사업주의 지배관리하에 있다고 볼 수 있는 경우이어야 한다는 것이다.[3]

이를 전제로 곽상기 판사는 불법체류자 단속을 피해 도주하는 행위를 산업재해보상보험에 가입되어 있는 사업주의 사업에 관한 업무수행이나 그에 수반되는 통상적인 활동과정에 해당한다고 할

---

3) 1996. 8. 23. 선고 95누14633 판결: 1991. 11. 8. 선고 91누3314 판결 등 참조.

수 없을 뿐 아니라 이러한 활동이 사업주의 지시에 의하여 이루어
졌다는 이유만으로 산업재해보상보험법상 보험급여의 대상이 되는
업무로 되지 않는다고 판단했다.

나. 2심 부산고등법원 제2행정부의 판단

2심 법원은 새로운 사실인정 없이 1심과는 매우 상반된 판단을
하고 있다. 즉, 불법체류 외국인근로자의 고용은 수차례에 걸친 모
집광고에도 불구하고 내국인 근로자를 고용하지 못하였던 사업주
가 안정적이고도 지속적인 사업을 영위하기 위하여 어쩔 수 없이
취하게 된 방편이고 뿐만 아니라 체류자격을 가지지 아니한 자를
고용한 사업주는 3년 이하의 징역이나 금고 또는 2천만 원 이하의
벌금에 처하도록 규정하고 있으므로(출입국관리법 제94조 5호의 2,
제18조 3항), 이것은 사업주를 위한 행위라는 것이다. 또, 사업주는
관리부장을 통하여 직접 원고를 비롯한 불법체류자들에게 마산출
입국관리사무소 단속반의 단속을 피하여 도주하도록 지시하였고,
원고는 사업주의 이러한 지시에 따라 피신하는 과정에서 이 사건
재해를 입게 된 점을 고려하여야 하고 원고의 이러한 일련의 행위
는 모두 원고가 사업장 내에서 작업하는 도중에 이루어진 것이고,
만약 원고가 이 사건 재해를 입지 않고 단속반에 의해 단속되지도
않았다면 단속행위로 일시 중단되었던 피신 직전의 업무를 계속
수행하였을 것으로 예상되는 점도 강조한다. 덧붙여 기타 이 사건
변론 과정에 나타난 마산출입국관리사무소 단속반의 단속과정이나
그 과정에서 나타난 근로자들의 행동이나 사업장의 분위기 등 여

러 가지 사정을 고려하면, 원고의 피신행위는 그 행위과정이 사업
주의 지배관리하에 있는 경우에 해당한다는 것이다.

II. 사업주의 지배관리를 판단하는 판례의 기준

1. 업무상의 재해와 사업주의 지배관리

　산업재해보상보험법 제5조 제1호는 "업무상의 재해"를 업무상의
사유에 따른 근로자의 부상·질병·장해 또는 사망을 말한다고 규
정하고 개괄적인 인정기준에 대해서는 제37조에 규정하고 있다.
제37조는 업무상 재해를 업무상 사고와 업무상 질병으로 구분하고
이 사건과 같이 업무상 사고와 관련한 사항은 제1항 제1호에 규정
하고 있다. 구체적으로 열거하자면, 근로자가 근로계약에 따른 업
무나 그에 따르는 행위를 하던 중 발생한 사고, 사업주가 제공한
시설물 등을 이용하던 중 그 시설물 등의 결함이나 관리소홀로 발
생한 사고, 사업주가 제공한 교통수단이나 그에 준하는 교통수단을
이용하는 등 사업주의 지배관리하에서 출퇴근 중 발생한 사고, 사
업주가 주관하거나 사업주의 지시에 따라 참여한 행사나 행사준비
중에 발생한 사고, 휴게시간 중 사업주의 지배관리하에 있다고 볼
수 있는 행위로 발생한 사고, 그 밖에 업무와 관련하여 발생한 사
고 등이다. 한편 제3항은 구체적 인정기준에 대해선 대통령령으로
정하도록 하고 있는데 산업재해보상보험법 시행령 제2절을 살펴보
면 경우의 수를 나누어 업무상 재해의 인정기준을 다루고 있다.

이 기준들은 대부분 대법원 판례에 의하여 적립된 기준을 이후에 법령이 수용한 것으로 지금도 대법원이 추가적인 새로운 기준을 제시하면 적절한 때를 봐서 시행령을 개정하는 방식으로 업무상 재해의 인정범위를 넓히고 있다.

업무상 재해의 인정요건으론 업무수행성과 업무기인성이라는 두 가지 요건을 검토하는데 실정법은 업무상 재해를 "업무상의 사유"라고 하는 포괄적인 개념을 사용하여 유연성 있는 해석을 할 수 있도록 규정하고 있고 실무에서도 업무기인성이라는 척도가 업무상 재해를 판단하는 주된 기준이 되고 있다. 대상판결의 하급심 판례는 모두 "사업주의 지배관리"라는 표현을 사용하고 있는데 이것은 업무수행성과 업무기인성을 사안에 따라 유연하게 판단하고자 하는 개념표지라고 하겠다. 이런 일반개념이 도입될 수밖에 없는 이유는 산업이 점점 다양화, 복잡화되면서 업무의 수행방식 또한 여러 가지 모양으로 전개되는데 이렇게 되면 업무상 재해는 입법자가 예상하지 못한 형식으로 발생하기 때문이다. 이 개념은 특히, 사업장 밖에서 발생한 재해에 대해 업무기인성을 인정하는 데 유용한 도구로 사용된다. 이런 유연성 때문에 법원의 업무상 재해 판단은 시행령의 인정 기준에 기속되지 않는다고 표현하는 학자도 있다. 앞서 언급하였듯이 시행령이 오히려 법원의 판단을 따라가며 수용을 하고 있다.

2. 판례이론의 구체적 적용

이와 같은 사업주의 지배관리라는 표지를 사용하여 업무상 재해의
범주를 넓히는 판례를 간단히 살펴보면 다음과 같은 것들이 있다.

휴게시간인 점심시간에 자신의 개인적인 교통수단을 이용하다가
재해가 발생하였다고 하더라도 사업주가 지정한 방식대로 점심식
사를 마치고 작업현장으로 복귀하는 행위는 근로자의 본래의 업무
행위에 수반된 생리적 행위 또는 합리적·필요적 행위이며 점심식
사를 하두록 허용된 근로자들의 집에서 직업현장까지 다른 교통수
단이 없는 상태에서 회사가 개설하여 관리하고 있는 진입도로를
이용하여 작업현장에 복귀하는 것은 그 과정이 사업주의 지배관리
아래 있다고 한다.[4]

또 근로자가 사업장을 떠나 출장 중인 경우에는 그 용무의 이행
여부나 방법 등에 있어 포괄적으로 사업주가 책임을 지고 있다 할
것이어서 특별한 사정이 없는 한 출장과정의 전반에 대하여 사업
주의 지배하에 있다고 판단한다.[5]

통근재해에 대해서도 사업주의 지배관리를 넓게 인정하여 업무
상 재해로 인정하는 예가 늘어나고 있다. 예를 들어, 차량의 등록
명의가 사망한 근로자 앞으로 되어 있기는 하였으나 이는 보험료
의 절감을 위한 방편으로 그리된 것일 뿐 실제에 있어서 위 차량
의 소유권은 내부적으로 사업주에게 있었고, 그 운행유지를 위한
비용도 사업주가 부담하였으며, 이용관계에 있어서도 업무시간에는

---

4) 대법원 2004. 12. 10. 선고 2004두10562 판결.
5) 대법원 2006. 3. 24. 선고 2005두5185 판결.

납품물건의 운송 등 업무에 사용되고 통근시간에는 사업주가 소속 근로자인 망인 등에게 이를 제공한 것으로서 망인은 오직 통근 시에만 이를 사용할 수 있었고 그때에도 반드시 자기 집과 회사의 중간에 위치한 지점에서 동료직원을 동승 또는 하차시키는 등 일정한 경로와 방식으로 운행되고 있었던 것이므로, 사고차량의 관리이용권은 사망 근로자에게 전담되어 있던 것으로 볼 수 없다는 이유로, 사망 근로자의 통근과정은 사업주의 지배관리하에 있었다고 보았다.[6]

기타 각종 행사 중에 발생한 사고에 대해서도 그 행사나 모임의 주최자, 목적, 내용, 참가인원과 그 강제성 여부, 운영방법, 비용부담 등의 사정들에 비추어, 사회통념상 그 행사나 모임의 전반적인 과정이 사용자의 지배나 관리를 받는 상태에 있는 경우에는 이를 업무상 재해로 보아야 한다고 전제하면서 회사의 적극적인 지원하에 매년 정기적으로 실시되는 동호인 모임인 낚시회 행사는 비록 참가인은 많지 않았지만 회사의 업무수행의 연장행위로서 사회통념상 그 전반적인 과정이 사용자 회사의 관리를 받는 상태하에 있었으므로 그 행사에 참가하여 귀가 도중 교통사고로 사망한 것이 업무상 재해에 해당한다고 판단한 사례도 있다.[7]

이렇게 사업주의 지배관리를 인정하기 위해서는 재해의 발생과정에 사업주의 개입을 인정할 수 있는 연결고리가 있어야 하기 때문에 재해근로자를 대리하는 변호사인 소송대리인은 재해의 발생이 사업주의 지시 이행, 사업주가 개설한 시설의 이용, 사업주의

---

6) 대법원 2005. 2. 18. 선고 2004두1766 판결.
7) 대법원 1997. 8. 29. 선고 97누7271 판결.

비용지원, 사업주의 사실상의 참가 강제 등이 개입된다는 점을 강조하게 된다.

Ⅲ. 불법체류 외국인근로자와 사업주의 지배관리

이 사건을 평석의 대상으로 삼은 주된 이유는 불법체류 외국인 근로자가 단속을 피해 도주하는 도중 발생한 사건에 대해 업무기 인성을 인정하였기 때문이다. 업무의 수행과 분리하여 도주행위의 독립성을 강조하면 업무기인성을 부정하게 되지만 도주행위이라는 것이 결국은 사업주가 해당 근로자를 이용하였기 때문에 발생한다 는 점을 강조하면 업무기인성 혹은 사업주의 지배관리를 꼭 부정 할 것은 아니다.

불법체류 외국인근로자 문제는 우리나라가 외국인근로자 인력을 수입하는 이상 항상 발생할 수밖에 없는 문제이고 게다가 이 사건 과 같이 단속과정에서 발생하는 외국인근로자의 상해, 사망 사고도 적지 않게 발생하고 있어 대상판결은 향후 동종 사건의 해결에 있 어서 중요한 시사점을 제공하고 있다.

그렇다면 어느 정도의 외국인 근로자가 국내에 체류하고 있으며 그중 불법체류 상태에 있는 근로자의 수는 얼마나 될까? 먼저 그 현 황을 알아보고 대상판결의 구체적 내용을 검토하고자 한다. 그리고 대상판결의 논리를 더욱 확장하여 적용할 수 있는가를 생각해 본다.

1. 불법체류 외국인근로자 현황[8]

가. 총 체류 외국인 근로자

(2008. 12. 31 현재, 단위: 명, %)

구 분	총 계	등 록	단기체류	거소신고[9]
2007. 12.	1,066,273	765,746	266,011	34,516
2008. 12.	1,158,866	854,007	263,402	41,457
증감률[10]	8.7	11.5	− 1.0	20.1
구성비	100	73.7	22.7	3.6

나. 불법체류 외국인 근로자 현황

(2008. 12. 31 현재, 단위: 명, %)

구 분		총 계	등 록	단기체류	거소신고
2007. 12.	16~60세	202,455	101,645	99,528	1,282
	전 체	223,464	107,278	114,295	1,891
2008. 12.	16~60세	184,074	88,531	95,206	337
	전 체	200,489	93,461	106,486	542
증 감 률(전체)		− 10.3	− 12.9	− 6.8	− 71.3

다. 현황의 간단한 분석

체류외국인의 수는 전년도와 비교하여 전반적으로 증가했으나 불법체류 상태에 있는 외국인 근로자의 수는 감소하고 있다는 것을 알 수 있다. 이것은 정부의 단속 때문이기도 하지만 전반적인 경기침체로 인하여 불법체류 외국인을 주로 고용하는 중소사업장

---

8) 여기에 인용된 통계는 모두 법무부 출입국 · 외국인 정책본부 홈페이지(www.mog.go.kr)에 게시된 자료를 사용하였다.

9) 체류자격 재외동포(F − 4)에 해당하는 외국국적동포 중 거소신고자.

10) 전년 동기대비 증감률.

의 고용 여력이 많이 떨어졌기 때문일 것이다. 개인적인 소견으론 현재의 경제불황이 장기화되면 방문취업을 비롯한 비전문취업을 통해 국내에 입국하는 근로자의 수가 감소할 것이고 불법체류 외국인근로자의 수도 많이 감소하게 될 것으로 보인다. 수요가 대폭 감소하는 상황에선 국내에 체류해 보았자 단속 등의 불이익만 있지 별다른 이익을 기대할 수 없기 때문이다.

2. 외국인근로자의 도주와 사업주의 지배관리

2심 법원과 대법원은 단속을 피해 도주한 행위를 사용자의 지배관리라는 표지에 포섭시키기 위해 크게 세 가지 사실을 적시했다. 먼저 불법체류 외국인 근로자의 고용은 기본적으로 사업주의 사업 영위를 위해서 취해진 방편이라는 사실을 강조하고, 단속을 피해 도망한 행위도 사업주의 지시에 의해서 이뤄졌다는 점을 상세하게 다루었다. 그리고 단속이 없었다면 여전히 동일한 업무를 연속적으로 수행했으리라는 개연성이 있는 가정적 판단을 했다. 첫 번째와 세 번째 것은 일반적인 사업장 단속 사건에서 크게 주저하지 않고 인정할 수 있는 판단인데 두 번째 것은 개별 사안에 따라서는 인정이 되지 않을 수도 있는 사실이다. 2심 판결서를 읽어보면 원고의 도주 과정을 상세하게 언급하고 있는데 이것은 아마도 첫 번째와 세 번째 논거가 일반적인 사실관계의 서술로 비춰질 수 있다는 점을 의식한 것으로 보인다. 어쨌든 이런 사업주의 적극적인 도주행위 개입을 통해 도주행위가 사업주의 이익을 위해 행해지는 측면을 보다 명확하게 드러낼 수 있게 된다. 이런 사실관계를 탐색하고 부각시켜 재판부를 설득하고 원고에게 가장 이익이 되는 판결을 이끌어 낸 소송대리인의 노력과 이에 호응하여 우리나라 중소 영세사업자의 고용현실과 단속의 실태를 적확하게 고려한 재판부의 결단에 박수를 보내고 싶다.

그런데 대상판결에 나타난 사안과는 조금 달리 단속사실을 외국인근로자 스스로 파악하여 자신의 판단으로 도주하던 중 상해를 입었다면 이런 경우도 업무상 재해로 판단할 수 있을까? 이 점에 대해서는 항목을 달리해서 논해 보고자 한다.

3. 대상판결의 확장 적용

이 문제는 산업재해보상보험법의 취지가 무엇인지 밝히는 것으로 그 해결책을 도모하여야 한다. 산업재해보상보험법 제1조는 법률의 목적을 산업재해보상보험 사업을 시행하여 근로자의 업무상의 재해를 신속하고 공정하게 보상하며, 재해근로자의 재활 및 사회 복귀를 촉진하기 위하여 이에 필요한 보험시설을 설치·운영하고, 재해 예방과 그 밖에 근로자의 복지 증진을 위한 사업을 시행하여 근로자 보호에 이바지하는 것으로 적고 있다. 풀어서 말하자면 일하다 다치거나 죽은 근로자에 대해 적정한 보상을 해서 근로자 본인이나 유족이 인간다운 생활을 할 수 있도록 하는 제도가 산재보험제도라는 것이다.[11)]

---

11) 김형배, 『노동법』(신정 제4판), 박영사, 2008, 439쪽 참조.

한편 보험료를 납부하는 주체는 사업을 통해 궁극적으로 이익을 취하는 사업주다. 근로자를 사용하여 이익을 취한 사업주가 그에 따른 책무도 감당해야 한다는 것이다. 이것을 거시적으로 서술하면 국가가 산재보험제도를 통해서 생산수단을 소유한 사업주를 그가 속한 사회공동체의 책임 주체로 적극적으로 끌어들이는 것이다. 이런 사업주의 책임은 사용한 근로자가 내국인인지 외국인지, 외국인 중에서도 적법한 근로를 위한 체류허가를 받은 사람인지 그렇지 않은지에 따라 달라지는 것이 아니다.[12] 만일 보험제도의 적용여부를 체류자격의 적법성 여부로 결정한다면 근로자의 노동을 통해 수익하는 행위는 용인하면서도 노동과정에서 일어나는 불이익(재해)은 오로지 해당 근로자에게 전가하는 부당한 결과를 가져온다. 현행 산업재해보상보험법도 특별히 외국인근로자에 대한 적용제외 규정을 두고 있지 아니하며 실무 또한 그러하다.

다시 도주행위에 관심을 집중시켜서 논의를 하면, 비록 단속을 피한 도주행위라고는 하지만 그러한 행위는 궁극적으론 사업주의 사업을 영위하기 위해 이뤄진 것이다. 사업주의 입장에서도 불법체류 외국인근로자가 단속되면 벌금 등의 형사제재를 받게 된다. 게다가 불법체류 외국인근로자는 단속이 되면 곧바로 외국인보호소에 잠시 머물다가 강제출국을 당하게 된다. 따라서 이들의 취업은

---

12) 대법원 1995. 9. 15. 선고 94누12067 판결. 외국인이 취업자격이 아닌 산업연수 체류자 격으로 입국하여 구 산업재해보상보험법(1994. 12. 22. 법률 제4826호로 전문 개정되기 전의 것)의 적용대상이 되는 사업장인 회사와 고용계약을 체결하고 근로를 제공하다가 작업 도중 부상을 입었을 경우, 비록 그 외국인이 구 출입국관리법상의 취업자격을 갖고 있지 않 았다 하더라도 그 고용계약이 당연히 무효라고 할 수 없고, 위 부상 당시 그 외국인은 사용 종속관계에서 근로를 제공하고 임금을 받아온 자로서 근로기준법 소정의 근로자였다 할 것 이므로 구 산업재해보상보험법상의 요양급여를 받을 수 있는 대상에 해당한다고 판단했다.

애초부터 단속이 시작되면 도주한다는 것을 전제한 것이고 이것은 사업주도 잘 알고 있다. 도주행위 혹은 피신행위가 취업활동의 기본적인 내용이 되는 것이다. 그런 행위를 두고 사업주가 제재를 가할 가능성은 없다. 대상판결에선 사용자의 지시라는 사실을 적극적으로 이용하였지만 설령 그러한 사실관계가 없다고 하더라도 불법체류 외국인의 사용이 애초 도주를 수반하지 않을 수 없다는 점을 고려하면 이들의 도주는 오히려 업무의 연장선에 있다고 볼 수 있다. 즉, 업무기인성을, 사업주의 지배관리를 인정할 수 있다는 것이다.[13]

IV. 결론

이 사건에서 원고가 된 중국인 근로자는 통계에 나타난 불법체류 외국인 근로자 약 20만 중의 한 명이라고 볼 수 있다.[14] 아마 단속 도중 생긴 사고 때문에 상당기간의 치료가 필요한 상해를 입은 근로자는 비단 이 사건의 원고 뿐만은 아닐 것이다. 이 사건을 담당한 법관도 그런 사정을 알고 있을 것이다. 그런 의미에서 대상판결은 수많은 외국인 근로자 특히, 불법체류 외국인근로자를 사

---

13) 그런데 법원이 사업주의 지배관리 범위를 이렇게 넓게 인정한다고 하더라도 불법체류 외국인 근로자가 이 사건처럼 장기간의 소송을 진행할 수 있을 지는 미지수다. 단속 중 부상을 당하면 기본적으로 필요한 치료를 하고 그대로 출국하게 되고 설령 국내에 체류한다고 해도 소송기간 동안 소요되는 생활비를 포함한 체류비용을 누군가 지원하는 것이 아니기 때문이다. 그럼에도 불구하고 이런 이론적 논의를 하는 것은 적어도 정의로운 법적 상태가 무엇인지는 밝혀야 하기 때문이고 이를 통해 소수의 권리라도 보장받기를 바라기 때문이다.

14) 소송 중 체류기간 연장을 받았다면 통계에 잡힌 불법체류 외국인근로자가 아닐 수도 있지만 불법체류 상태에 들어갔던 점을 고려하면 본문과 같이 거칠게 처리해도 무방할 것이다.

용하고 있는 우리 사회의 현실을 그대로 인정하고 이들에 대해 국가가 할 수 있는 최소한의 예의를 표시한 것이라고 평가할 수 있다. 불법체류 외국인근로자는 우리가 필요로 해서 체류하고 있는 사람들이다. 알게 모르게 이들을 통해서 수익을 올리고 있는 대한민국은 보다 솔직하게 이들의 정당한 몫을 인정할 필요가 있다.

전형배 —

▋약 력

  사법연수원 수료
  고려대학교 법과대학원 수료(법학석사)
  현재 강원대학교 법학전문대학원 교수

▋주요논문

  「도산절차와 근로관계의 승계」(2008, 한국노동법학회)
  「산업안전보건법의 양벌규정의 개정에 관한 연구」(2008, 안암법학회)
  「외국인근로자 고용정책」(2009, 한국법학원) 등

노동판례 연구 ❶

초판인쇄 | 2009년 8월 5일
초판발행 | 2009년 8월 5일

지은이 | 전형배
펴낸이 | 채종준
펴낸곳 | 한국학술정보㈜
주 소 | 경기도 파주시 교하읍 문발리 파주출판문화정보산업단지 513-5
전 화 | 031) 908-3181(대표)
팩 스 | 031) 908-3189
홈페이지 | http://www.kstudy.com
E-mail | 출판사업부 publish@kstudy.com

등 록 | 제일산-115호(2000. 6. 19)
가 격 | 33,000원

ISBN 9. . .   (Paper Book)
     978-89-268-0211-3 98360 (e-Book)

내일을여는지식 은 시대와 시대의 지식을 이어 갑니다.